山西大學藏珍貴古籍圖錄

張梅秀　何滿紅　劉秀榮　編著

山西出版傳媒集團
三晋出版社

圖書在版編目（CIP）數據

山西大學藏珍貴古籍圖錄 / 張梅秀，何滿紅，劉秀榮編著. —太原：
三晋出版社，2012.3
ISBN 978-7-5457-0492-1

Ⅰ．①山… Ⅱ．①張… ②何… ③劉… Ⅲ．①古籍—圖書目錄—山西
省 Ⅳ．①Z838

中國版本圖書館 CIP 數據核字（2012）第 022151 號

山西大學藏珍貴古籍圖錄

編 著 者：張梅秀　何滿紅　劉秀榮
責任編輯：張仲偉
助理編輯：郭亞林
裝幀設計：段宇傑
責任印製：李佳音
出 版 者：山西出版傳媒集團·三晋出版社
地　　址：太原市建設南路 21 號
郵　　編：030012
電　　話：0351-4956036（總編室）
　　　　　0351-4922203（印製部）
網　　址：http://www.sjcbs.cn
經 銷 者：新華書店
承 印 者：山西新華印業有限公司
開　　本：889mm×1194mm　1/16
印　　張：30.5
字　　數：350 千字
版　　次：2012 年 4 月第 1 版
印　　次：2023 年 4 月第 2 次印刷
書　　號：ISBN 978-7-5457-0492-1
定　　價：300.00 圓

如有印裝質量問題，請與本社發行部聯繫　電話：0351-4922268

前　言

　　中華文化是中華民族生生不息、團結奮進的不竭動力，中華典籍作爲五千年悠久文化的載體，是先賢留給我們民族的靈魂，也是全人類的寶貴財富。讓中華民族全面認識祖國傳統文化，增强中華文化國際影響力，加强對民族文化的挖掘和保護，做好文化典籍整理工作，這是每個古籍工作者的責任。

　　2007年國務院辦公廳《關於進一步加强古籍保護工作的意見》提出要大力實施中華古籍保護計劃。《意見》對古籍保護工作的重要性、緊迫性，作了全面闡述；對加强古籍保護工作的指導思想、基本方針、總體目標，作了明確表述；對全面開展古籍普查登記、建立《國家珍貴古籍名録》登録制度、命名全國古籍重點保護單位制度，提出了明確做法；對開展古籍普查人員、版本鑒定人員、古籍等級審定人員、古籍修復人員培訓，提出了明確要求。在國家的重視和指導下，幾年來，中華古籍保護工作有條不紊地向前推進。作爲古籍收藏較多的藏書單位，我館積極參與其中，認真申報國家珍貴古籍名録與"全國古籍重點保護單位"，對館藏善本進行了進一步的核查與遴選，這也成爲了我們編輯《山西大學藏珍貴古籍圖録》的契機。

　　山西大學圖書館作爲山西大學的重要組成部分，是與成立於1902年的山西大學堂一起誕生的，當時稱爲藏書樓。建館之始，以原晉陽書院和令德堂藏書爲基礎，以後不斷零散購進。中華人民共和國成立之初，近代華北地區著名藏書家、原山西大學校文科學長平陸張籟先生將其所藏古籍55000餘册酌資捐贈本館，使藏書初成規模。後來，又接受了校友、民國天津特別市市長寧武南桂馨之子南映庚捐贈的碑帖拓片3500餘種。至20世紀80年代，館藏綫裝古籍達一萬餘種，13萬餘册。其中明刻本近300部，清乾隆以前刻本1070部，活字本近百部，抄本80餘部，朝鮮、日本刻本40餘部，碑帖裝裱本220餘册，拓片3000餘份，地方文獻和明清文集尤具特色。

　　山西大學圖書館古籍藏書，初爲教學科研之資，不過分追求版本，因此沒有宋元舊刻，而以明清刻本爲大宗，但其中亦不乏善本。明刻本中，最早的是明正統十三年刻唐柳宗元著《增廣注釋音辨唐柳先生集》，曾被近代著名藏書家徐恕收藏。明人著述《詹養貞先生文集》《御風閣集》《漑園集》等，俱爲海内孤本。其他如《篔墩程先生文集》《宗子相集》《莊渠先生遺書》等，亦爲稀見之本。清刻本在館藏中，數量多，品種富，康熙、乾隆年間刻本占其三分之一。如順治十四年刻《静遠居詩選》、康熙二十三年謝鍾和刻《歸田稿》、康熙三十六年刻《青峯先生存槀》、康熙四十年海寧王氏刻《渚山樓詩集》、乾隆五年張儒刻《持忠集》、乾隆十五年十笏齋刻《杏東先生文集》等亦爲本館獨藏。館藏抄本雖僅80餘部，但不乏舊抄，如清内府抄小紅綾本《大清咸豐、同治實録》與故宮所藏殘本爲一套。清康熙十六年抄本《蘭庭集》，亦不爲他館所見。明嘉靖刻本宋王安石《臨川先生文集》，爲佚名過録清著名學者何焯批校，批語失收於《何義門讀書記》。山西近代著名學者郭象升批校本傅山《霜紅龕集》、清徐嘉炎《抱經齋集》，俱爲名家批校本，有很珍貴的史料價值。總之，很多館藏古籍經名家收藏，流傳有自。至於碑帖，如秦《泰山刻石》、東漢《北海相君碑》、唐《晉祠銘》《浯溪銘》，以及明初晉藩所刻《寶賢堂集古法帖》明拓本都非常珍稀。

2022 年，是山西大學建校 120 週年，和學校的歷史一樣久遠，豐富多彩、古色陳香的古籍藏品，是學校悠久歷史的見証和引以爲豪的家珍。琳琅滿目，悠悠書韵，它永遠是校園一抹五彩的朝霞。爲迎接學校的生日，我們在前項工作的基礎上，特甄選館藏珍本，制成圖録，以展示館藏風貌，並作爲給學校 120 週年華誕的獻禮。

本圖録共收書 455 種，包括收入國家珍貴古籍名録及山西省珍貴古籍名録中的館藏古籍，以及雖未能收入，但符合文化部 2006 年頒佈的古籍定級標準中二、三級古籍中的部分珍貴古籍。每種古籍都進行客觀著録，包括書名、卷數、著者、版本、存卷、鈐印及部分序跋。每種古籍選書影一至二幀，一般選取能反映版本特徵的正文第一卷卷端原刻原印頁，如卷一卷端缺失，則另選取其他卷端。合刻本原則上選取合刻書的題名頁，如缺失，則選擇第一種書正文卷端。出版者選取牌記、刻書題記，如缺失則選取與出版時間相關的序跋等頁。編排體例依出版時間爲序。因館藏最早刻本局限於明代中期，所以主要分爲明、清刻本兩大部分，然後再依年代排列。圖片俱采用原件拍攝，以使圖録能够更準確、簡明地反映館藏珍貴古籍的特點。

目　録

前言…………………………………………………001

明刻本

001 增廣註釋音辯唐柳先生集四十三卷別集二卷
外集二卷附録一卷
〔唐〕柳宗元撰　〔宋〕童宗説註釋　張敦
頤音辯　潘緯音義　明正統十三年（1448）
善敬堂刻本 ………………………………………003

002 歐陽文忠公集一百五十三卷總目一卷附録五
卷
〔宋〕歐陽修撰　年譜一卷　〔宋〕胡柯撰
明天順六年（1462）程宗刻本 …………………004

003 詩傳大全二十卷綱領一卷詩序一卷
〔明〕胡廣等輯　明成化元年（1465）陳氏
餘慶書堂刻本 ……………………………………005

004 南齋先生魏文靖公摘藁十卷附録一卷
〔明〕魏驥撰　魏完編　明弘治十一年
（1498）洪鐘刻清康熙八年（1669）王余高
重修本 ……………………………………………006

005 篁墩程先生文集九十三卷拾遺一卷
〔明〕程敏政撰　明正德二年（1507）何歆
刻本 ………………………………………………007

006 椒丘文集三十四卷外集一卷
〔明〕何喬新撰　明嘉靖元年（1522）余營
刻本 ………………………………………………008

007 文潞公文集四十卷
〔宋〕文彥博撰　明嘉靖五年（1526）王溱
刻本 ………………………………………………009

008 秋崖先生小藁四十五卷詩集三十八卷
〔宋〕方岳撰　明嘉靖五年（1526）祁門方
氏刻本 ……………………………………………010

009 常評事集四卷
〔明〕常倫撰　韓范編　明嘉靖七年（1528）
王溱刻本 …………………………………………011

010 重刻渼陂王太史先生全集二十七卷
〔明〕王九思撰　明嘉靖十二年（1533）王
獻等刻嘉靖二十四年（1545）翁萬達刻崇禎
十三年（1640）張宗孟刻合印本 ………………012

011 岳集五卷
〔宋〕岳飛撰　明嘉靖十五年（1536）焦煜
刻本 ………………………………………………013

012 錦繡萬花谷前集四十卷後集四十卷續集四十卷
〔宋〕編者不詳　明嘉靖十五年（1536）秦
汴繡石書堂刻本 …………………………………014

013 集千家註杜工部詩集二十卷文集二卷
〔唐〕杜甫撰　〔宋〕黄鶴補註　明嘉靖
十五年（1536）玉几山人刻本 …………………015

014 雅宜山人集十卷
〔明〕王寵撰　明嘉靖十六年（1537）董宜
陽、朱浚明刻本 …………………………………016

015 孟有涯集十七卷目録一卷
〔明〕孟洋著　明嘉靖十七年（1538）王廷
相、徐九臯刻本 …………………………………017

016 六書精蘊六卷音釋舉要一卷
〔明〕魏校撰　〔明〕徐官音釋　明嘉靖
十九年（1540）魏希明刻本 ……………………018

017 周恭肅公集十六卷附録一卷
〔明〕周用撰　明嘉靖二十八年（1549）周
國南川上草堂刻本 ………………………………019

018 分類補註李太白詩二十五卷
　　〔唐〕李白撰　〔宋〕楊齊賢集註　〔元〕
　　蕭士贇補註　年譜一卷　〔宋〕薛仲邕撰
　　明嘉靖二十五年（1546）玉几山人刻本 …… 020

019 涇野先生文集三十六卷
　　〔明〕呂柟撰　明嘉靖三十四年（1555）于
　　德昌刻本 ……………………………… 021

020 祝氏集畧三十卷
　　〔明〕祝允明撰　明嘉靖三十六年（1557）
　　張景賢刻本 …………………………… 022

021 臨川先生文集一百卷目録二卷
　　〔宋〕王安石撰　明嘉靖三十九年（1560）
　　何遷刻本 ……………………………… 023

022 宗子相集八卷
　　〔明〕宗臣撰　明嘉靖三十九年（1560）林
　　朝聘、黄中等刻本 …………………… 024

023 宗子相集十五卷
　　〔明〕宗臣撰　明林朝聘、黄中等刻本 …… 025

024 莊渠先生遺書十二卷
　　〔明〕魏校撰　明嘉靖四十年（1561）王道
　　行刻本 ………………………………… 026

025 念菴羅先生集十三卷
　　〔明〕羅洪先撰　明嘉靖四十二年（1563）
　　劉玠刻本 ……………………………… 027

026 東萊先生十七史詳節二百七十三卷
　　〔宋〕呂祖謙輯　明嘉靖四十五年（1566）
　　至隆慶四年（1570）陝西布政司刻本 …… 028

027 雙江聶先生文集十四卷
　　〔明〕聶豹撰　明嘉靖間（1522—1566）
　　刻本 …………………………………… 029

028 俟知堂集十四卷
　　〔明〕鄒守愚撰　明嘉靖間（1522—1566）
　　刻本 …………………………………… 030

029 二谷山人集十卷
　　〔明〕侯一元撰　明嘉靖間（1522—1566）
　　刻本 …………………………………… 031

030 淮海集四十卷後集六卷長短句三卷
　　〔宋〕秦觀撰　明華州公署刻嘉靖間（1522—
　　1566）張光孝補刻萬曆四十七年（1619）再
　　補刻本，《長短句》1930 年故宮博物院影
　　印本 …………………………………… 032

031 鳥鼠山人小集十六卷後集二卷擬古樂府二
　　卷擬漢樂府八卷
　　〔明〕胡纘宗撰　明嘉靖間（1522—1566）
　　刻清順治十三年（1656）周盛時補修本
　　………………………………………… 033

032 木鐘臺集初集十種十卷再集十種十一卷雜
　　集十種十卷附年譜一卷
　　〔明〕唐樞著　明嘉靖萬曆間（1522—
　　1620）刻本 …………………………… 034

033 文苑英華一千卷
　　〔宋〕李昉等輯　明隆慶元年（1567）胡
　　維新等刻本 …………………………… 035

034 蔡中郎文集十卷外傳一卷
　　〔漢〕蔡邕撰　明萬曆二年（1574）徐子
　　器刻本 ………………………………… 036

035 樸菴章先生文集八卷
　　〔明〕章拯撰　明萬曆二年（1574）刻本 … 037

036 期齋呂先生集十四卷
　　〔明〕呂本撰　明萬曆三年（1575）鄭雲
　　鑾等刻本 ……………………………… 038

037 何文定公文集十一卷
　　〔明〕何瑭撰　明萬曆四年（1576）賈待
　　問等刻本 ……………………………… 039

038 弇州山人四部稿一百七十四卷目録十二卷
　　〔明〕王世貞著　明萬曆五年（1577）王
　　氏世經堂刻本 ………………………… 040

039 顔氏家訓二卷
　　〔北齊〕顔之推著　明萬曆六年（1578）
　　茶陵顔志邦刻本 ……………………… 041

040 空同先生集六十三卷
〔明〕李夢陽撰　明萬曆七年（1579）思
山堂徐應瑞刻本 ················· 042

041 由拳集二十三卷
〔明〕屠隆著　明萬曆八年（1580）馮夢
禎刻本 ························· 043

042 趙浚谷詩集六卷文集十卷
〔明〕趙時春撰　明萬曆八年（1580）周
鑒刻本 ························· 044

043 陳文岡先生文集二十卷
〔明〕陳棐撰　陳其學校　明萬歷九年
（1581）刻本 ··················· 045

044 漢書評林一百卷
〔明〕凌稚隆輯　明萬曆九年（1581）烏
程凌氏刻本 ····················· 046

045 高皇帝御製文集二十卷
〔明〕朱元璋撰　明萬曆十年（1582）姚
士觀、沈鈇刻本 ················· 047

046 葛端肅公文集十八卷
〔明〕葛守禮撰　明萬曆十年（1582）刻
清乾隆五十六年（1791）鍾大受重修本 ······ 048

047 漢雋十卷
〔宋〕林鉞輯　明萬曆十二年（1584）呂
元刻本 ························· 049

048 黎陽王襄敏公集四卷
〔明〕王越撰　**年譜一卷**　〔明〕王紹雍、
王正蒙撰　明萬曆十三年（1585）赫瀛、
王鳳竹等刻本 ··················· 050

049 唐詩紀一百七十卷目錄三十四卷
〔明〕黃德水彙編　吳琯校訂　明萬曆
十三年（1585）吳氏
刻本 ························· 051

050 皇明兩朝疏抄二十卷
〔明〕賈三近輯　明萬曆十四年（1586）
蔣科重刻本 ····················· 052

051 薛文清公行實錄五卷
〔明〕王鴻輯　明萬曆十六年（1588）吳
達可刻崇禎間（1628—1644）重修本 ······· 053

052 靳兩城先生集二十卷
〔明〕靳學顏著　明萬曆十七年（1589）
刻本 ························· 054

053 陳后岡詩集一卷文集一卷
〔明〕陳束著　林可成校　明萬曆十九年
（1591）林可成刻本 ·············· 055

054 二酉園尺牘選二十卷
〔明〕陳文燭著　明萬曆十九年（1591）
刻本 ························· 056

055 古文鈔四卷
〔明〕董士昌輯　明萬曆二十年（1592）
刻本 ························· 057

056 山堂肆考二百四十卷
〔明〕彭大翼編著　明萬曆二十三年（1595）
刻本 ························· 058

057 陳眉公太平清話四卷
〔明〕陳繼儒撰　張昞校　明萬曆二十三
年（1595）刻本 ················· 059

058 石溪周先生文集八卷
〔明〕周叙撰　明萬曆二十三年（1595）
周承超等刻本 ··················· 060

059 四溟山人全集二十四卷
〔明〕謝榛著　明萬曆二十四年（1596）
趙府冰玉堂刻本 ················· 061

060 南豐先生元豐類藁五十卷續附一卷
〔宋〕曾鞏撰　明萬曆二十五年（1597）
曾敏才刻清曾先補修本佚名錄清何焯批校 ··· 062

061 詹養貞先生文集三卷
〔明〕詹事講撰　明萬曆二十六年（1598）
刻本 ························· 063

062 吾學編六十九卷
〔明〕鄭曉撰　明萬曆二十七年（1599）
鄭心材刻本 ····················· 064

063 重修宣和博古圖録三十卷
〔宋〕王黼等撰　明萬曆二十七年（1599）
于承祖刻本 ………………………………… 065

064 鐫黄離草十卷
〔明〕郭正域著　明萬曆二十八年（1600）
刻本 ………………………………………… 066

065 陋巷志八卷
〔明〕陳鎬撰　顔胤祚輯　呂兆祥重修
明萬曆二十九年（1601）楊光訓刻本 ……… 067

066 常談考誤四卷
〔明〕周夢暘撰　明萬曆三十年（1602）
刻本 ………………………………………… 068

067 續文選三十二卷目録一卷
〔明〕湯紹祖輯　明萬曆三十年（1602）
希貴堂刻本 ………………………………… 069

068 蟻蠪集五卷
〔明〕盧柟著　明萬曆三十年（1602）張
其忠刻本 …………………………………… 070

069 夢山存家詩稿八卷
〔明〕楊巍撰　明萬曆三十年（1602）楊
岑刻本 ……………………………………… 071

070 唐類函二百卷目録二卷
〔明〕俞安期彙纂　徐顯卿校訂　明萬曆
三十一年（1603）自刻本 …………………… 072

071 甔甀洞續稿詩部十二卷文部十五卷目録二卷
〔明〕吳國倫著　明萬曆三十一年（1603）
吳士良刻本 ………………………………… 073

072 三禮編繹二十六卷
〔明〕鄧元錫著　明萬曆三十三年（1605）
史繼辰、饒景曜等刻本 …………………… 074

073 槐野先生存笥稿三十八卷
〔明〕王維楨著　南師仲編　明萬曆三十四
年（1606）黄升、王九叙刻本 ……………… 075

074 鐫蒼霞草十二卷
〔明〕葉向高著　明萬曆三十四年（1606）
刻本 ………………………………………… 076

075 少室山房筆叢正集三十二卷續集十六卷
〔明〕胡應麟著　明萬曆三十四年（1606）
吳勉學刻本 ………………………………… 077

076 白氏長慶集七十一卷目録二卷附録一卷
〔唐〕白居易著　明萬曆三十四年（1606）
馬元調刻本 ………………………………… 078

077 校注橘山四六二十卷
〔宋〕李廷忠著　〔明〕孫雲翼注　明萬
曆三十五年（1607）刻本 …………………… 079

078 鄒南皋集選六卷
〔明〕鄒元標撰　明萬曆三十五年（1607）
刻本 ………………………………………… 080

079 宗伯集八十一卷目録一卷
〔明〕馮琦著　明萬曆三十五年（1607）
刻本 ………………………………………… 081

080 穀城山館文集四十二卷詩集二十卷
〔明〕于慎行著　明萬曆三十五年（1607）
周時泰刻本 ………………………………… 082

081 宋洪魏公進萬首唐人絶句四十卷目録四卷
〔宋〕洪邁編　〔明〕趙宧光刊定　〔明〕
黄習遠補　明萬曆三十五年（1607）趙宧
光刻本 ……………………………………… 083

082 筆山崔先生文集十卷
〔明〕崔涯著　明萬曆三十六年（1608）
崔廷健刻本 ………………………………… 084

083 范文正公集十二卷附録七卷
〔宋〕范仲淹撰　明萬曆三十六年（1608）
毛氏刻本 …………………………………… 085

084 兩淮鹽法始末一卷
〔明〕康丕揚、林廷雲增訂　明萬曆三十六
年（1608）刻清康熙印本 …………………… 086

085 萬曆疏鈔五十卷
〔明〕吳亮輯　明萬曆三十七年（1609）
刻本 ………………………………………… 087

086　天中記六十卷
　　〔明〕陳耀文纂　明萬曆三十七年（1609）
　　刻本 …………………………………… 088

087　貽安堂稿八卷續集二卷
　　〔明〕伍袁萃撰　明萬曆三十八年（1610）
　　刻本 …………………………………… 089

088　重刊經史證類大全本草三十一卷
　　〔宋〕唐慎微撰　明萬曆三十八年（1610）
　　重刻本 ………………………………… 090

089　禮記酌言不分卷
　　〔明〕李經禮撰　明萬曆三十九年（1611）
　　程養介等刻本 ………………………… 091

090　睡庵稿二十五卷
　　〔明〕湯賓尹著　明萬曆三十九年（1611）
　　刻本 …………………………………… 092

091　存心堂遺集十二卷附錄一卷
　　〔元〕吳萊著　〔明〕宋濂編　明萬曆
　　三十九年（1611）吳邦彦重刻本 ………… 093

092　新刻臨川王介甫先生詩文集一百卷目錄二卷
　　〔宋〕王安石著　〔明〕李光祚校　明萬
　　曆四十年（1612）王鳳翔光啓堂刻本 …… 094

093　秦漢文鈔六卷
　　〔明〕楊融博批點　明萬曆四十年（1612）
　　吳興閔氏刻朱墨套印本 ……………… 095

094　韓五泉詩四卷附錄四卷朝邑縣志二卷
　　〔明〕韓邦靖撰　韓安人遺詩一卷　〔明〕
　　屈安人撰　明萬曆四十年（1612）刻本 …… 096

095　像抄六卷
　　〔明〕錢一本撰　明萬曆四十一年（1613）
　　刻本 …………………………………… 097

096　圖書編一百二十七卷
　　〔明〕章潢編　明萬曆四十一年（1613）
　　萬尚烈刻本 …………………………… 098

097　海石先生文集二十九卷目錄二卷附錄一卷
　　〔明〕錢薇著　明萬曆四十二年（1614）
　　刻清乾隆間（1736—1795）增修本 …… 099

098　集玉山房稿十卷
　　〔明〕葛昕撰　明萬曆四十三年（1615）
　　葛朝池刻本 …………………………… 100

099　薛文清公文集四十卷
　　〔明〕薛瑄著　趙孔昭彙編　明萬曆四十三
　　年（1615）崔爾進刻本 ……………… 101

100　嶺南文獻三十二卷
　　〔明〕張邦翼輯　軌範補遺六卷　〔明〕
　　楊瞿峴輯　明萬曆四十四年（1616）刻本 … 102

101　重鐫徐定庵先生集二十一卷花朝閣樂府一卷
　　〔明〕徐敷詔著　明萬曆四十四年（1616）
　　胡繼升刻本 …………………………… 103

102　陸文定公集二十六卷
　　〔明〕陸樹聲撰　明萬曆四十四年（1616）
　　陸彦章刻本 …………………………… 104

103　銓部王先生文集一卷詩集一卷修縣志小序一卷
　　〔明〕王教著　明萬曆四十四年（1616）
　　張至發刻本 …………………………… 105

104　思玄集十六卷附錄一卷
　　〔明〕桑悅撰　明萬曆四十四年（1616）
　　翁憲祥刻本 …………………………… 106

105　鳳池吟稿十卷
　　〔明〕汪廣洋撰　明萬曆四十五年（1617）
　　王百祥刻本 …………………………… 107

106　白雲巢集二十四卷目錄一卷
　　〔明〕邢大道著　明萬曆四十五年（1617）
　　洪洞邢氏刻本 ………………………… 108

107　隅園集十六卷
　　〔明〕陳與郊著　明萬曆四十五年至天啓
　　元年（1617—1621）賜緋堂刻本 ………… 109

108　新刻呂新吾先生文集十卷
　　〔明〕呂坤著　明萬曆四十五年（1617）
　　王鳳翔刻本 …………………………… 110

109　蓮峯先生集七卷附錄一卷
　　〔明〕葉份撰　明萬曆四十五年（1617）
　　刻本 …………………………………… 111

110 唐類函二百卷
〔明〕俞安期彙纂 明萬曆四十六年（1618）
德聚堂刻本 ………………………… 112

111 江湖長翁文集四十卷
〔宋〕陳造撰 明萬曆四十六年（1618）
李之藻刻本 ………………………… 113

112 太師張文忠公集文稿六卷詩稿四卷詩稿續一卷
〔明〕張孚敬撰 明萬曆四十六年（1618）
張汝紀刻本 ………………………… 114

113 石墨鐫華八卷
〔明〕趙崡著 明萬曆四十六年（1618）
刻本 ………………………… 115

114 來禽館集二十九卷
〔明〕邢侗著 明萬曆四十六年（1618）
刻本 ………………………… 116

115 少室山房類藁一百二十卷
〔明〕胡應麟著 明萬曆四十六年（1618）
江湛然刻本 ………………………… 117

116 古文奇賞二十二卷續古文奇賞三十四卷
〔明〕陳仁錫選評 明萬曆四十六年至天
啓年間（1618—1627）刻本 ……… 118

117 顧文康公文草十卷疏草六卷續稿六卷三集四卷
〔明〕顧鼎臣著 明萬曆四十八年（1620）
顧謙服 崇禎間（1628—1644）顧咸建 清
順治二年（1645）顧晉瑤刻本 ……… 119

118 梓溪文鈔内集八卷外集十卷
〔明〕舒芬著 明萬曆四十八年（1620）
舒瓅刻本 ………………………… 120

119 緱山先生集二十七卷
〔明〕王衡著 明萬曆間（1573—1620）
刻本 ………………………… 121

120 古文苑二十一卷
〔宋〕章樵重訂 明萬曆間（1573—1620）
張象賢刻本 ………………………… 122

121 歇菴集二十卷目録一卷附録三卷
〔明〕陶望齡著 明萬曆間（1573—1620）
喬時敏刻本 ………………………… 123

122 王奉常集詩十五卷目録三卷文五十四卷目録
二卷
〔明〕王世懋撰 明萬曆間（1573—1620）
刻本 ………………………… 124

123 農丈人文集二十卷詩集八卷
〔明〕余寅著 明萬曆間（1573—1620）
周禮寫刻本 ………………………… 125

124 鐫國朝名公翰藻超奇六卷
〔明〕徐宗夔批選 明萬曆間（1573—
1620）唐廷仁校刊本 ……………… 126

125 白華樓吟稿十卷
〔明〕茅坤撰 明萬曆間（1573—1620）
刻本 ………………………… 127

126 雲溪友議十二卷
〔唐〕范攄撰 〔清〕曹炎校 明萬曆間
（1573—1620）會稽商濬半埜堂刻本 ……… 128

127 近溪子集六卷
〔明〕羅汝芳撰 耿定向評 羅近溪先生語
要二卷 〔明〕陶望齡輯 近溪子附集四卷
〔明〕黄承試編次 羅先生詩集二卷 〔明〕
左宗郢選 明萬曆間（1573—1620）刻本 … 129

128 復宿山房集四十卷
〔明〕王家屏著 明萬曆間（1573—1620）
魏養蒙刻本 ………………………… 130

129 王文恪公集三十六卷
〔明〕王鏊著 鵙音一卷白社詩草一卷
〔明〕王禹聲撰 名公筆記一卷 明萬曆間
（1573—1620）震澤王氏三槐堂刻清重修本 … 131

130 太函集一百二十卷目録六卷
〔明〕汪道昆著 明萬曆間（1573—1620）
刻本 ………………………… 132

131 冰蓮集四卷酒顛二卷茶董二卷法喜誌四卷
續法喜四卷棲真誌四卷玉麒麟二卷女鏡八卷
〔明〕夏樹芳撰　明萬曆間（1573—1620）
夏氏清遠樓刻本 …………………………… 133

132 樂律全書四十二卷
〔明〕朱載堉撰　明萬曆間（1573—1620）
鄭藩刻本 …………………………………… 134

133 薜荔山房藏稿十卷
〔明〕敖文禎撰　明萬曆間（1573—1620）
牛應元刻清康熙重修本 …………………… 135

134 文章又玄十六卷
〔明〕吳士奇輯　明萬曆間（1573—1620）
刻本 ………………………………………… 136

135 山居功課十卷
〔明〕楊東明撰　明萬曆間（1573—1620）
范炳刻本 …………………………………… 137

136 徐筆峒先生十二部文集
〔明〕徐奮鵬撰　明萬曆間（1573—1620）
石城光啟堂刻本 …………………………… 138

137 明七子詩選註七卷
〔明〕陳子龍、茅坤選定　明萬曆間（1573—
1620）刻本 ………………………………… 139

138 東方先生集一卷
〔漢〕東方朔著　〔明〕呂兆禧校　明萬
曆天啓間（1573—1627）刻本 …………… 140

139 鹿裘石室集六十五卷
〔明〕梅鼎祚著　明天啓三年（1623）玄
白堂刻本 …………………………………… 141

140 寓林集三十二卷詩集六卷
〔明〕黃汝亨著　明天啓四年（1624）刻本 …… 142

141 韓子二十卷附錄一卷
〔明〕趙如源、王道焜校　明天啓五年
（1625）刻本 ……………………………… 143

142 穀山筆麈十八卷
〔明〕于慎行著　明天啓五年（1625）刻本
…………………………………………… 144

143 四書説叢十七卷
〔明〕沈守正輯　明天啓七年（1627）錢
塘章炫然刻本 ……………………………… 145

144 鏡山庵集二十五卷
〔明〕高出著　明天啓間（1621—1627）
高若騑等刻本 ……………………………… 146

145 瓊臺詩文會稿重編二十四卷
〔明〕丘濬著　丘爾穀重編　明天啓間
（1621—1627）丘爾穀等刻本 …………… 147

146 茅簷集八卷
〔明〕魏學洢撰　明崇禎元年（1628）刻本
…………………………………………… 148

147 程洺水先生集三十卷
〔宋〕程珌著　明崇禎二年（1629）程至
遠刻本 ……………………………………… 149

148 袁中郎全集四十卷
〔明〕袁宏道著　明崇禎二年（1629）武
林佩蘭居刻本 ……………………………… 150

149 葉文莊公奏疏四十卷
〔明〕葉盛撰　明崇禎四年（1631）葉重
華刻本 ……………………………………… 151

150 唐宋八大家文抄一百六十六卷
〔明〕茅坤編　明崇禎四年（1631）茅著
刻本 ………………………………………… 152

151 吳文恪公文集三十二卷附錄一卷
〔明〕吳道南撰　明崇禎五年（1632）吳
京刻本 ……………………………………… 153

152 龍川文集三十卷
〔宋〕陳亮撰　明崇禎六年（1633）鄒質
士刻本 ……………………………………… 154

153 佛法金湯徵文録十卷
〔明〕姚希孟輯　明崇禎七年（1634）姚
氏紫薇堂刻本 ……………………………… 155

154 帝京景物畧八卷
〔明〕劉侗、于奕正修　文逢年定　明
崇禎八年（1635）刻本 …………………… 156

155 北海亭文集四卷詩集四卷
〔明〕鹿化麟著 孫奇逢輯 明崇禎十二
年（1639）范士楫刻本 ……………… 157

156 四素山房集二十卷皇華集一卷
〔明〕劉鴻訓著 明崇禎十三年（1640）
劉孔中刻清印本 …………………… 158

157 四書則不分卷
〔明〕桑拱陽撰 明崇禎十四年（1641）
松風書院刻本 ……………………… 159

158 周季平先生青藜館集四卷
〔明〕周如砥著 〔明〕公鼐校 明崇禎
十五年（1642）刻本 ……………… 160

159 册府元龜一千卷目録十卷
〔宋〕王欽若等輯 明崇禎十五年（1642）
黃國琦刻清康熙十一年（1672）黃九錫重
修本 ………………………………… 161

160 地圖總要三卷
〔明〕吳學儼、朱紹本等編 明崇禎十六
年（1643）刻本 …………………… 162

161 陳克齋先生集十七卷
〔宋〕陳文蔚著 明崇禎十六年（1643）
張時雨刻本 ………………………… 163

162 陳先生適適齋鑑鬚集七卷
〔明〕陳玉輝著 明崇禎十七年（1644）
陳龍錫等刻清康熙印本 …………… 164

163 潛確居類書一百二十卷目録一卷
〔明〕陳仁錫輯 明崇禎間（1628—1644）
徐氏刻本 …………………………… 165

164 三易集二十卷
〔明〕唐時升著 明崇禎間（1628—1644）
刻本 ………………………………… 166

165 文遠集二十八卷補遺一卷
〔明〕姚希孟著 明崇禎間（1628—1644）
大隱堂刻絳跗堂修補本 …………… 167

166 謝耳伯先生初集十六卷全集八卷
〔明〕謝兆申著 明崇禎間（1628—1644）
玉樹軒刻本 ………………………… 168

167 蒼雪軒全集二十卷
〔明〕趙用光著 明崇禎間（1628—1644）
刻本 ………………………………… 169

168 孝經大全彙注十集
〔明〕江元祚輯 明崇禎間（1628—1644）
刻本 ………………………………… 170

169 續學言三卷附隨時問學再集八卷幾亭續文
録八卷幾亭外書續三卷
〔明〕陳龍正著 明崇禎間（1628—1644）
刻本 ………………………………… 171

170 大學衍義補一百六十卷
〔明〕丘濬撰 陳仁錫評 明崇禎間（1628—
1644）刻本 ………………………… 172

171 白毫菴內篇二卷外篇一卷雜篇二卷
〔明〕張瑞圖著 明崇禎間（1628—1644）
刻本 ………………………………… 173

172 御風閣集十卷
〔明〕來臨著 明崇禎間（1628—1644）
刻本 ………………………………… 174

173 眉公十種藏書六十二卷
〔明〕陳繼儒撰 明崇禎間（1628—1644）
醉綠居刻本 ………………………… 175

174 太乙山房文集十五卷附孝威論一卷孝逸論一卷
〔明〕陳際泰撰 約明崇禎間（1628—
1644）刻本 ………………………… 176

175 宋李忠定公奏議選十五卷文集選二十九卷
卷首四卷目録一卷
〔宋〕李綱撰 〔明〕左光先等編 明
崇禎間（1628—1644）刻清康熙四十四年
（1705）補刻本 …………………… 177

176 歷代名臣奏議三百一十九卷目録一卷
〔明〕黃淮、楊士奇輯 張溥刪正 明崇
禎間（1628—1644）刻清重修本 …… 178

177 吳歙小草十卷
　　〔明〕婁堅著　明崇禎間（1628—1644）
　　刻清康熙間（1662—1722）陸廷燦重修本 … 179

178 洹詞十二卷
　　〔明〕崔銑撰　明趙府味經堂刻清乾隆
　　三十六年（1771）黃邦寧重修本 ………… 180

179 阮嗣宗集二卷
　　〔魏〕阮籍撰　明刻本 ……………………… 181

180 徐文長集二十九卷
　　〔明〕徐渭撰　袁宏道評點　明刻本 ……… 182

181 鹽鐵論十二卷
　　〔漢〕桓寬著　〔明〕徐仁毓閱　明刻本 … 183

182 句注山房集稿二十卷
　　〔明〕張鳳翼著　明刻本 …………………… 184

183 涇野子內篇二十七卷
　　〔明〕呂柟撰　明刻本 ……………………… 185

184 天目先生集二十一卷
　　〔明〕徐中行著　明刻本 …………………… 186

185 弇州山人續稿二百七卷目錄十卷
　　〔明〕王世貞撰　明刻本 …………………… 187

186 徐文長逸稿二十四卷目錄一卷
　　〔明〕徐渭撰　張汝霖、王思任評選　明
　　張維城刻本 …………………………………… 188

187 淮南鴻烈解二十一卷
　　〔漢〕劉安撰　〔明〕茅坤評　明刻朱墨
　　套印本 ………………………………………… 189

188 毛襄懋先生東塘詩集十卷別集十卷
　　〔明〕毛伯溫著　明毛仲愈、毛綜重刻本 … 190

189 詩藪內編六卷外編六卷雜編六卷續編二卷
　　〔明〕胡應麟著　明刻本 …………………… 191

190 輟耕錄三十卷
　　〔明〕陶宗儀撰　明末汲古閣刻本 ………… 192

191 白榆集二十卷
　　〔明〕屠隆著　明刻本 ……………………… 193

192 博物典彙二十卷
　　〔明〕黃道周纂　明刻本 …………………… 194

193 三輔黃圖六卷
　　〔漢〕無名氏撰　明刻本 …………………… 195

194 松圓偈庵集二卷
　　〔明〕程嘉燧著　明刻本 …………………… 196

195 古詩鏡三十六卷詩鏡總論一卷唐詩鏡五十四卷
　　〔明〕陸時雍選評　明刻本 ………………… 197

196 李文饒別集十卷
　　〔唐〕李德裕撰　〔明〕韓敬評點　茅兆
　　河詮定　明刻本 ……………………………… 198

197 詩志二十六卷
　　〔明〕范王孫輯著　明末刻本 ……………… 199

198 溉園初集二卷二集三卷
　　〔明〕萬時華著　明末刻本 ………………… 200

199 陸放翁全集六種一百五十七卷
　　〔宋〕陸游撰　明末毛氏汲古閣刻本 ……… 201

200 西山題跋三卷
　　〔宋〕真德秀撰　明末毛氏汲古閣刻本 …… 202

201 中州集十卷首一卷樂府一卷
　　〔金〕元好問輯　明末汲古閣刻本 ………… 203

202 王季重先生文集九種九卷
　　〔明〕王思任撰　明末刻本 ………………… 204

203 七錄齋集六卷
　　〔明〕張溥著　明末刻本 …………………… 205

204 東坡先生全集七十五卷詩選十二卷年譜一卷
　　〔宋〕蘇軾撰　明末文盛堂刻本 …………… 206

205 秦漢文膾五卷
　　〔明〕陳繼儒撰　明末刻本 ………………… 207

206 樂府詩集一百卷目錄二卷
　　〔宋〕郭茂倩編　明末清初毛氏汲古閣刻本
　　………………………………………………… 208

207 兩淮鹽制一卷兩淮鹽法備考要略一卷
　　撰者不詳　明刻清印本 ……………………… 209

208 二如亭群芳譜四部二十八卷首一卷
　　〔明〕王象晉纂　明末刻清雍正時補修本 … 210

209 小山類藳選二十卷附張襄惠公輯略一卷
〔明〕張岳撰　明刻清重修本 ················· 211

清刻本

210 吳忠節公遺集四卷
〔明〕吳麟徵撰　清初家刻本 ················· 215

211 翠筠亭集十三卷補遺一卷
〔明〕石文器著　清初石氏刻本 ················· 216

212 津逮秘書十五集一百四十一種七百四十八卷
〔明〕毛晉編　明末清初毛氏汲古閣刻本 ··· 217

213 四書窮抄六補定本十六卷
〔清〕王國瑚撰　清順治八年（1651）大
業堂周氏刻本 ························· 218

214 列朝詩集乾集二卷甲集前編十一卷甲集
二十二卷乙集八卷丙集十六卷丁集十六卷
閏集六卷
〔清〕錢謙益輯　清順治九年（1652）毛
晉刻本 ······························· 219

215 柳待制文集二十卷附錄一卷
〔元〕柳貫著　清順治十一年（1654）馮
如京、范養民等刻本 ················· 220

216 白沙子全集九卷附錄一卷
〔明〕陳獻章撰　清順治十二年（1655）
黃志正重刻本 ························· 221

217 滕王閣全集十三卷徵彙詩文不分卷
〔清〕蔡士英輯　清順治十四年（1657）
刻本 ································· 222

218 撫晉奏議初刻六卷
〔清〕白如梅撰　清順治十五年（1658）
刻本 ································· 223

219 商文毅公集
〔明〕商輅撰　〔清〕張一魁編　清順治
十五年（1658）刻本 ················· 224

220 易學三述不分卷
〔清〕王含光撰　清順治十七年（1660）
自刻本 ······························· 225

221 静遠居詩選二卷
〔清〕張陛著　清順治間（1644—1661）
刻本 ································· 226

222 易經窮抄六補定本
〔明〕王國瑚著　清順治間（1644—1661）
刻本 ································· 227

223 龍塢集五十五卷
〔明〕王時濟著　清順治間（1644—1661）
稷山王震亨刻本 ····················· 228

224 淮鹺本論二卷
〔清〕胡文學著　清康熙元年（1662）刊本
···································· 229

225 彭文憲公文集四卷附錄一卷
〔明〕彭時著　彭文思公文集六卷附錄一
卷　〔明〕彭華著　清康熙五年（1666）
彭志槙刻本 ··························· 230

226 漁洋山人詩集二十二卷
〔清〕王士禛撰　清康熙八年（1669）刻本
···································· 231

227 熊學士詩文集三卷
〔清〕熊伯龍著　清康熙九年（1670）刻
乾隆五十一年（1786）熊光補修本 ········· 232

228 宋詩鈔初集九十四卷
〔清〕吳之振、呂留良、吳爾堯選編　清
康熙十年（1671）吳氏鑑古堂刻本 ········· 233

229 倚雉堂集十二卷
〔清〕竇遴奇著　清康熙十一年（1672）
刻本 ································· 234

230 馮少墟集二十二卷續集四卷
〔明〕馮從吾著　清康熙十二年（1673）
馮氏刻本 ····························· 235

231 丁野鶴遺稿十二卷
〔清〕丁耀亢撰　清康熙十二年（1673）
丁慎行刻本 …………………………… 236

232 尺五堂詩删初刻六卷
〔清〕嚴我斯著　清康熙十五年（1676）
刻本 …………………………………… 237

233 慎修堂集二十卷
〔明〕亢思謙著　清康熙十五年（1676）
臨汾亢宗瑗刻本 ……………………… 238

234 泚亭自删詩一卷附琴譜指法省文一卷
〔清〕孫廷銓纂　清康熙十六年（1677）
刻本 …………………………………… 239

235 石松堂集八卷
〔清〕余爲霖撰　清康熙十六年（1677）
刻本 …………………………………… 240

236 宋金元詩永二十卷
〔清〕吳綺選　清康熙十七年（1678）濂
溪書屋刻本 …………………………… 241

237 泚亭删定文集上下卷
〔清〕孫廷銓纂　清康熙十七年（1678）
孫寶仍刻本 …………………………… 242

238 杲堂文鈔六卷
〔清〕李鄴嗣著　黃宗羲輯　清康熙十七年
（1678）刻本 ………………………… 243

239 有懷堂筆八卷
〔清〕王永命著　清康熙十七年（1678）
稷山葛有光刻本 ……………………… 244

240 汪氏家集三種十九卷附崇禮堂詩一卷
〔清〕汪克寬著　汪懋麟、汪耀麟選輯
清康熙十八年（1679）汪宗豫刻本 ……… 245

241 周易疏略四卷
〔清〕張沐疏略　清康熙十九年（1680）
敦臨堂刻本 …………………………… 246

242 日講書經解義十三卷
〔清〕愛新覺羅·玄燁敕撰　庫勒納等纂
清康熙十九年（1680）內府刻本 ……… 247

243 陸密菴文集二十卷録餘二卷
〔清〕陸求可著　清康熙二十年（1681）
刻本 …………………………………… 248

244 懷麓堂集一百卷
〔明〕李東陽著　清康熙二十年（1681）
廖方達刻本 …………………………… 249

245 湛甘泉先生文集三十二卷
〔明〕湛若水撰　清康熙二十年（1681）
黃楷刻本 ……………………………… 250

246 蓉川集四卷入夏録三卷贈言一卷贈言附録一卷
〔明〕齊之鸞著　清康熙二十年（1681）
齊山刻本 ……………………………… 251

247 橫山初集十六卷
〔清〕裘璉著　清康熙二十年（1681）刻本
…………………………………………… 252

248 于山奏牘七卷詩詞一卷
〔清〕于成龍著　李中素編　清康熙二十二
年（1683）劉鼎刻本 ………………… 253

249 歸田稿八卷
〔明〕謝遷撰　清康熙二十三年（1684）
謝鍾和刻本 …………………………… 254

250 古文淵鑒六十四卷
〔清〕徐乾學等編　清康熙二十四年（1685）
武英殿五色套印本 …………………… 255

251 微泉閣文集十六卷
〔清〕董文驥著　清康熙二十五年（1686）
董元起刻本 …………………………… 256

252 讀書堂集十卷
〔清〕張潮著　清康熙二十六年（1687）
刻本 …………………………………… 257

253 石湖居士詩集三十四卷
〔宋〕范成大撰　清康熙二十七年（1688）
顧氏依園刻本 ………………………… 258

254 虛直堂文集二十四卷
〔清〕劉榛著　清康熙二十七年（1688）
刻本 …………………………………… 259

255 馬太史匡菴文集十二卷詩前集六卷詩集六卷
〔清〕馬世俊著　清康熙二十八年（1689）
馬容刊本 ………………………………… 260

256 檀園集十二卷
〔明〕李流芳著　清康熙二十八年（1689）
陸廷燦重刻本 …………………………… 261

257 桂山堂文選十二卷
〔清〕王嗣槐撰　清康熙二十八年（1689）
刻本 ……………………………………… 262

258 田間詩學
〔清〕錢澄之撰　清康熙二十八年（1689）
刻本 ……………………………………… 263

259 青箱堂詩集三十三卷文集十二卷遺稿續刻
一卷年譜一卷
〔清〕王崇簡著　清康熙二十八年（1689）
王燕刻本 ………………………………… 264

260 唐近體詩永十四卷首一卷
〔清〕吳綺輯　清康熙二十八年（1689）
林蕙堂刻本 ……………………………… 265

261 渠亭山人半部藁五卷
〔清〕張貞撰　清康熙二十八年至四十七
年（1689—1708）刻本 ………………… 266

262 羅圭峯先生文集三十卷首一卷
〔明〕羅玘著　清康熙二十九年（1690）
羅美才刻本 ……………………………… 267

263 些餘集八卷
〔清〕熊賜履著　清康熙二十九年（1690）
刻本 ……………………………………… 268

264 四書講四十卷
〔清〕金松著　清康熙三十一年（1692）
刻本 ……………………………………… 269

265 唐人选唐詩八種二十三卷
〔明〕毛晋編　清康熙三十二年（1693）
黃虞學稼草堂刻本 ……………………… 270

266 罨畫集三卷
〔清〕王原祁著　清康熙三十二年（1693）
刻本 ……………………………………… 271

267 陳定宇先生文集十六卷別集一卷
〔元〕陳櫟撰　清康熙三十三年（1694）
珠溪德馨堂刻本 ………………………… 272

268 玉茗堂全集四十六卷
〔明〕湯顯祖著　清康熙三十三年（1694）
阮峴刻本 ………………………………… 273

269 元詩選十集首一卷
〔清〕顧嗣立集　席世臣補　清康熙三十三
年（1694）顧氏秀野草堂刻嘉慶三年（1798）
席氏掃葉山房補刻本 …………………… 274

270 五公山人集十六卷
〔清〕王餘佑撰　李興祖輯　清康熙三十四
年（1695）刻本 ………………………… 275

271 太白山人槲葉集五卷南游草一卷
〔清〕李柏著　清康熙三十四年（1695）刻本
…………………………………………… 276

272 日知錄三十二卷
〔清〕顧炎武撰　清康熙三十四年（1695）
刻本 ……………………………………… 277

273 漁洋山人文略十四卷
〔清〕王士禛撰　清康熙三十四年（1695）
刻本 ……………………………………… 278

274 溫飛卿詩集箋注九卷
〔唐〕溫庭筠撰　〔明〕曾益注　〔清〕
顧予咸補注　清康熙三十六年（1697）顧
氏秀野草堂刻本 ………………………… 279

275 憺園文集三十六卷
〔清〕徐乾學撰　清康熙三十六年（1697）
冠山堂刻本 ……………………………… 280

276 鄭忠愍公北山文集三十卷首一卷目錄一卷
〔宋〕鄭剛中撰　清康熙三十六年（1697）
鄭世成刻本 ……………………………… 281

277 蘇老泉先生全集二十卷
〔宋〕蘇洵著 附録二卷 〔宋〕沈斐輯
清康熙三十七年（1698）邵仁泓刻本 ……… 282

278 蘇學士文集十六卷
〔宋〕蘇舜欽撰 清康熙三十七年（1698）
徐氏白華書屋刻本 ………………………… 283

279 方正學先生遜志齋集二十四卷拾補一卷外
紀一卷年譜一卷
〔明〕方孝孺撰 清康熙三十七年（1698）
刻本 …………………………………………… 284

280 春秋纂
〔清〕朱之俊著 清康熙三十七年（1698）
刻本 …………………………………………… 285

281 受祺堂詩三十五卷
〔清〕李因篤著 清康熙三十八年（1699）
田少華刻本 ………………………………… 286

282 大觀堂文集二十二卷卷首一卷
〔清〕余縉著 清康熙三十八年（1699）
余毓澄刻本 ………………………………… 287

283 漁洋山人精華録十卷
〔清〕王士禛撰 清康熙三十九年（1700）
林佶寫刻本 ………………………………… 288

284 二十一史彈詞輯註十卷
〔明〕楊慎編 〔清〕孫德威輯註 清康
熙四十年（1701）刻本 …………………… 289

285 靜觀堂詩集十九卷
〔清〕勞之辨撰 清康熙四十年（1701）
自刻本 ………………………………………… 290

286 抱經齋詩集十四卷文集不分卷
〔清〕徐嘉炎著 附焚餘草一卷 〔清〕
徐肇森著 清康熙四十年（1701）刻本 …… 291

287 渚山樓詩集十二卷
〔清〕潘廷章著 清康熙四十年（1701）
刻本 …………………………………………… 292

288 删訂唐詩解二十四卷
〔明〕唐汝詢選釋 〔清〕吳昌祺評定
清康熙四十年（1701）誦懿堂刻本 ……… 293

289 林和靖先生詩集四卷附省心録一卷
〔宋〕林逋撰 清康熙四十一年（1702）
吳調元精刻本 ……………………………… 294

290 李文襄公奏議二卷奏疏十卷首一卷別録六
卷附年譜
〔清〕李之芳撰 李鍾麟編 清康熙四十一
年（1702）刻本 …………………………… 295

291 汗簡七卷
〔宋〕郭忠恕撰 清康熙四十二年（1703）
汪立名一隅草堂刻本 ……………………… 296

292 有懷堂文薫二十二卷詩薫六卷
〔清〕韓菼撰 清康熙四十二年（1703）
刻本 …………………………………………… 297

293 江左十五子詩選十五卷
〔清〕宋犖選 清康熙四十二年（1703）
宋氏宛委堂刻本 …………………………… 298

294 朱子論定文抄二十一卷
〔清〕吳震方輯 清康熙四十四年（1705）
刻本 …………………………………………… 299

295 御定歷代賦彙一百四十卷外集二十卷逸句
二卷補遺二十二卷目録四卷
〔清〕陳元龍輯 清康熙四十五年（1706）
内府刻本 …………………………………… 300

296 受祐堂集十二卷
〔清〕張泰交撰 清康熙四十五年（1706）
刻本 …………………………………………… 301

297 御定全唐詩録一百卷年表一卷
〔清〕徐倬輯 清康熙四十五年（1706）
徐倬刻本 …………………………………… 302

298 王文靖公集二十四卷年譜一卷附一卷
〔清〕王熙撰 清康熙四十六年（1707）
王克昌刻本 ………………………………… 303

299 午亭文編五十卷
　　〔清〕陳廷敬撰　〔清〕林佶輯録　清康
　　熙四十七年（1708）林佶寫刻本 ………… 304

300 范忠貞公文集五卷首一卷
　　〔清〕范承謨撰　清康熙四十七年（1708）
　　刻本 ………………………………………… 305

301 讀史亭詩集十六卷文集二十二卷
　　〔清〕彭而述撰　清康熙四十七年（1708）
　　彭始摶刻本 ………………………………… 306

302 凝翠樓集四卷
　　〔清〕王慧撰　清康熙四十七年（1708）
　　朱氏銀槎閣精刻光緒二十三年（1897）印本
　　……………………………………………… 307

303 片石園詩四卷
　　〔清〕孫元衡撰　清康熙四十九年（1710）
　　刻本 ………………………………………… 308

304 紅椒山房詩八卷
　　〔清〕宮翼宸撰　清康熙四十九年（1710）
　　刻本 ………………………………………… 309

305 韋齋集十二卷
　　〔宋〕朱松撰　附玉瀾集一卷　〔宋〕朱
　　槔撰　蜀中草一卷　〔清〕朱昇撰　清康
　　熙四十九年（1710）朱昌辰刻本 ………… 310

306 御製文集四十卷目録五卷
　　〔清〕愛新覺羅·玄燁撰　張玉書等輯
　　清康熙五十年（1711）内府刻本 ………… 311

307 續晨鐘集二十卷
　　〔清〕劉光泗、劉光洙輯　清康熙五十一
　　年（1712）劉氏存古齋刻本 ……………… 312

308 瀛奎律髓四十九卷
　　〔元〕方回選　清康熙五十一年（1712）
　　吳寶芝黃葉村莊刻本 ……………………… 313

309 御選唐詩三十二卷目録三卷
　　〔清〕陳廷敬等輯註　清康熙五十二年
　　（1713）内府刻朱墨套印本 ……………… 314

310 清閟閣全集十二卷
　　〔元〕倪瓚著　清康熙五十二年（1713）
　　城書室刻本 ………………………………… 315

311 樸村文集二十四卷
　　〔清〕張云章撰　清康熙五十三年（1714）
　　刻本 ………………………………………… 316

312 唐詩貫珠六十卷
　　〔清〕胡以梅輯并箋　清康熙五十四年
　　（1715）蘇州胡氏素心堂刻本 …………… 317

313 豐川全集二十八卷
　　〔清〕王心敬著　清康熙五十五年（1716）
　　二曲書院刻本 ……………………………… 318

314 古文析義十六卷
　　〔清〕林雲銘評註　清康熙五十五年（1716）
　　寶文堂刻本 ………………………………… 319

315 二十四泉草堂集十二卷
　　〔清〕王蘋撰　清康熙五十六年（1717）
　　于熙學刻本 ………………………………… 320

316 東江詩鈔十二卷
　　〔清〕唐孫華撰　清康熙五十六年（1717）
　　刻本 ………………………………………… 321

317 三藩紀事本末四卷
　　〔清〕楊陸榮編　清康熙五十六年（1717）
　　刻本 ………………………………………… 322

318 紡授堂文集八卷二集十卷
　　〔明〕曾異撰著　清康熙五十七年（1718）
　　曾天采刻本 ………………………………… 323

319 古詩源十四卷
　　〔清〕沈德潛輯　清康熙五十八年（1719）
　　竹嘯軒刻本 ………………………………… 324

320 左繡三十卷首一卷
　　〔清〕馮李驊、陸浩評輯　清康熙五十九
　　年（1720）刻本 …………………………… 325

321 吳淵穎先生集十二卷
　　〔元〕吳萊撰　〔清〕王邦采、王繩曾箋
　　清康熙六十年（1721）刻本 ……………… 326

322　査浦詩鈔十二卷

　　〔清〕査嗣瑮撰　清康熙六十一年（1722）

　　査慎行精刻本 ………………………… 327

323　思綺堂文集十卷

　　〔清〕章藻功撰　清康熙六十一年（1722）

　　刻本 …………………………………… 328

324　重刊校正笠澤叢書四卷補遺詩一卷續補遺一卷

　　〔唐〕陸龜蒙撰　清顧氏碧筠草堂刻本 …… 329

325　晚邨先生八家古文精選不分卷

　　〔清〕呂留良評　清康熙間（1662—1722）

　　呂氏家塾刻本 ………………………… 330

326　式古堂集不分卷

　　〔清〕張雲翼著　清康熙間（1662—1722）

　　刻本 …………………………………… 331

327　願學堂集二十卷附使交紀事一卷使交吟一

　　卷安南世系略一卷南交好音一卷

　　〔清〕周燦著　清康熙間（1662—1722）

　　刻本 …………………………………… 332

328　閑存堂文集十四卷詩集九卷

　　〔清〕張永銓著　清康熙間（1662—1722）

　　刻本 …………………………………… 333

329　漁洋山人詩續集十六卷

　　〔清〕王士禛撰　清康熙間（1662—1722）

　　自刻本 ………………………………… 334

330　蠶尾集十卷續集三卷後集二卷南海集上下

　　卷雍益集一卷

　　〔清〕王士禛撰　清康熙間（1662—1722）

　　刻本 …………………………………… 335

331　臨野堂集詩集十三卷文集十卷詩餘二卷尺牘

　　四卷

　　〔清〕鈕琇著　清康熙間（1662—1722）

　　刻本 …………………………………… 336

332　空明子詩集十卷又八卷又八卷文集六卷又

　　二卷又二卷雜録一卷又一卷詩餘二卷附茸

　　城賦註崇川節孝録

　　〔清〕張榮著　清康熙間（1662—1722）

　　謙益堂精寫刻本 ……………………… 337

333　後村詩集七卷附吳越遊草一卷

　　〔清〕王文治撰　清康熙間（1662—1722）

　　刻本 …………………………………… 338

334　後村雜著三卷

　　〔清〕王文治撰　清康熙間（1662—1722）

　　刻本 …………………………………… 339

335　黄湄詩選十卷

　　〔清〕王又旦著　王士禛選　清康熙間

　　（1662—1722）刻本 …………………… 340

336　江辰六文集二十四卷首一卷

　　〔清〕江闓著　清康熙間（1662—1722）

　　政在堂刻本 …………………………… 341

337　朱擢秀先生遺著四種

　　〔清〕朱之俊著　清康熙間（1662—1722）

　　刻本 …………………………………… 342

338　世德堂文集四卷

　　〔清〕王鉞著　清康熙間（1662—1722）

　　刻本 …………………………………… 343

339　居易堂集二十卷

　　〔清〕徐枋撰　清康熙間（1662—1722）

　　刻本 …………………………………… 344

340　小方壺存稾十八卷

　　〔清〕汪森撰　清康熙間（1662—1722）

　　精刻本 ………………………………… 345

341　古懽録八卷

　　〔清〕王士禛撰　清康熙間（1662—1722）

　　快宜堂刻本 …………………………… 346

342　東村集十卷附刊一卷

　　〔清〕李呈祥著　清康熙間（1662—1722）

　　李氏儀一堂精刻本 …………………… 347

343 匏菴先生遺集五卷
　〔清〕石璜著　石月川遺集三卷　石泗撰
清康熙間（1662—1722）陳君仲刻本 ········· 348

344 誠正齋文集八卷
　〔清〕上官鉉著　清康熙間（1662—1722）
刻本 ·········· 349

345 東舍集二卷
　〔清〕蔣景祁撰　清康熙間（1662—1722）
蔣開泰刻本 ·········· 350

346 湖海集十三卷
　〔清〕孔尚任著　清康熙間（1662—1722）
介安堂刻本 ·········· 351

347 葉忠節公遺藁十三卷
　〔清〕葉映榴撰　清康熙間（1662—1722）
刻本 ·········· 352

348 黃山詩畱十六卷
　〔清〕法若真著　清康熙間（1662—1722）
刻本 ·········· 353

349 青峯先生存藁八卷
　〔明〕江柏撰　清康熙間（1662—1722）
江逢源等刻本 ·········· 354

350 古愚心言八卷附拒偽歷案白語一卷中藏集二卷
　〔清〕彭鵬編　清康熙間（1662—1722）
愚齋刻本 ·········· 355

351 春浮園文集二卷詩集一卷偶録二卷附録一卷
　〔明〕蕭士瑋撰　清康熙間（1662—1722）
刻本 ·········· 356

352 松皋文集十卷
　〔清〕毛際可著　清康熙間（1662—1722）
刻本 ·········· 357

353 學古緒言二十五卷
　〔明〕婁堅著　清康熙間（1662—1722）
陸廷燦重刻本 ·········· 358

354 石門文字禪三十卷
　〔宋〕釋德洪撰　釋覺慈編録　清康熙間
（1662—1722）和（日本）刻本 ·········· 359

355 元芝館詩集四卷
　〔明〕江禹奠撰　清康熙間（1662—1722）
精刻本 ·········· 360

356 溉堂集二十八卷（前集九卷後集六卷續集
六卷詩餘二卷文集五卷）
　〔清〕孫枝蔚撰　清康熙間（1662—1722）
刻本 ·········· 361

357 秋錦山房集二十二卷外集三卷
　〔清〕李良年撰　附尋壑外言五卷　〔清〕
李繩遠選　香草居集七卷　〔清〕李符撰
青蓮館集六卷　〔清〕李旦華撰　清康熙
間（1662—1722）刻乾隆間（1736—1795）
續刻本 ·········· 362

358 御纂七經二百九十四卷
清康熙至乾隆間（1662—1795）内府刻本 ··· 363

359 田間易學不分卷
　〔清〕錢澄之撰　清康熙間（1662—1722）
尌雄堂刻本 ·········· 364

360 大雲樓集不分卷
　〔清〕張韜著　清康熙間（1662—1722）
刻本 ·········· 365

361 高季迪先生大全集十八卷
　〔明〕高啓撰　清康熙間（1662—1722）
許氏竹素園刻本 ·········· 366

362 西北文集四卷
　〔清〕畢振姬著　清康熙間（1662—1722）
朱正暉刻本 ·········· 367

363 東嵒草堂評訂唐詩鼓吹十卷
　〔金〕元好問選　〔元〕郝天挺註　〔明〕
廖文炳解　〔清〕朱三錫評　清康熙間
（1662—1722）刻本 ·········· 368

364 咏物詩選八卷
　〔清〕俞琰輯　清雍正二年（1724）寧儉
堂刻本 ·········· 369

365 古文雅正十四卷
〔清〕蔡世遠選評　清雍正三年（1725）
念修堂精刻本 ……………………………… 370

366 御定駢字類編二百四十卷
〔清〕愛新覺羅・胤禛敕編　張廷玉等纂
清雍正四年（1726）武英殿刻本 ………… 371

367 勅修河東鹽法志十二卷
〔清〕覺羅石麟等修　朱一鳳等纂　清雍
正五年（1727）河東陝西都轉運鹽使司刻本
……………………………………………… 372

368 方壺先生集四卷
〔宋〕汪莘撰　清雍正九年（1731）汪棟刻本
……………………………………………… 373

369 文清公薛先生文集二十四卷
〔明〕薛瑄撰　張鼎編輯　清雍正十二年
（1734）河津薛氏重刻本 ………………… 374

370 御録經海一滴六卷
〔清〕愛新覺羅・胤禛選　清雍正十三年
（1735）武英殿刻本 ……………………… 375

371 （雍正）山西賦役全書不分卷
〔清〕覺羅石麟等纂修　清雍正十三年
（1735）山西布政使司刻本 ……………… 376

372 王右丞集二十八卷首一卷末一卷
〔唐〕王維撰　〔清〕趙殿成輯録　清乾
隆二年（1737）刻本 ……………………… 377

373 韓忠定公集四卷
〔明〕韓文撰　喬因羽編　清乾隆三年
（1738）刻乾隆十七年（1752）補刻本 …… 378

374 明詩別裁集十二卷
〔清〕沈德潛、周準輯　清乾隆四年（1739）
刻本 ………………………………………… 379

375 交翠館集十卷
〔明〕萬道光著　清乾隆四年（1739）志
學軒刻本 …………………………………… 380

376 持忠集二卷
〔明〕張瑤著　清乾隆五年（1740）張儒
刻本 ………………………………………… 381

377 王荆文公詩五十卷
〔宋〕王安石撰　李壁箋註　清乾隆六年
（1741）張宗松清綺齋刻本 ……………… 382

378 楚辭節註六卷
〔清〕姚培謙撰　楚辭葉音一卷　〔清〕
劉維謙撰　清乾隆六年（1741）刻本 …… 383

379 非水舟遺集二卷
〔清〕梁錫珩撰　清乾隆六年（1741）定陽
梁氏劍虹齋刻本 …………………………… 384

380 旭華堂文集十四卷補遺一卷
〔清〕王奐曾撰　清乾隆十二年（1747）
太平趙熟典刻本 …………………………… 385

381 太師誠意伯劉文成公集二十卷首一卷
〔明〕劉基撰　清乾隆十一年（1746）栝
芝南田果青堂刻本 ………………………… 386

382 改亭文集十六卷詩集六卷
〔清〕計東著　清乾隆十三年（1748）計
璹刻本 ……………………………………… 387

383 蓮洋集選十二卷
〔清〕吳雯著　清乾隆十五年（1750）臨
汾劉組曾刻本 ……………………………… 388

384 杏東先生文集十卷
〔明〕郭維藩著　清乾隆十五年（1750）
郭方康刻本 ………………………………… 389

385 易經揆一十四卷易學啓蒙補二卷
〔清〕梁錫璵撰　清乾隆十六年（1751）
武英殿寫刻本 ……………………………… 390

386 感舊集十六卷
〔清〕王士禎選　盧見曾補傳　清乾隆
十七年（1752）盧氏雅雨堂精刻本 ……… 391

387 同安林次崖先生文集十八卷

〔明〕林希元撰　清乾隆十八年（1753）

陳臚聲詒燕堂刻本 …………………… 392

388 朱子儀禮經傳通解六十九卷

〔清〕梁萬方考訂　翁荃、李世牧校正

清乾隆十八年（1753）梁萬方刻本 …… 393

389 御纂詩義折中二十卷

〔清〕愛新覺羅·弘曆敕撰　汪由敦等纂

清乾隆二十年（1755）刻本 ………… 394

390 成均課講周易十卷

〔清〕崔紀撰　清乾隆二十年（1755）安

邑宋氏刻本 …………………………… 395

391 內省堂全集四卷續六卷三續四卷

〔清〕燕申撰　清乾隆二十五年至五十三

年（1760—1788）刻本 ……………… 396

392 東坡先生編年詩五十卷目錄一卷采輯書目

一卷

〔宋〕蘇軾撰　〔清〕查慎行補註　清乾

隆二十六年（1761）香雨齋刻本 ……… 397

393 綿上四山人詩集（擬古草堂詩鈔二卷）

〔清〕王佑撰　半壁山房詩集四卷　〔清〕

董柴撰　言志山房詩稿二卷　〔清〕梁濬撰

愛餘書屋二卷　〔清〕任大椿撰　清乾隆

二十四年（1759）刻本 ……………… 398

394 文獻通考詳節二十四卷

〔元〕馬端臨著　〔清〕嚴虞惇錄　清乾

隆二十九年（1764）嚴有禧繩武堂刻本 …… 399

395 明况太守龍岡公治蘇政績全集十六卷卷首

一卷續集十二卷

〔明〕况鐘撰　清乾隆二十九年（1764）

况氏承恩坊刻本 ……………………… 400

396 元明八大家古文十三卷

〔清〕劉肇虞選評　清乾隆二十九年（1764）

刻本 …………………………………… 401

397 陸翰林詩集一卷

〔清〕陸肯堂撰　清乾隆二十九年（1764）

刻本 …………………………………… 402

398 古詩箋三十二卷

〔清〕王士禛選　聞人倓箋　清乾隆三十一

年（1766）芷蘭堂刻本 ……………… 403

399 瘦吟草二卷

〔清〕梁樞著　周天益評點　清乾隆三十二

年（1767）梁燾刻本 ………………… 404

400 原李耳載二卷

〔明〕李中馥著　清乾隆三十二年（1767）

李青房刻本 …………………………… 405

401 傅徵君霜紅龕詩鈔不分卷

〔清〕傅山撰　清乾隆三十二年（1767）

河東劉贊仰止軒刻本 ………………… 406

402 文章正宗復刻三十卷續十二卷

〔宋〕真德秀輯　清乾隆三十三年（1768）

楊仲興刻本 …………………………… 407

403 吳天綺詩集二卷（晴蓮閣詩一卷半氈廬詩一卷）

〔清〕吳霞撰　清乾隆三十三年（1768）

太平趙氏刻本 ………………………… 408

404 思誠堂集二卷附錄一卷

〔清〕吳瑛撰　清乾隆三十四年（1769）

趙熟典刻本 …………………………… 409

405 笑竹集十卷

〔清〕秦武域撰　薇郎集二卷　〔清〕秦

知域撰　清乾隆三十六年（1771）四樂草

堂刻本 ………………………………… 410

406 劍虹齋詩文集十二卷

〔清〕梁濬撰　清乾隆三十六年（1771）

介休梁氏刻本 ………………………… 411

407 倪文貞公文集二十卷

〔明〕倪元璐撰　清乾隆三十七年（1772）

倪安世刻本 …………………………… 412

408 吳詩集覽二十卷附談藪二卷

〔清〕吳偉業撰　靳榮藩輯注　清乾隆
四十年（1775）靳榮藩刻本 ················ 413

409 洗桐居士詩集四卷文集四卷

〔清〕王煒撰　清乾隆四十年（1775）太
平趙氏刻本 ····························· 414

410 廉立堂文集十二卷附錄一卷

〔清〕衛既齊撰　清乾隆四十年（1775）
太平趙氏刻本 ························· 415

411 春谷小草二卷

〔清〕盛復初撰　清乾隆四十年（1775）
稷山思文書院刻本 ···················· 416

412 河汾諸老詩集八卷

〔元〕房祺編　清乾隆四十三年（1778）
敬翼堂刻道光十五年（1835）曹樹穀續刻本

·· 417

413 山西志輯要十卷首一卷

〔清〕雅德修　汪本直纂　清乾隆四十五
年（1780）刻本 ······················· 418

414 北溪先生全集五十卷補遺一卷字義二卷附
外集一卷

〔宋〕陳淳著　清乾隆四十八年（1783）
栗齋刻本 ····························· 419

415 宋金元詩選六卷

〔清〕吳翌鳳錄　清乾隆五十八年（1793）
吳氏古歡堂刻本 ······················ 420

416 樂善堂全集四十卷目錄四卷

〔清〕愛新覺羅·弘曆撰　清乾隆間（1736—
1795）內府刻本 ······················· 421

417 綠溪全集五種八卷（綠溪初稿一卷、綠溪
語二卷、綠溪詩四卷、綠溪詞、詠史偶稿
一卷）附綠溪行述一卷

〔清〕靳榮藩撰　清乾隆間（1736—1795）
刻本 ································· 422

418 漁洋山人精華錄訓纂補十卷

〔清〕惠棟撰　清乾隆間（1736—1795）
紅豆齋刻本 ··························· 423

419 本事詩十二卷

〔清〕徐釚輯　清乾隆間（1736—1795）
汪肯堂重刻本 ························· 424

420 道腴堂詩編三十卷詩續六卷

〔清〕鮑鉁撰　清乾隆間（1736—1795）
自刻本 ······························· 425

421 明詩別裁集十二卷

〔清〕沈德潛、周準同輯　清乾隆間（1736—
1795）刻本 ··························· 426

422 滋樹堂文集四卷可園草一卷孫檢討自訂四
書文一卷

〔清〕孫景烈著　清乾隆間（1736—1795）
刻本 ······························· 427

423 石園全集三十卷

〔清〕李元鼎撰　清乾隆間（1736—1795）
香雪堂木活字印本 ···················· 428

424 趙恭毅公賸藁八卷

〔清〕趙申喬撰　趙侗敉輯　清乾隆間
（1736—1795）刻本 ··················· 429

425 孫文定公集十二卷南遊記一卷

〔清〕孫嘉淦撰　清嘉慶十年（1805）敦
和堂刻本 ····························· 430

426 貞白遺稿十卷首一卷

〔明〕程通撰　清嘉慶十一年（1806）謙
德堂刻本 ····························· 431

427 西征集一卷附遺草一卷

〔清〕林俊撰　清嘉慶十四年（1809）刻本 432

428 晉乘蒐略三十二卷

〔清〕康基田撰　清嘉慶十六年（1811）
康氏霞蔭堂刻本 ······················ 433

429 求古精舍金石圖四卷

〔清〕陳經撰　清嘉慶十八年（1813）說
劍樓精刻精印本 ······················ 434

430 詒晉齋集八卷後集一卷隨筆一卷
〔清〕愛新覺羅・永瑆撰　清道光二十八
年（1848）刻本 ……………………………… 435

431 霜紅龕集四十卷
〔清〕傅山撰　張廷鑑、張廷銓拾遺　劉
霨補輯　清咸豐四年（1854）壽陽王行恕
刻本 …………………………………………… 436

432 退密齋時文補編不分卷
〔清〕徐繼畬撰　清咸豐七年(1857)刻本 … 437

433 𩜒𩜖亭集三十二卷後集十二卷
〔清〕祁寯藻撰　清咸豐七年（1857）祁
氏自刻本 ……………………………………… 438

434 峴嶕山房詩集初編八卷續編二卷
〔清〕董文煥撰　清同治七年至十年(1868—
1871)洪洞董氏刻本 ………………………… 439

435 涑水紀聞十六卷
〔宋〕司馬光撰　清光緒九年（1883）解
州解梁書院刻本 ……………………………… 440

436 河岳英靈集二卷
〔唐〕殷璠編輯　清光緒間（1875—1908）
賴豐烈仿宋刻朱印本 ………………………… 441

437 易説六卷
〔宋〕司馬光撰　清光緒間（1875—1908）
解州解梁書院刻本 …………………………… 442

438 聖祖仁皇帝庭訓格言一卷
〔清〕愛新覺羅・玄燁撰　清光緒間（1875—
1908）解州解梁書院刻本 …………………… 443

439 嶠雅二卷
〔明〕鄺露撰　清海雪堂精刻本 …………… 444

440 求闕齋語摘録
〔清〕曾國藩撰　清末解州解梁書院刻本
………………………………………………… 445

活字本、抄本

441 仙屏書屋初集詩録十六卷後録二卷
〔清〕黃爵滋著　清道光二十七年（1847年）
泾县翟金生泥活字本 ………………………… 449

442 山右同官録
〔清〕山西調查局編　清光緒十七年（1891）
徵信局木活字本 ……………………………… 450

443 蘭汀存藁八卷
〔明〕梁有譽著　清江陰繆氏藕香簃抄本 … 451

444 蘭庭集不分卷
〔明〕謝晉撰　清康熙十六年（1677）宋
筠抄本 ………………………………………… 452

445 淮河圖説一卷上下新河本稿一卷
撰者不詳　清乾隆前（1662—1735）灑金
紙精寫本 ……………………………………… 453

446 孔文谷詩集四卷
〔明〕孔天胤著　清乾隆三十九年（1774）
温德端抄本 …………………………………… 454

447 萬物原初不分卷
〔明〕張翩初稿　柳賢附輯　清抄本 ……… 455

448 大清文宗顯皇帝實録三百五十六卷　大清
穆宗毅皇帝實録三百七十四卷
〔清〕内府編　小紅綾寫本 ………………… 456

449 皇明國史紀聞十二卷
〔明〕張銓撰　清抄本 ……………………… 457

450 栲栳山人集三卷
〔元〕岑安卿撰　清抄本 …………………… 458

451 安雅堂集十三卷
〔元〕陳旅撰　清抄本 ……………………… 459

452 孫明復小集三卷
〔宋〕孫復撰　清抄本 ……………………… 460

453 五峯胡先生文集三卷
〔宋〕胡宏撰　抄本 ………………………… 461

454 紫薇集二十卷
〔宋〕吕本中撰　抄本 ……………………… 462

455 南湖集十卷
〔宋〕張鎡撰　民國影抄本 ………………… 463

明刻本

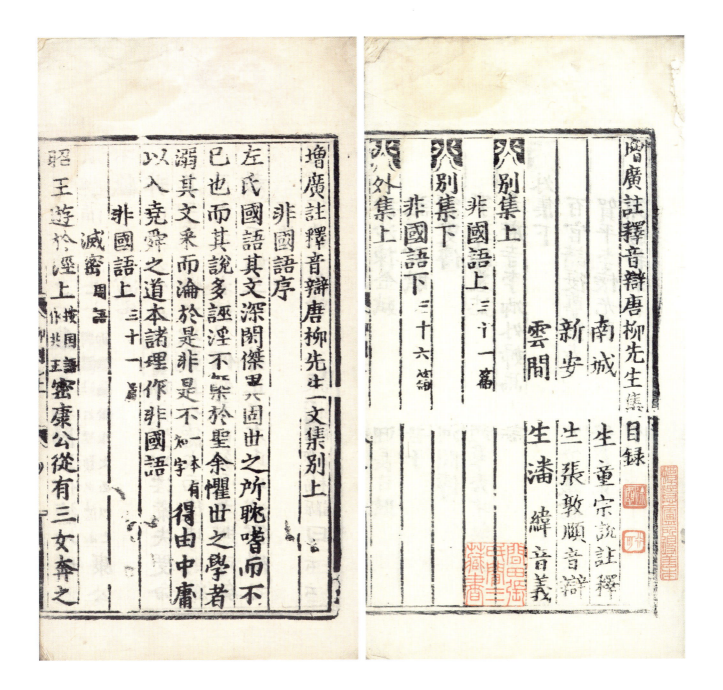

001　增廣註釋音辯唐柳先生集四十三卷別集二卷外集二
卷附録一卷　〔唐〕柳宗元撰　〔宋〕童宗説註釋　張敦頤音辯　潘緯音
義　明正統十三年（1448）善敬堂刻本
開本 28.5×17.5 厘米，板框 22.1×13 厘米，半葉九行，行十八字，小字雙行同，
粗黑口，四周雙邊。鈐“蟫隱廬所得善本”“徐恕”“行可”“鄂渚徐氏經籍
金石書畫記”“藏棱盦”“閒田張氏閟三藏書”等印。存七卷，3 册。

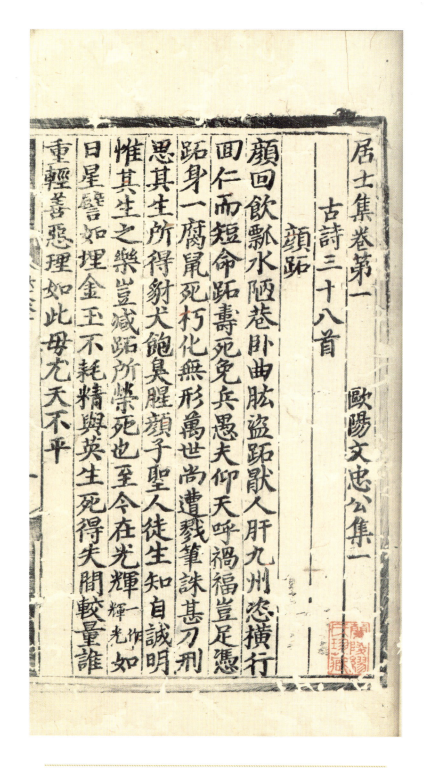

002 歐陽文忠公集一百五十三卷總目一卷附録五卷 〔宋〕
歐陽修撰　**年譜一卷** 〔宋〕胡柯撰　明天順六年（1462）程宗刻本
開本 25.8×15.1 厘米，板框 20×12.5 厘米，半葉十行，行二十字，黑口，雙魚尾，
四周雙邊。前有明天順六年錢溥序。經張籲修補，卷一百五十三末抄配十四
頁。文集序後注"七月二十三日校"。鈐"蘭陵繆氏珍藏""閒田張氏聞三藏
書"等印。10 函 80 册。

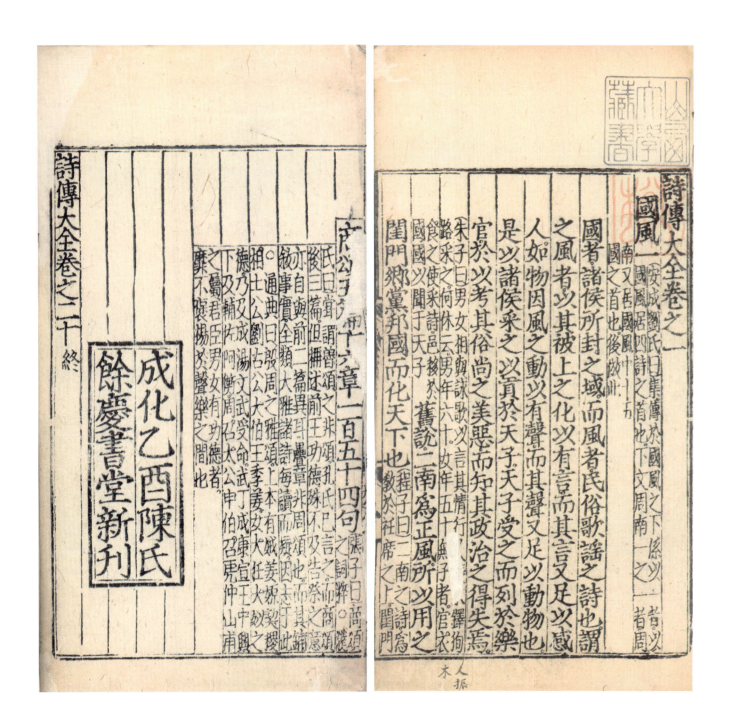

003　詩傳大全二十卷綱領一卷詩序一卷 〔明〕胡廣等輯　明
成化元年（1465）陳氏餘慶書堂刻本

開本 26.1×15.3 厘米，板框 20×13 厘米，半葉十一行，行二十一字，小字
雙行同，粗黑口，四周雙邊。前有宋淳熙四年（1177）朱熹序，序首頁爲補
抄。卷末有牌記 "成化乙酉陳氏餘慶書堂新刊"。1 函 6 册。

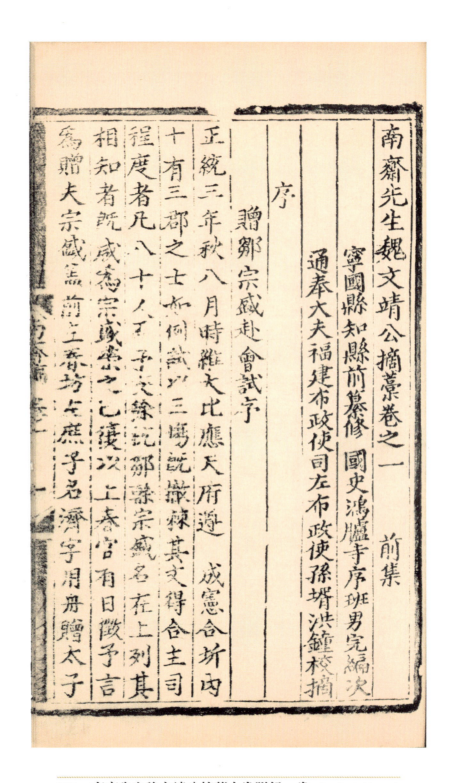

004　南齋先生魏文靖公摘藁十卷附錄一卷　〔明〕魏驥撰　魏
完編　明弘治十一年（1498）洪鐘刻清康熙八年（1669）王余高重修本
開本 25.1 × 17 厘米，板框 20.2 × 13 厘米，半葉十行，行二十一字，粗黑口，
四周雙邊。有明弘治十一年洪鐘序，清康熙八年來集之序，王余高修刻序。
鈐 "閒田張氏聞三藏書" 印。1 函 8 冊。

005　篁墩程先生文集九十三卷拾遺一卷　〔明〕程敏政撰　明
正德二年（1507）何歆刻本
開本 27.8×17.7 厘米，板框 19.2×13 厘米，半葉十三行，行二十七字，白
口，卷一至卷七左右雙邊，卷八至卷九十三四周單邊。有明正德二年李東陽
序，卷末有李訊、何歆序。鈐"浙西項氏書屋""閒田張氏聞三藏書"等印。
6 函 36 册。

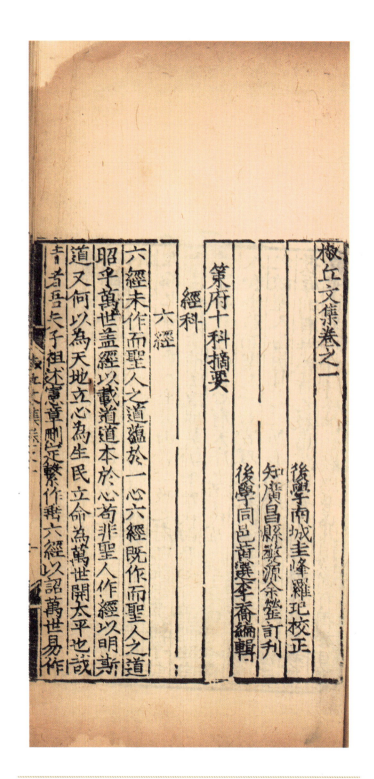

006　椒丘文集三十四卷外集一卷 〔明〕何喬新撰　明嘉靖元年
（1522）余鑒刻本

開本 28×15.7 厘米，板框 17×12.4 厘米，半葉十一行，行二十二字，粗黑口，
黑魚尾，四周單邊。有明嘉靖元年舒芬序，外集前有余鑒題識。鈐"閒田張
氏聞三藏書"印。4 函 16 册。

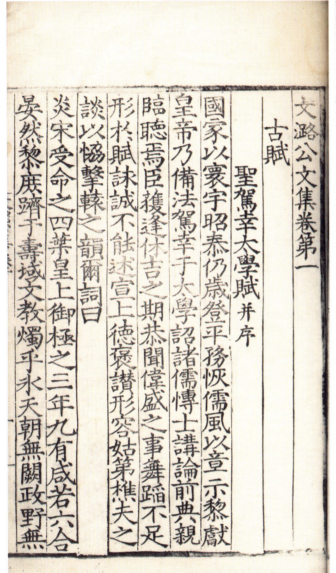

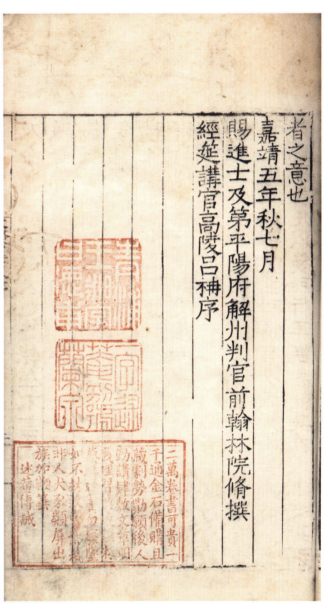

007　文潞公文集四十卷〔宋〕文彦博撰　明嘉靖五年（1526）王
溱刻本

開本 26×16.6 厘米，板框 20.5×14.5 厘米，半葉十行，行二十字，白口，四
周單邊。卷前有明嘉靖五年呂柟序。鈐"青浦王昶字曰德甫""一字述菴别
號蘭泉"等印。2 函 8 册。

秋崖先生小藁卷之一

方岳巨山

表

皇太后冊寶賀表以下代處州

正一元而居極玉昭帝歷之傳煉五色以補天肇輯

毋闥之慶思皇熟德於赫典談中賀臣竊仰慈宸翊

扶熙運雜綠圓而薦瑞通追來孝追珠其章恭惟必

有所尊啓聖人退藏於密揆黃屋以非心帷天予必

皇帝時御六陽獨觀高化糸堯繞接漢緒茂隆擁右

之功擐乾符闥坤珍用篤勤勞之報聲名有儒揚厲

無前臣叩縋冊戞襲六爲七欣聞太史之

屢書咸五登三何幸此身之親見

008　秋崖先生小藁四十五卷詩集三十八卷　〔宋〕方岳撰　明嘉靖五年（1526）祁門方氏刻本

開本 24×15.6 厘米。《小藁》板框 18.1×12 厘米，半葉十二行，行二十字，白口，四周單邊；《詩集》半葉十一行，行十九字，黑口，四周單邊。版心下鐫刻工。有明嘉靖五年方謙序，嘉靖六年李鏡山序，秋崖先生傳。鈐"閒田張氏聞三藏書"印。1函10冊。

★ 国家重点工程推荐图书

36 民间纠纷调解计

民间纠纷调解 36:计

常晋虎 著

原理攻略 —— 一读成诵

新时代社会治理 "心" 攻略

中央政法委主管杂志《长安》专栏连载

常晋虎，新调解理论与实操研究专家，作家。1965年生。1987年获中国人民解放军国防科技大学国际关系学院学士学位；1993年获华东师范大学俄语文学硕士学位；1995年从中国人民解放军某集团军司令部转业，从事政法综治工作至今20余年，致力于跨界调解新智慧研究，努力塑造新时代调解新思维模式。2013年主笔出版《美好家园调解艺术》（中国长安出版社），新著为其姊妹篇。

1562-5

山西

常評事集卷之一

沁水常倫著
邑人韓范編輯
汝南陳昌言校

賦

丹賦擬荀卿體

有物於此產於北坎交於南離著可少艾朽可
神奇無父無母先天而生非日非月煥赫其明
乾坤不能包其大鬼神無以測其靈為道之祖
亘萬古而莫能名凡愚蠢蠢窅然無覺統正聖

009　常評事集四卷 〔明〕常倫撰　韓范編　明嘉靖七年（1528）王溱刻本

開本29×17.8厘米，板框21×15厘米，半葉十行，行十八字，無界行，白口，四周單邊。版心下鎸刻工"吳門章循刻""蕭邦魯"等。前有明嘉靖七年南大吉序，後有未署名跋文一則，附錄祭文、墓誌銘。鈐"閒田張氏聞三藏書""孫藥癡"等印。1函2冊。

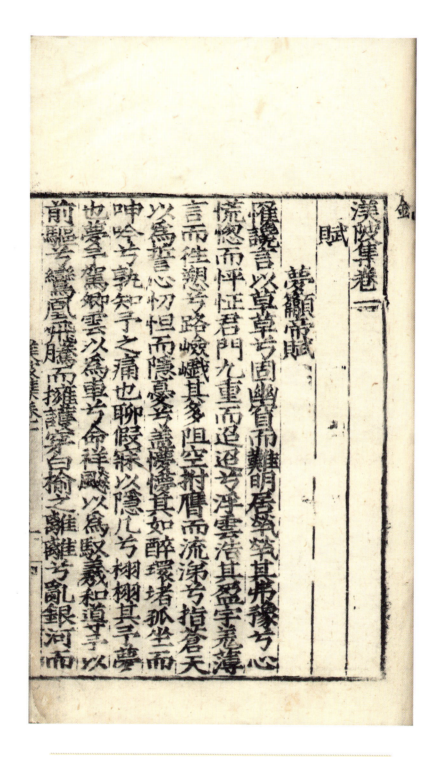

010 重刻渼陂王太史先生全集二十七卷 〔明〕王九思撰 明
嘉靖十二年（1533）王獻等刻嘉靖二十四年（1545）翁萬達刻崇禎十三年
（1640）張宗孟刻合印本

開本 25.6×16.8 厘米，板框不一，半葉十行，行二十一字，或半葉九行，行
二十二字，白口，四周單邊。有明嘉靖十一年（1532）康海序，嘉靖十年王
九思自序。《碧山樂府》前有明崇禎十三年（1640）王珌序，王旭跋等。鈐"天
地之室收藏校記印""易中錄讀書記"等印。有抄配。4 函 20 册。

011　岳集五卷〔宋〕岳飛撰　明嘉靖十五年（1536）焦煜刻本

開本 29×17 厘米，板框 18.2×13.8 厘米，半葉九行，行十八字，白口，左右雙邊。
前有明嘉靖十五年徐階、張庭序，後有焦煜跋。1 函 4 册。

錦繡萬花谷前集卷之一

天

九闕虎豹
虎豹九闕害下人此重虎豹守之出楚辭

磨蟻
天圓如荷蓋地方如碁局天旁轉半在地上半在地下日月本東行天西旋入于海牽之以西如蟻行磨上磨左旋蟻右行磨疾蟻遲蟻不得不西吳王蕃傳出晉天文志

銀黃左界
河漢水之精發而浮上宛轉隨流名曰天河一曰雲漢詩疏亦名銀潢謝莊月賦斜漢左界北陸南躍亦曰銀灣出許洞詩亦曰銀浦出李賀詩

金階兩闕
神異經東北大荒中有金闕高千丈上有明月珠徑三丈光照千里中有金階兩闕名天門注出桂詩

通明殿
通明玉帝殿名常有紅雲捧之坡詩云侍臣鵠

012　錦繡萬花谷前集四十卷後集四十卷續集四十卷〔宋〕

編者不詳　明嘉靖十五年（1536）秦汴繡石書堂刻本

開本 24.8×16.1 厘米，板框 18.7×13.3 厘米，半葉十二行，行二十一字，白口，單黑魚尾，左右雙邊。4 函 20 冊。

杜工部文集卷之一

天狗賦 并序〔年譜云 按玄宗天寶六
載詔天下有一藝者公應詔

退下留京師是年十月上幸華清宮
公因至獸坊作天狗賦 又按長安東

驪山有溫泉水浴可愈疾初秦始皇
砌石起室漢武帝又加修飾唐貞觀

間建湯泉宮咸亨間改溫泉宮天寶
十六載改華清宮又築羅城置百司及

月上巡幸焉 每歲十

天寶中上冬幸華清宮甫因至獸坊怪天狗
院列在諸獸院之上胡人云此其獸猛健無

013　集千家註杜工部詩集二十卷文集二卷 〔唐〕杜甫撰
〔宋〕黃鶴補註　明嘉靖十五年（1536）玉几山人刻本

開本 28.9×18 厘米，板框 21.5×13.4 厘米，半葉八行，行十七字，小字雙行同，
白口，雙魚尾，四周雙邊。版心下鐫刻工名。無序跋。《詩集》缺第一、四、
五、八、九卷。2 函 9 冊。

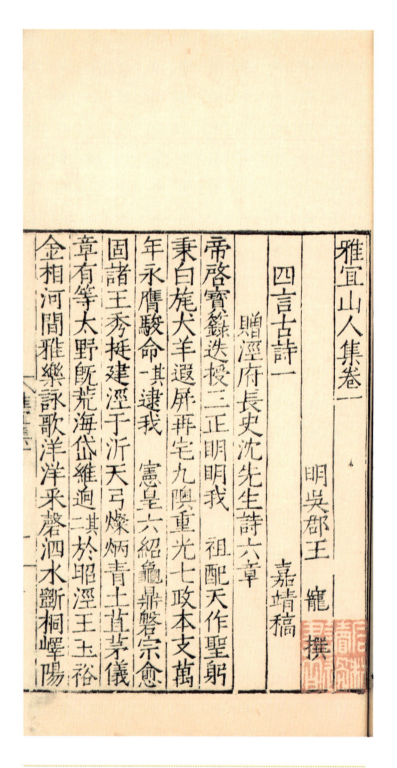

014　雅宜山人集十卷　〔明〕王寵撰　明嘉靖十六年（1537）董宜陽、
朱浚明刻本

開本 26.8×16.5 厘米，板框 17.2×12.7 厘米，半葉十行，行十八字，白口，
左右雙邊。前有丁元薦序，未署年月。又有明嘉靖十七年胡纘宗序、顧璘序、
袁袠序，嘉靖十六年朱浚明序，嘉靖十五年王守序，王琦等跋。鈐"寄巢""石
林讀過書""閒田張氏聞三藏書"等印。1 函 4 册。

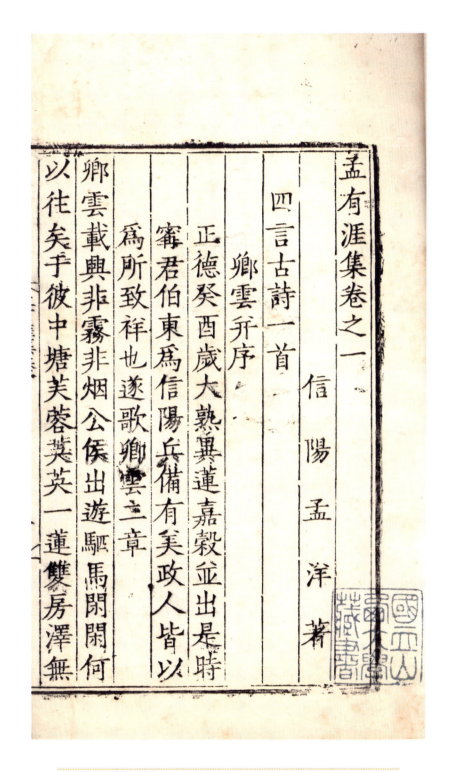

015　孟有涯集十七卷目録一卷〔明〕孟洋著　明嘉靖十七年
（1538）王廷相、徐九皋刻本

開本 26×18.1 厘米，板框 20×12.8 厘米，半葉九行，行十七字，白口，四
周雙邊。前有明嘉靖十四年杜柟序，卷末有嘉靖十七年徐九皋刻書序。金鑲
玉裝。2 函 8 冊。

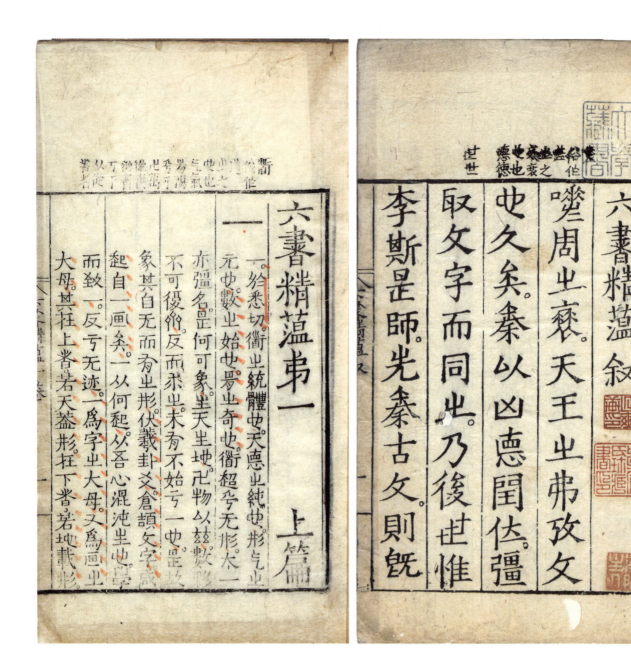

016　六書精蘊六卷音釋舉要一卷　〔明〕魏校撰　〔明〕徐官音釋

明嘉靖十九年（1540）魏希明刻本

開本 27.3×16.7 厘米，板框 18.2×13.9 厘米，半葉五行，大小字不一，細黑口，左右雙邊。前有《六書精蘊叙》《重刻〈六書精蘊〉叙》，後有嘉靖十九年《〈六書精蘊〉後序》。鈐"潯陽主人""中牟倉氏珍藏書印"等印。1 函 6 册。

017　周恭肅公集十六卷附録一卷〔明〕周用撰　明嘉靖二十八
年（1549）周國南川上草堂刻本

開本 25×17 厘米，板框 19.3×14.1 厘米，半葉十行，行二十字，白口，單黑魚尾，
四周雙邊。版心下鐫"川上草堂"，有刻工名。前有明嘉靖二十八年朱希周序，
卷首有羅振常批語。鈐"振常私印"等印。2 函 14 册。

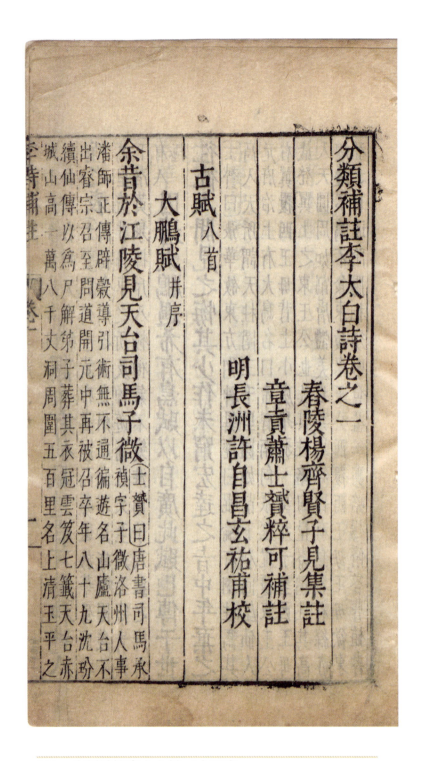

018　分類補註李太白詩二十五卷〔唐〕李白撰〔宋〕楊齊賢
集註〔元〕蕭士贇補註　**年譜一卷**〔宋〕薛仲邕撰　明嘉靖二十五年
（1546）玉几山人刻本

開本 24.2×15 厘米，板框 21.9×13.6 厘米，半葉九行，行十七字，小字雙行同，
白口，單黑魚尾，左右雙邊，版心下鐫刻工。卷端署"大明嘉靖丙午玉几山
人校"。前有李冰陽、樂史、宋敏求、毛漸、蕭士贇等序，劉全白作《李白碣記》。
2 函 12 册。

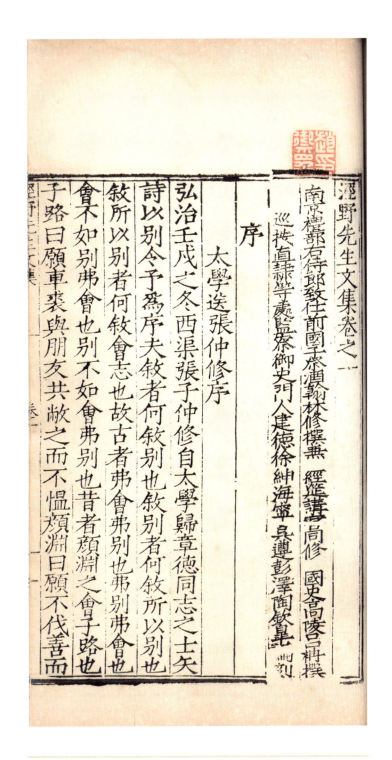

019　涇野先生文集三十六卷 〔明〕呂柟撰　明嘉靖三十四年

（1555）于德昌刻本

開本 29.5×17.7 厘米，板框 21.5×14.4 厘米，半葉十行，行二十三字，白口，

四周雙邊。凡例末題"都察院照磨高陵呂昀藏籍，直隸真定府知府成都于

德昌梓行，武強縣儒學教諭閩中王大經、藁城縣儒學教諭莆田江從春校正"。

有明嘉靖徐階、馬理、李舜臣序。鈐"趙禦衆印""閩田張氏閩三藏書"等印。

4 函 16 册。

祝氏集畧卷第一

騷賦

大游賦

允明以宇宙之道於我而止矣渾鴻包之萬象條之
三五肇構于其先宣尼總齊于其後君建爲極臣成
爲業士治爲學民遵爲世随其時也易曰拘係之乃
從維之王用亨于西山允明時不自立身名随人拘
維將老而神明中亮問學外廣有無之際三五宣尼
之所營益嘗實訪其間焉新期用亨之利也暇曰敘之
爲大游賦可以垂語千載焉爾

020　祝氏集畧三十卷　〔明〕祝允明撰　明嘉靖三十六年（1557）張景賢刻本

開本 26.2×16.9 厘米，板框 19.2×14.3 厘米，半葉十行，行二十字，白口，白魚尾，左右雙邊。有明嘉靖三十六年張景賢序和嘉靖三十九年祝繁跋。2函 16 册。

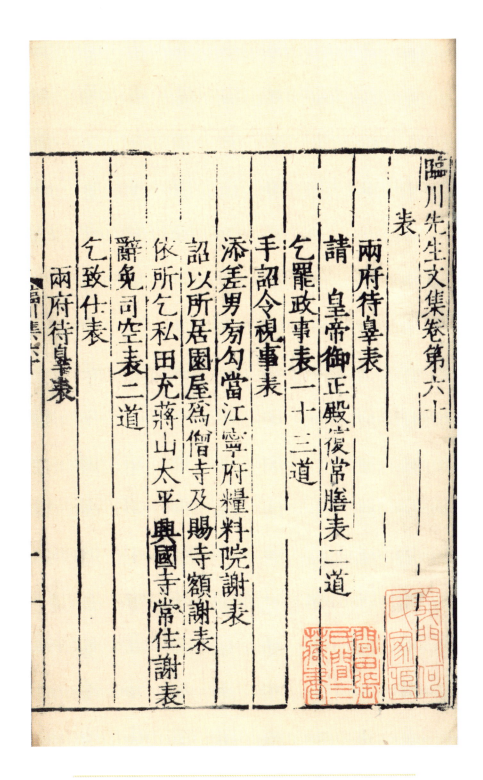

021　臨川先生文集一百卷目録二卷〔宋〕王安石撰　明嘉靖
三十九年（1560）何遷刻本
開本 29.8×19.1 厘米，板框 15.8×20.5 厘米，半葉十二行，行二十字，白口，
單黑魚尾，左右雙邊。有佚名過録何焯批校。鈐"義門何氏家藏""何焯之印""瞻
屺""寧鄉周氏夢三山房""閒田張氏聞三藏書"等印。5 函 10 册。

宗子相集卷之一

門人　林朝聘
　　　黃　中
　　　趙日新　黃才敏
　　　　　　　朱應遇
　　　　　　　陳汝揚
　　　　　　　　　莊望棟
　　　　　　　　　謝　符　同校刊
　　　　　　　　　鄭克曾

賦

釣臺賦有序

余聞嚴子釣臺舊矣丁巳秋余以察藩赴闕取
道兩越始登厥臺裴回焉商颷西來萬山颯搖
我心傷悲爰申厥詞把酒放歌白雲萃互豈君
之聞歌而來哉

恭承　帝命以南邁兮弭吾節於富春儵微霜之隕

022　宗子相集八卷〔明〕宗臣撰　明嘉靖三十九年（1560）林朝聘、
黃中等刻本

開本 26×16.6 厘米，板框 20.5×14.5 厘米，半葉十行，行二十字，白口，四
周雙邊。卷端題"林朝聘、黃中、趙日新、黃才敏、朱應遇、陳汝揚、莊望棟、
謝符、鄭克曾同校刊"。1 函 8 册。

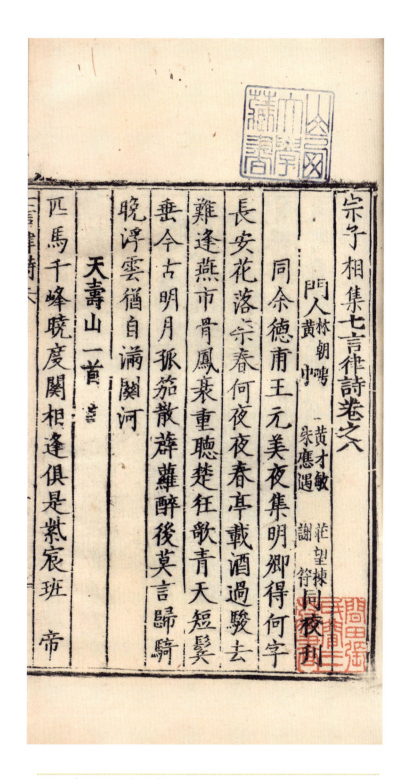

023　宗子相集十五卷〔明〕宗臣撰　明林朝聘、黃中等刻本

開本 27.8×16.1 厘米，板框 19×13.2 厘米，半葉九行，行十六字，白口，四
周雙邊。有明嘉靖三十九年（1560）樊獻科序。卷一、卷二爲抄配。鈐"閭
田張氏聞三藏書"印。2 函 14 册。

莊渠先生遺書卷之一

奏疏

　　講詳郊祀大禮疏

提督四夷舘太常寺卿臣魏校謹　　　　門壻歸有光校正

奏爲昧死應

詔陳言講詳郊祀大禮事　臣聞禮惟聖人爲能饗帝惟

孝子爲能饗親祭非物自外至者也自中出生於

心者也心怵而奉之以禮昔我

太祖高皇帝祀

天圜丘祀

024　莊渠先生遺書十二卷　〔明〕魏校撰　明嘉靖四十年（1561）

王道行刻本

開本 27.5×16.2 厘米，板框 19×13.3 厘米，半葉十行，行二十一字，白口，
單黑魚尾，左右雙邊。各卷末題"蘇州府知府太原王道行校刊"，有明嘉靖
四十年胡松序。是刻紙墨瑩潤，開卷悦目。卷三爲抄配。鈐"閒田張氏聞三
藏書"等印。2 函 8 册。

念菴羅先生集卷之一

書

答蔣道林

往承惠書論大學之旨并孟子講義縷縷數千百言
極感提誨當時讀之至再至三理極明暢第於言下
未有灑然快心處以是未敢率意答未幾入深山
靜僻絕人往來每日塊坐一榻更不展卷如是者二
越月而旋以病廢當極靜時恍然覺吾此心中虛無
物旁通無窮有如長空雲氣流行無有止極有如大
海魚龍變化無有間隔無內外可指無動靜可分上
下四方往古來今渾成一片所謂無在而無不在吾

025　念菴羅先生集十三卷 〔明〕羅洪先撰　明嘉靖四十二年（1563）劉玠刻本

開本28.4×17厘米，板框20.5×14厘米，半葉十一行，行二十字，白口，綫魚尾，四周單邊。版心下鐫刻工名。有明嘉靖四十二年胡松序。鈐"閒田張氏聞三藏書"等印。2函16册。

右頁：

東萊先生史記詳節序

正義序

諸王侍讀宣義郎守右清道率府長史張守節上

史記者漢太史公司馬遷作遷生龍門耕牧河山之陽南
遊江淮講學齊魯之鄉紹太史繼春秋括文魯史而包左
氏國語采世本戰國策而撥楚漢貫紬經傳裒子
史上起軒轅下飫天漢作十二本紀帝王興廢悉詳三十
世家君國存亡畢著八書贊陰陽禮樂十表定代系年封
七十列傳忠臣孝子之誠備矣筆削冠於史籍題目足以
經邦裴駰服其善序事理辯而不華質而不俚其文直其

左頁：

東萊先生史記詳節卷之一上

集解　裴駰

正義　張守節

索隱　司馬貞

補史　司馬貞

古史　蘇轍

外紀　劉恕

司馬蘇劉增華皇帝紀

小司馬索隱補三皇紀　史記闕三皇而以五帝為首
首者正以大戴禮有五帝德篇又黃帝以下故因以五帝為首既論古史亦合全

026　東萊先生十七史詳節二百七十三卷〔宋〕呂祖謙輯　明嘉靖四十五年（1566）至隆慶四年（1570）陝西布政司刻本

開本 25.5×16 厘米，板框 19.5×13.5 厘米，半葉十行，行二十二字，小字雙行同，白口，四周單邊。版心中依次為書名、卷次、篇名、頁碼、千字文序，版心下鐫刻工名。有斷版現象。前有張守節"正義序"，裴駰"集解叙"，蘇轍"古史序"，劉恕"外紀序"，譜系、地理圖、目錄。《史記詳節》卷1—4為抄配，間有標點和眉批。鈐"萬玉堂""紫庭""葉氏德輝鑒藏"白文印，"金鳳儀印""汪士鐘讀書""觀古堂""閭田張氏閟三藏書"朱文印。100册。

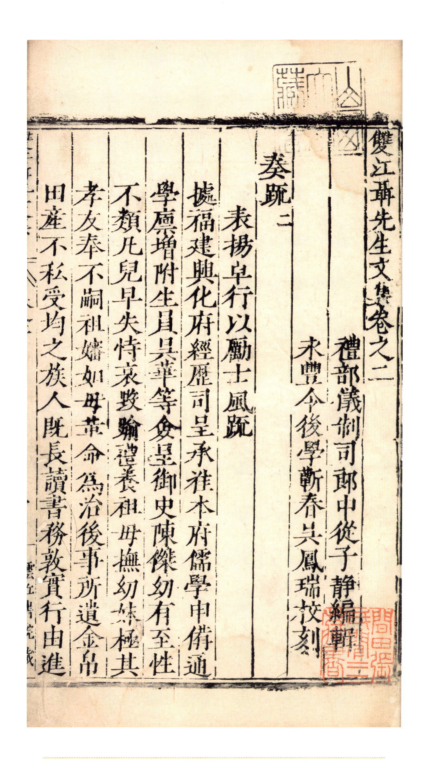

027　雙江聶先生文集十四卷〔明〕聶豹撰　明嘉靖間（1522—1566）刻本

開本 26×16.2 厘米，板框 21.4×14.7 厘米，半葉十行，行二十一字，白口，綫魚尾，四周雙邊。版心下鐫"雲丘書院藏"。卷端題"禮部儀制司郎中從子靜編輯　永豐令後學蘄春吳鳳瑞校刻"。書版有斷裂。聶靜所編本爲十二卷，其後人又摭壽文及《困辨録》附于其後爲十四卷。鈐"閒田張氏聞三藏書"等印。1 函 10 册。

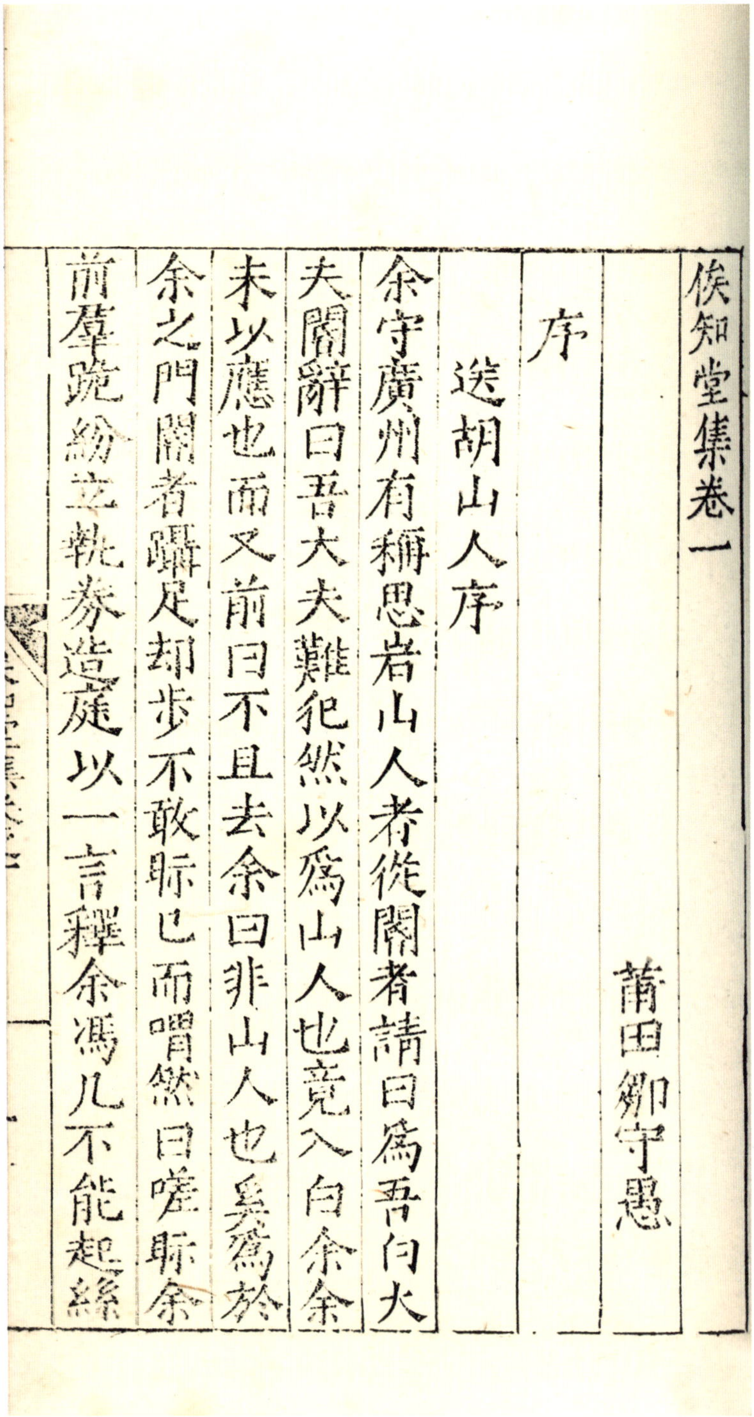

俟知堂集卷一

莆田鄒守愚

序

送胡山人序

余守廣州有稱思岩山人者從閽者請曰爲吾白大夫閽辭曰吾大夫難犯然以爲山人也竟入白余余未以應也而又前曰不且去余曰非山人也奚爲於余之門閽者躡足却步不敢睨已而喟然曰嗟睨余前聳跪紛立靴袴造庭以一言釋余憑几不能起緣

028 俟知堂集十四卷 〔明〕鄒守愚撰　明嘉靖間（1522—1566）刻本

開本 28.9 × 17.3 厘米，板框 19 × 13.3 厘米，半葉九行，行二十字，白口，單黑魚尾，四單單邊。卷前有明嘉靖二十九年（1550）序。鈐“閒田張氏聞三藏書”印。1 函 6 册。

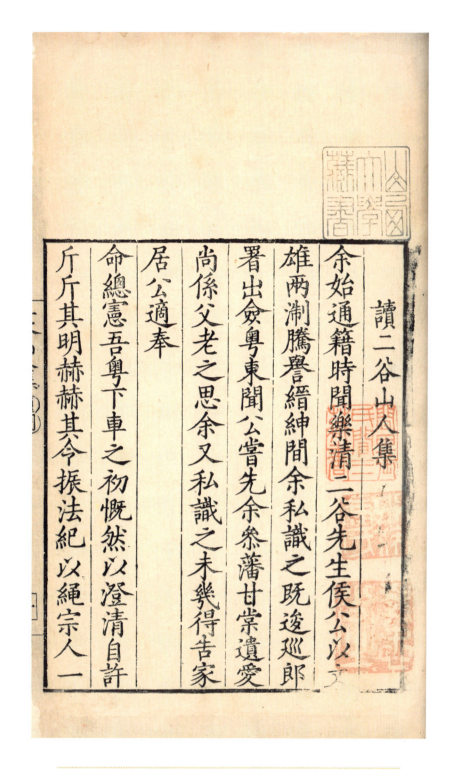

029　二谷山人集十卷〔明〕侯一元撰　明嘉靖間（1522—1566）
刻本

開本 27×18.5 厘米，板框 17×13.8 厘米，半葉十行，行十八字，白口，四周單邊。
版心下鐫刻工名。前有明嘉靖四十二年（1563）殷彀儆序，嘉靖四十三年董
傳策序。鈐"馮敬修印""閒田張氏聞三藏書"等印。1 函 4 册。

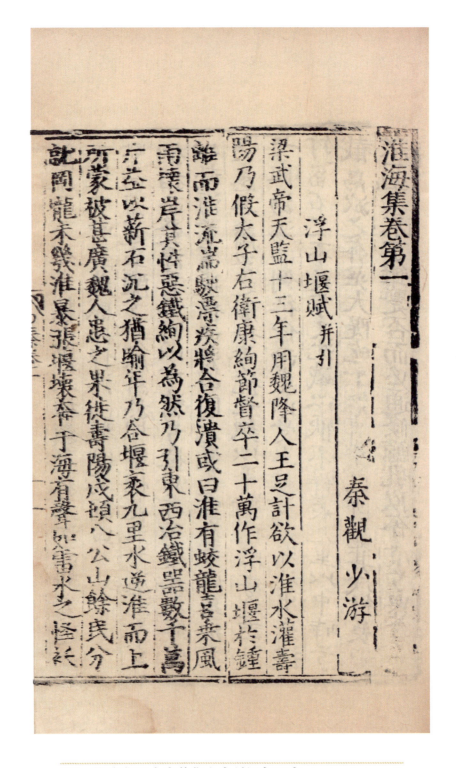

030　淮海集四十卷後集六卷長短句三卷〔宋〕秦觀撰　明華
州公署刻嘉靖間（1522—1566）張光孝補刻萬曆四十七年（1619）再補刻本，
《長短句》1930年故宮博物院影印本

開本27×17.6厘米，板框19.8×13.6厘米，半葉十行，行二十一字，白口，
上下雙邊。有明萬曆四十七年馮甲第跋，嘉靖八年（1529）張光孝序，目錄，
有補刻頁。鈐“仙井胡菊潭藏書印”“閬田張氏閬三藏書”等印。1函9册。

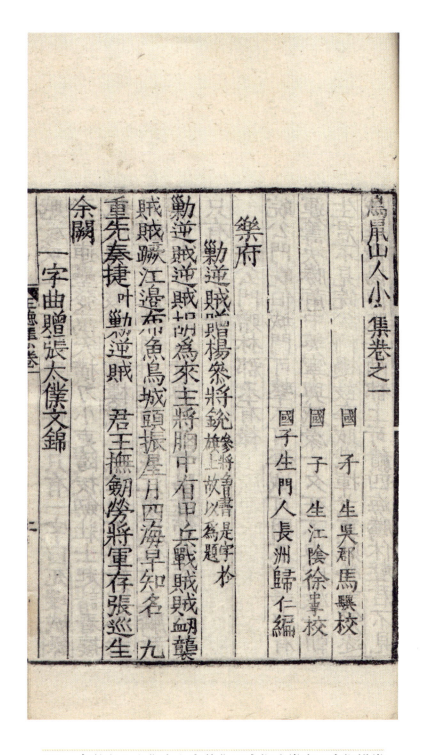

031　鳥鼠山人小集十六卷後集二卷擬古樂府二卷擬漢樂府八卷　〔明〕胡纘宗撰　明嘉靖間（1522—1566）刻清順治十三年（1656）周盛時補修本

開本 24.6×16 厘米，板框 16.3×13 厘米，《小集》半葉十一行，行二十字，《後集》半葉九行，行十九字，《擬古樂府》半葉九行，行十八字，《擬漢樂府》半葉十行，行十九字，白口，四周單邊。有明嘉靖十五年（1536）崔銑，嘉靖十六年王慎中，嘉靖十八年李濂等序。《後集》末有清順治十三年（1656）周盛時補修跋。2 函 12 册。

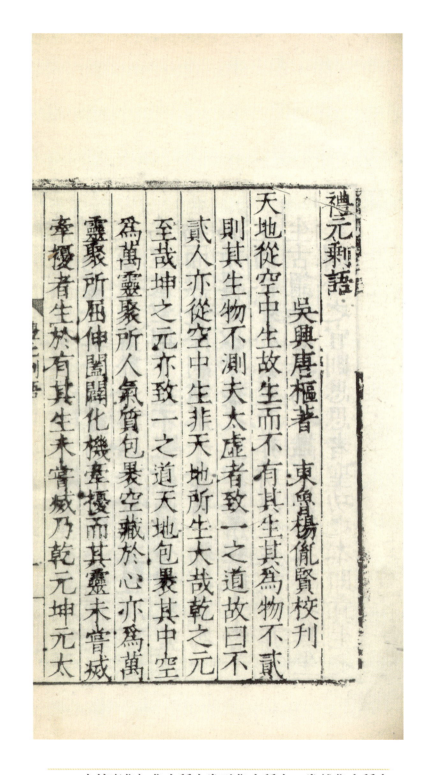

032　木鐘臺集初集十種十卷再集十種十一卷雜集十種十卷附年譜一卷　〔明〕唐樞著　明嘉靖萬曆間（1522—1620）刻本

開本 27.4×17.3 厘米，板框 18.6×12.5 厘米，半葉九行，行十八字，白口，單黑魚尾間白雙魚尾，四周單邊。有明嘉靖至萬曆間諸序。3 函 12 册。

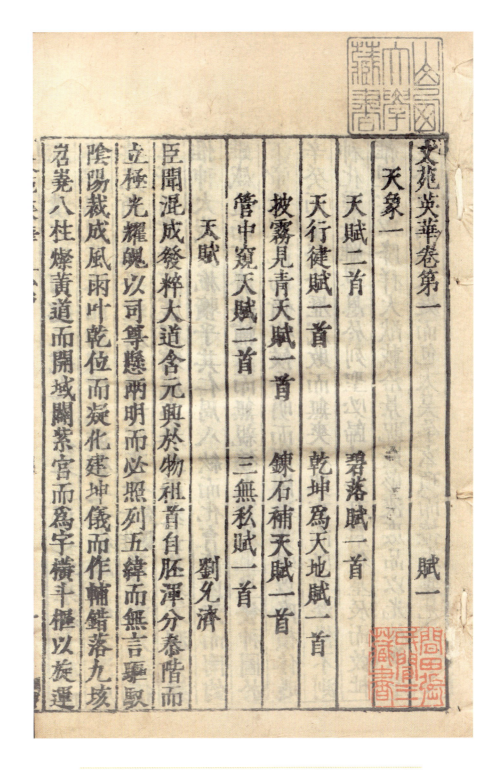

033　文苑英華一千卷　〔宋〕李昉等輯　明隆慶元年（1567）胡維
新等刻本

開本 26.1×17 厘米，板框 20.3×15 厘米，半葉十一行，行二十二字，白口，
四周單邊。版心下鐫刻工。有明隆慶元年胡維新序、涂澤民序，周必大《纂
修文苑英華事始》，刻書者職銜及姓氏。有抄配。鈐"閒田張氏聞三藏書"等印。
10 函 100 冊。

034　蔡中郎文集十卷外傳一卷　〔漢〕蔡邕撰　明萬曆二年（1574）
徐子器刻本

開本 26×15.4 厘米，板框 20.2×13 厘米，半葉九行，行二十字，白口，四
周單邊。前有明萬曆二年徐子器跋，目録。不避清諱。鈐"閒田張氏聞三藏
書"印。1 函 4 册。

樸菴章先生文集卷之一

奏疏

謝恩存問舊臣疏　時陞廣東右布政使抵家

嘉靖元年四月二十五日欽蒙

聖恩差行人王懋賞

勅一道存問臣伯父南京禮部尚書致仕臣章懋緣

臣伯父懋已於上年十二月三十日病故僅遺

一子章接年方五歲幼未省事臣當郎抱神主

闕謝

望

035　樸菴章先生文集八卷　〔明〕章拯撰　明萬曆二年（1574）刻本

開本 26.1×16.3 厘米，板框 18.3×12.8 厘米，半葉十行，行二十字，小字雙行同，單白魚尾，左右雙邊。版心刻有"樸菴文集"四字。前有歐陽瑜序。鈐"閒田張氏聞三藏書"印。1 函 4 册。

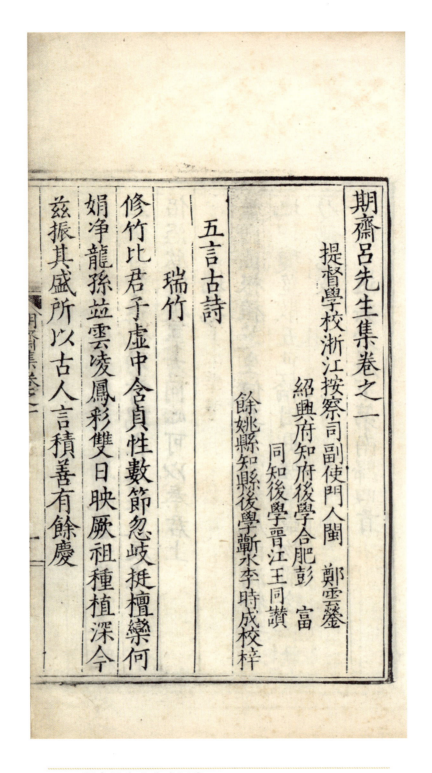

036　期齋吕先生集十四卷 〔明〕吕本撰　明萬曆三年（1575）鄭
雲鎣等刻本

開本 28×18 厘米，板框 19.8×14.4 厘米，半葉八行，行十八字，白口，單
黑魚尾，四周雙邊。前有明萬曆三年皇甫汸序。鈐"閉田張氏聞三藏書"印。
1 函 8 册。

何文定公文集卷之一

尚書講章

講章

禹曰都帝慎乃在位帝曰俞禹曰安汝止惟幾惟康其
兢直惟動丕應徯志以昭受上帝天其申命用休
這是虞書益稷篇史臣記大禹告舜的言語都是歎
美辭帝舜是指帝舜俞是然其言止是事物之理具於
吾心各有至善所當依據而不可移易的意思幾是
事之發動處康是事之安穩處弼是指輔弼之臣徯
是待申是重休是美大禹將要告舜先歎美曰都又

037　何文定公文集十一卷　〔明〕何瑭撰　明萬曆四年（1576）賈
待問等刻本
開本23.4×15.3厘米，板框20×12厘米，半葉十行，行二十一字，白口，
四周單邊。前有賈待問序，傳記，原序數篇，目録末有校刻姓氏，目録後鐫"萬
曆四年夏五月五日重刻"及校刻人姓氏。鈐"古息州何氏知非去非止齋藏書
印""閒田張氏聞三藏書"等印。1函6册。

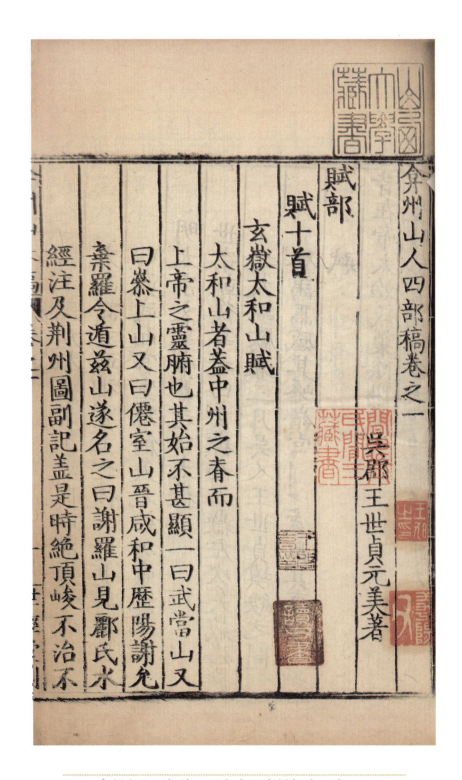

038　弇州山人四部稿一百七十四卷目録十二卷〔明〕王世
貞著　明萬曆五年（1577）王氏世經堂刻本
開本27.1×17.4厘米，板框21×14.8厘米，半葉十行，行二十字，白口，四
周雙邊。版心下鐫"世經堂刻"，序末鐫"唐尹刻"。有明萬曆五年汪道昆序。
鈐"義陽人""王旭之印""讀右書""王啓亨印""閏田張氏聞三藏書"等印。
36册。

顏氏家訓卷上

北齊　顏之推著

黃嘉惠閱

序致篇第一

夫聖賢之書、教人誠孝、慎言檢迹、立身揚名、亦已備矣、魏晉以來所著諸子理重事複、遞相模斆猶屋下架屋床上施床耳吾今所以復爲此者非敢軌物範世也業以整齊門内、提撕子孫、夫同言而信、信其所親同命而行其所服禁童子之暴謔則師友之誡不如傅婢之指揮止凡人之鬬閱則堯舜之道不如

039　顏氏家訓二卷 〔北齊〕顏之推著　明萬曆六年（1578）茶陵顏志邦刻本

開本 25.5×16 厘米，板框 19.8×13.2 厘米，半葉九行，行二十字，白口，左右雙邊。有明萬曆六年顏志邦序。1 函 2 册。

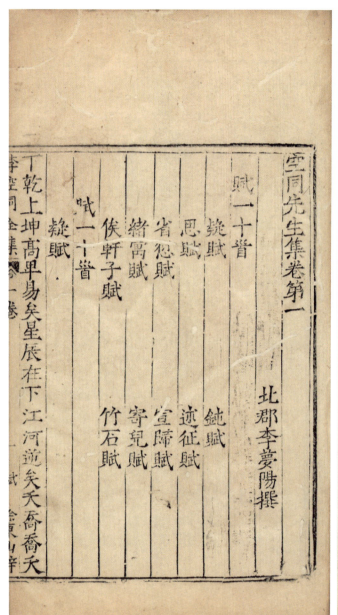

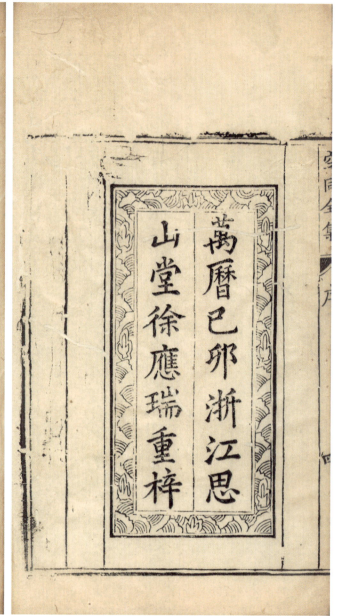

040　空同先生集六十三卷〔明〕李梦阳撰　明萬曆七年（1579）
思山堂徐應瑞刻本

開本 28.5×17 厘米，板框 19.6×13.6 厘米，半葉十一行，行二十字，白口，
四周雙邊。版心下鎸"徐東山梓"。有明嘉靖九年（1530）黄省曾序，序後
有牌記"萬曆己卯浙江思山堂徐應瑞重梓"。鈐"文選樓""揚州阮氏琅嬛僊
館藏書印"等印。2 函 16 册。

由拳集卷之一　　　　　　　東海屠隆長卿　著

賦

滇海波恬賦

西嶽山人遊於東海，遭東海生於海濱西嶽山人
揖東海生而進曰僕西嶽山人也世居西嶽華山
下今者汗漫遊於東海致問東海之脈奚若東海
生曰夫東海天下巨麗之觀也今者子從華山西
來大海之脈吾且與子共覽焉又焉事僕空侈談

由拳集卷之一

041　由拳集二十三卷　〔明〕屠隆著　明萬曆八年（1580）馮夢禎刻本

開本 26.2×17.6 厘米，板框 19.9×14.7 厘米，半葉九行，行十九字，下細黑口，單白魚尾，左右雙邊間四周單邊。版心下間鐫刻工 "孫宗達刊" "夏雲" 等。前有明萬曆八年沈明臣叙，徐益孫叙。鈐 "閒田張氏聞三藏書" 印。2 函 16 冊。

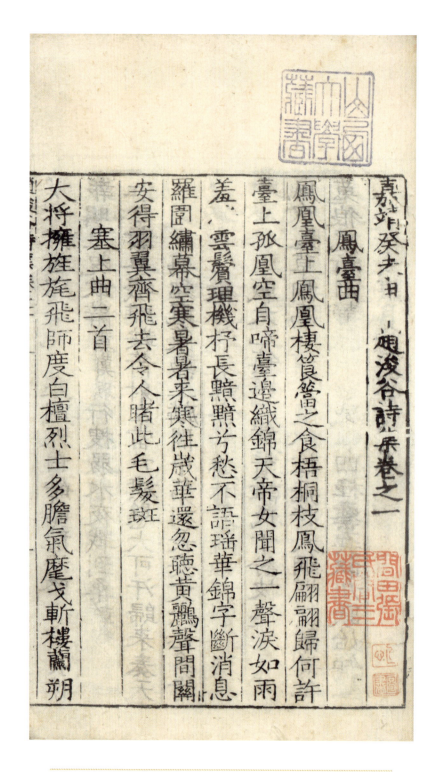

042　趙浚谷詩集六卷文集十卷〔明〕趙時春撰　明萬曆八年（1580）周鑒刻本

開本 27.6×17.4 厘米，板框 21×14.5 厘米，半葉九行，行二十一字，白口，四周單邊。有明嘉靖四十四年（1565）李開先序，嘉靖四十一年（1562）胡松序，鈐"圖書""閒田張氏聞三藏書"等印。4 函 16 册。

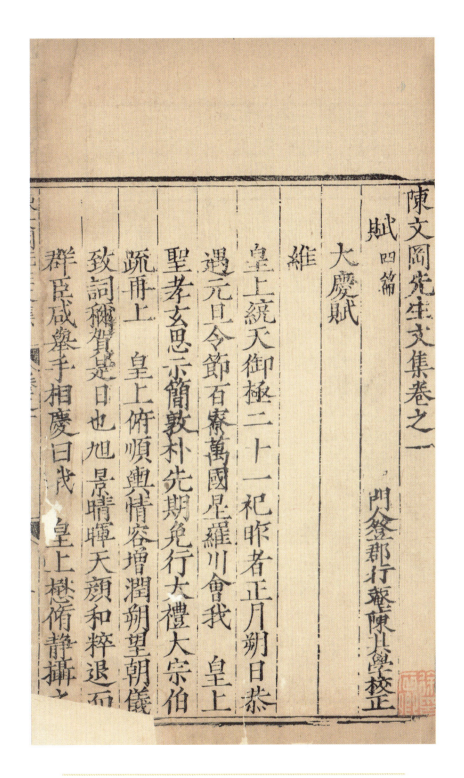

043　陳文岡先生文集二十卷〔明〕陳棐撰　陳其學校　明萬曆九年（1581）刻本

開本 25.2×17 厘米，板框 18.9×15.3 厘米，半葉十行，行十九字，白口，雙黑魚尾，四周雙邊。前有明萬曆九年（1581）陳登雲序，末有周學易後序。鈐"徐石卿""陶淑精舍收藏""閒田張氏聞三藏書"等印。2 函 20 冊。

漢書評林卷之一上

高帝紀第一上

吳興後學凌稚隆輯校

師古曰紀理也統理眾事而繫之於年月者也

高祖

荀悅曰諱邦字季邦之字曰國張晏曰禮諡法應劭曰...

沛豐邑中陽里人也

師古曰沛縣也...豐沛之聚邑耳方言高祖所...

姓劉氏

師古曰本紀不詳名...

母媼

文穎曰媼母別名也王媼...

044　漢書評林一百卷　〔明〕凌稚隆輯　明萬曆九年（1581）烏程凌氏刻本

開本 28.8×18.8 厘米，板框 24.1×14.5 厘米，上下兩欄，半葉十行，行二十字，小字雙行同，白口，單黑魚尾，左右雙邊。前有明萬曆九年（1581）王世貞、王宗沐、何洛文序。48 冊。

045　高皇帝御製文集二十卷　〔明〕朱元璋撰　明萬曆十年（1582）
姚士觀、沈鈇刻本
開本 29×17.8 厘米，板框 21×15 厘米，半葉九行，行十七字，白口，四周雙邊。
目録後有明萬曆十年姚士觀校刻題識，末有洪武七年（1374）劉基後序、郭
傳後序，宋濂題識，萬曆十年沈鈇跋。鈐“閒田張氏閒三藏書”印。2 函 10 冊。

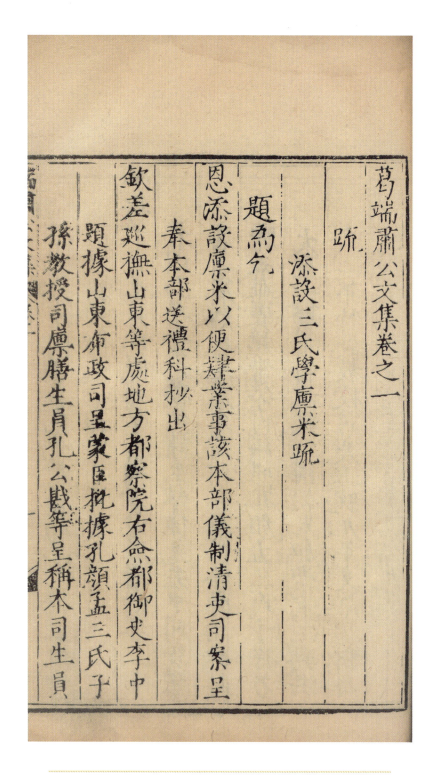

046　葛端肅公文集十八卷　〔明〕葛守禮撰　明萬曆十年（1582）刻
清乾隆五十六年（1791）鍾大受重修本

開本 25.3×15.5 厘米，板框 19.7×13.2 厘米，半葉九行，行二十字，白口，
四周雙邊。前有萬曆十年郭宗臯序、鄭材序，《明史》本傳，清乾隆五十六
年鍾大受題記。鈐“閏田張氏聞三藏書”印。1 函 8 册。

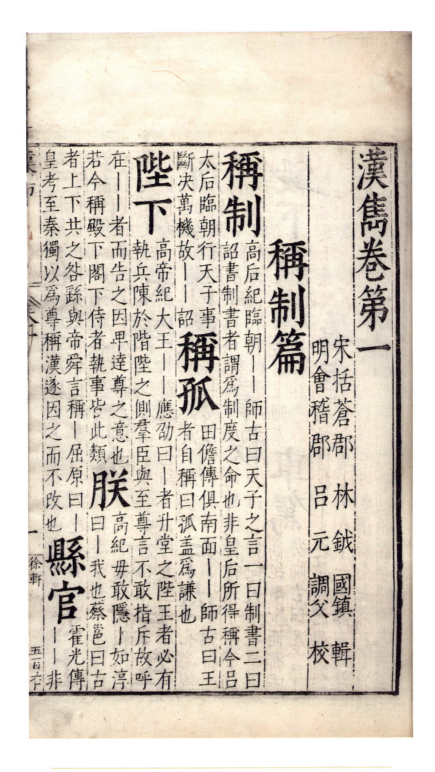

047　漢雋十卷 〔宋〕林鉞輯　明萬曆十二年（1584）呂元刻本

開本 27×17.1 厘米，板框 20.6×13.5 厘米，半葉八行，行十二字，小字雙行，
行二十四字，白口，單花魚尾，左右雙邊。版心下鐫刻工名及字數。卷端署
"宋括蒼郡林鉞國鎮輯　明會稽郡呂元調父校"。前有明萬曆十二年虞淳熙序，
末有萬曆十二年呂元跋。1 函 4 册。

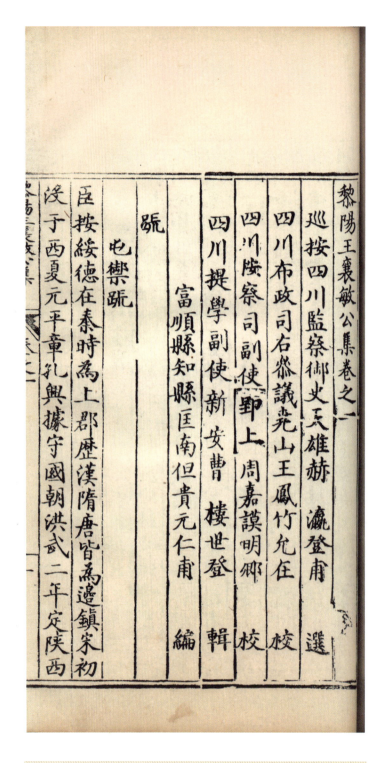

048　黎陽王襄敏公集四卷 〔明〕王越撰　**年譜一卷** 〔明〕王
紹雍、王正蒙撰　明萬曆十三年（1585）赫瀛、王鳳竹等刻本

開本 28.8×17.8 厘米，板框 21×14.5 厘米，半葉十行，行二十字，白口，單
黑魚尾，四周雙邊。前有明萬曆十三年赫瀛題辭，王鳳竹序。鈐 "閆田張氏
閒三藏書" 印。1 函 4 册。

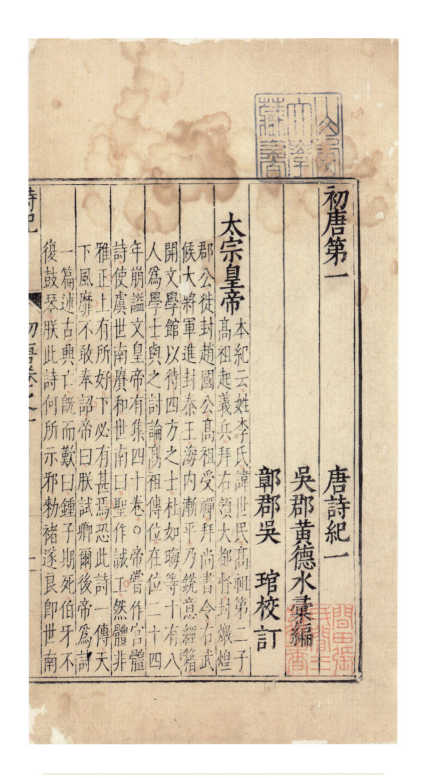

049　唐詩紀一百七十卷目錄三十四卷〔明〕黃德水彙編　吳琯校訂　明萬曆十三年（1585）吳氏刻本

開本 28.5×17.8 厘米，板框 19.6×13 厘米，半葉九行，行十九字，白口，四周雙邊。有明萬曆十三年李維楨和方沇序，方序首頁版心下鐫刻工。卷十六前卷端署黃德水彙編　吳琯校訂。卷十六後卷端署"吳琯彙編"，校訂者不同。鈐"間田張氏聞三藏書"等印。4函30冊。

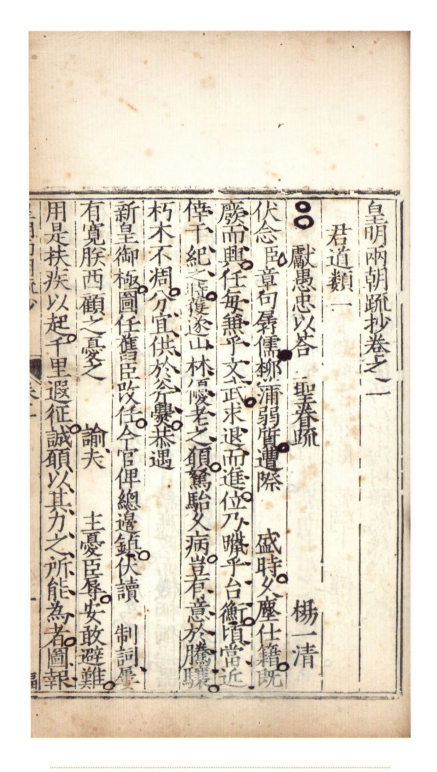

050　皇明兩朝疏抄二十卷　〔明〕賈三近輯　明萬曆十四年（1586）
蔣科重刻本

開本 27.5×18.5 厘米，板框 19.2×15 厘米，半葉十行，行二十二字，白口，
四周雙邊。版心下鐫刻工名。前有明萬曆十四年賈三近序，萬曆六年（1578）
李紉滋序，萬曆十四年王毓陽序，凡例，目録，校刻姓名，賈三近按語。鈐
"閒田張氏聞三藏書"印。存 15 卷，15 册。

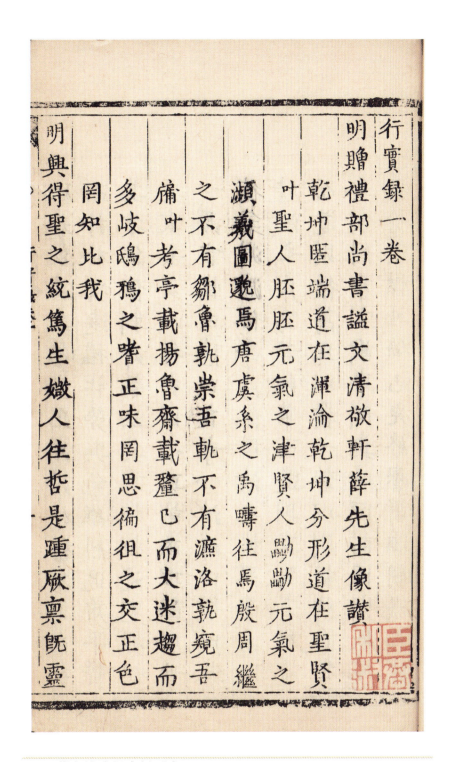

051　薛文清公行實録五卷　〔明〕王鴻輯　明萬曆十六年（1588）　吳達可刻崇禎間（1628—1644）重修本

開本 23.5×15.5 厘米，板框 19.5×12.8 厘米，半葉十行，行十八字，白口，四周雙邊。前有明正德六年（1511）喬宇序。總目後有"萬曆十六年中秋望日正學書院識重刊"及監修、督校者姓名。卷一後有萬曆四十五年（1617）河津知縣立買公田石碣文，字迹明顯不同，爲補刻。卷三後有萬曆二十六年（1598）巡按山西監察御史涂宗浚祭文。卷四後有崔講諤文清公祠有感二首，爲補刻。鈐"壽椿堂藏書""臣恭和淑""臣恭"等印。1 函 2 册。

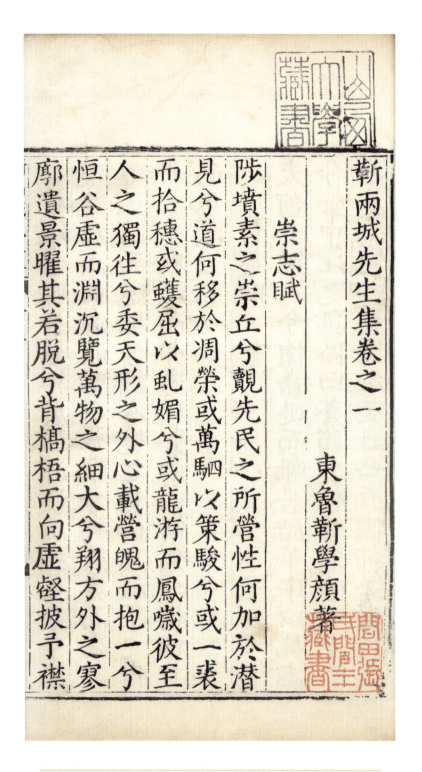

靳兩城先生集卷之一

東魯靳學顏著

崇志賦

陟墳素之崇丘兮覿先民之所營性何加於潛
見兮道何移於凋榮或萬駟以策駿兮或一裘
而拾穗或蠖屈以虬媚兮或龍游而鳳囈彼至
人之獨往兮委天形之外心載營魄而抱一兮
恒谷虛而淵沉覽萬物之細大兮翔方外之寥
廓遺景曜其若脫兮背橋梧而向虛壑披予襟

052　靳兩城先生集二十卷 〔明〕靳學顏著　明萬曆十七年（1589）刻本

開本 25.6×15.6 厘米，板框 19.8×13.7 厘米，半葉九行，行十八字，白口，雙黑魚尾，四周雙邊。前有明萬曆十三年（1585）王坼序，萬曆十七年于若瀛序。鈐"閒田張氏聞三藏書"等印。1函8冊。

陳后岡文集

京集

　　贈王給事陞任山東僉事叙

夫學者砥志發憤究極閫奧然必考視履行明

之于爲孔子曰君子欲聽其言而觀其行文莫

吾猶人也躬行未之有得然則篤學在力行著

四明陳　束約之　著

同龥張時徹惟靜選次

後學林可成志父校疏

053　陳后岡詩集一卷文集一卷　〔明〕陳束著　林可成校　明萬
曆十九年（1591）林可成刻本
開本 27.4×17.3 厘米，板框 20.5×13 厘米，上下兩欄，半葉九行，行十八字，
白口，四周單邊。前有明嘉靖二十五年（1546）趙廷松序。鈐"鄞蝸寄盧孫
氏藏書""翔燕""閒田張氏聞三藏書"等印。1 函 2 册。

二酉園尺牘選卷之一

沔陽陳文燭玉叔著

郭郡門人吳勉學校

戲擬李斯諫秦王書

臣聞吏議逐客臣斯在逐中臣惶懼臣竊以爲

過故敢以書奏臣聞智士去國乃能立名賢王

禮士乃能樹勳稽往古及秦先代固未有遺客

者今陛下奮六世之餘烈振一王之長策統御

黔首席卷天下威加殊俗諸號强國者危若朝

054　二酉園尺牘選二十卷　〔明〕陳文燭著　明萬曆十九年（1591）刻本

開本 24.1×16.8 厘米，板框 20.8×13.9 厘米，半葉九行，行十八字，白口，單黑魚尾，四周雙邊。前有明萬曆十九年汪道昆序，萬曆十三年（1585）王世懋序，萬曆十四年王穉登序。1 函 6 册。

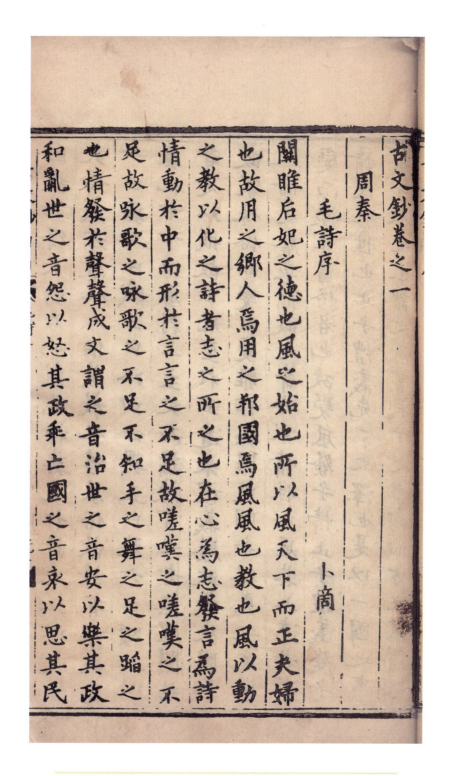

055　古文鈔四卷　〔明〕董士昌輯　明萬曆二十年（1592）刻本

開本 28×17.5 厘米，板框 22×15 厘米，半葉十行，行二十字，白口，四周雙邊。
前有明萬曆二十年蔣士昌序。内容以年代爲序。鈐 "閑田張氏聞三藏書" 等
印。1 函 4 册。

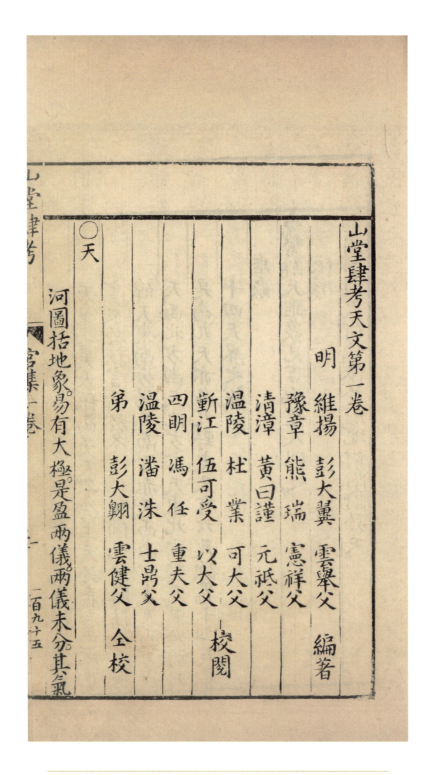

056　山堂肆考二百四十卷　〔明〕彭大翼編著　明萬曆二十三年
（1595）刻本

開本 26.7×16.8 厘米，板框 21×16.5 厘米，上下兩欄，半葉十一行，行
二十二字，白口，四周單邊。版心下鐫字數。前有明萬曆二十三年焦竑序、
廖自伸序、凌儒序，萬曆二十年（1592）杜業序，自序，彭大翱、彭取第跋。
10 函 80 册。

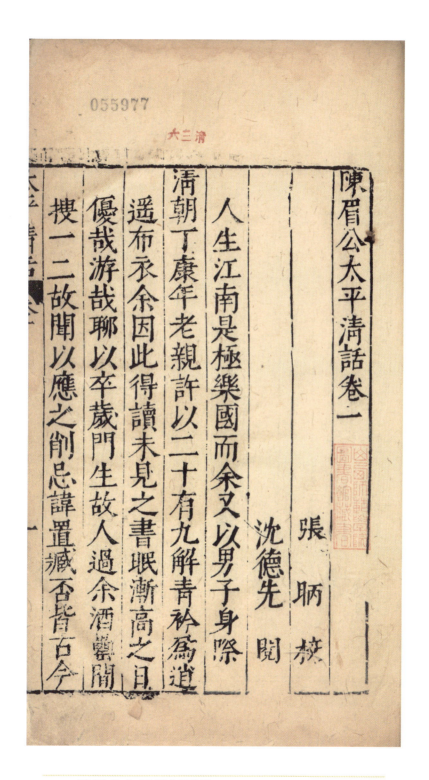

057　陳眉公太平清話四卷　〔明〕陳繼儒撰　張鼐校　明萬曆二十三年（1595）刻本

開本 25.5×16.1 厘米，板框 18.9×12.7 厘米，半葉八行，行十八字，白口，單黑魚尾，四周單邊。撰者云：“門生故人過余酒壚，間搜一二故聞以應之，削忌諱，置藏否，皆古今文獻翰墨玄賞之事而已。”清乾隆時列爲禁毀書。1函 5 册。

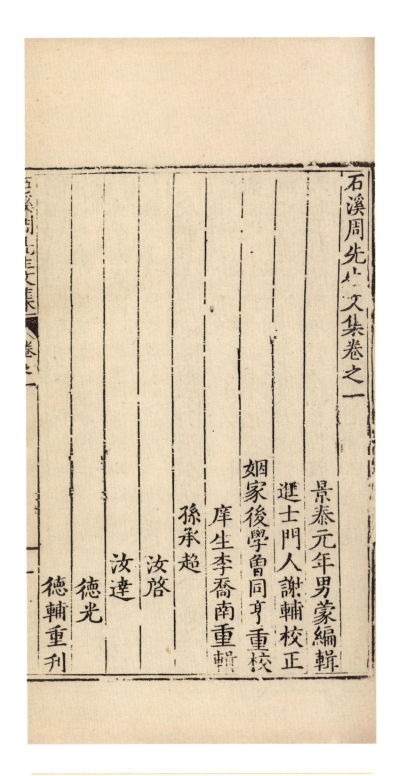

058　石溪周先生文集八卷　〔明〕周叙撰　明萬曆二十三年（1595）
周承超等刻本

開本 26×15.3 厘米，板框 18.5×12.4 厘米，半葉十行，行二十一字，白口，
四周雙邊。版心下鎸刻工名。内封鎸"世德堂藏板"，有肖像。前有明景
泰元年（1450）蕭鎡序，萬曆二十三年曾同亨重刻序，卷端署校刻人姓氏。
1 函 6 册。

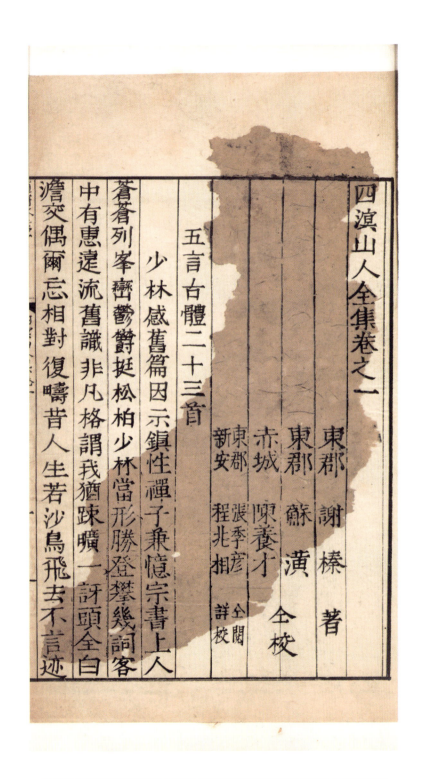

059　四溟山人全集二十四卷〔明〕謝榛著　明萬曆二十四年
（1596）趙府冰玉堂刻本

開本 27.7×17.8 厘米，板框 19.5×14.6 厘米，半葉十行，行二十字，白
口，單黑魚尾，左右雙邊。前有明萬曆二十四年趙王恒易道人序。卷十九至
二十四爲抄配。2 函 16 册。

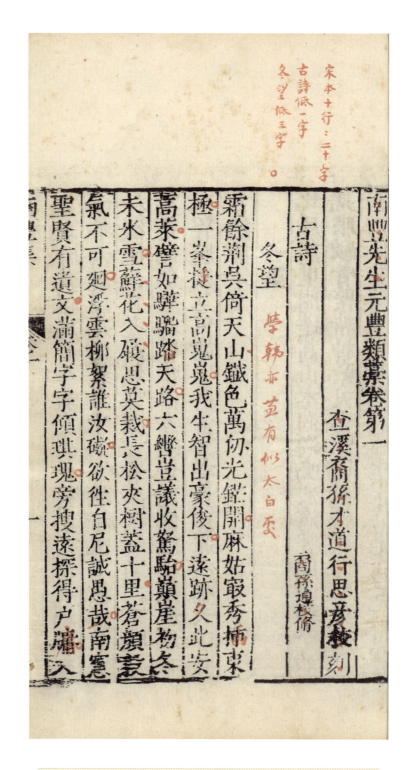

060　南豐先生元豐類藁五十卷續附一卷〔宋〕曾鞏撰　明萬曆二十五年（1597）曾敏才刻清曾先補修本　佚名録清何焯批校

開本 26.6×16.2 厘米，板框 18.3×13 厘米，半葉十行，行二十字，白口，四周單邊。版心下鐫刻工名。前有清光緒中繆朝荃墨筆題識，恬孫校記，明萬曆二十五年寧瑞鯉序、王璽序，明隆慶五年（1571）邵廉序等。鈐"閒田張氏聞三藏書"印。2 函 8 册。

詹養貞先生文集卷之一

豫章樂安養貞詹事講著

奏疏

議請儒臣王守仁陳獻章從祀廟庭疏

河南道監察御史 臣詹事講謹

題爲議從祀以崇聖道以勸來學事 臣惟天地之

所以長存人心之所以不泯者賴有孔子之道

在孔子之道歷萬古而常新入人心而不變者

賴有翼聖之諸儒在孔子有功萬世宜饗萬世

之祀諸儒有功孔子宜從孔子之祀 臣按歷代

刻明甫詹侍御遺集序

嗟乎此余同年兄詹明甫侍御遺集也

奏疏八篇序記傳志雜文六十餘篇六

萬餘言遹其子太學生德象手自裒輯

以示余者而乞序焉追惟丁丑歲諸同

籍兄弟聚

關下余識明甫于儔眾中姿標如玉語簡

061 詹養貞先生文集三卷 〔明〕詹事講撰 明萬曆二十六年
（1598）刻本

開本 26.8×17.9 厘米，板框 21.6×15.1 厘米，半葉十行，行二十字，白口，
單黑魚尾，左右雙邊。有馮夢禎序及朱之蕃跋。鈐"太原叔子藏書記""桐
軒主人藏書印""志閒居士""張"等印。1 函 4 冊。

皇明大政記第一卷

吾學編第一

臣海鹽鄭曉

戊申大明太祖高皇帝洪武元年春正月乙亥即皇帝位○追尊四世考妣爲皇帝皇后立妃馬氏爲皇后世子標皇太子○戊寅居新宮○征南大將軍湯和克延平執陳友定○宣國公李善長信國公徐達爲左右丞相章溢劉基御史中丞○省府軍請皇太子爲中書令不許令廷臣勳德老成者兼東宮官○建南北郊太社稷○是月天下官來朝○二月湯和提督海運○征南將軍廖永忠副將

三百六十八

062　吾學編六十九卷〔明〕鄭曉撰　明萬曆二十七年（1599）鄭心材刻本

開本 25.8×16.6 厘米，板框 18.3×13.5 厘米，半葉十行，行十九字，白口，左右雙邊。版心下間鐫刻工名及字數。前有明隆慶元年（1567）雷禮序，萬曆二十七年李當泰"重刻吾學編跋"、鄭心材"吾學編重刻後語"、鄭履淳"序略""鄭端簡公吾學編引"。每卷末鐫"子履淳校孫心材重校"。清乾隆時列爲禁毀書。鈐"閒田張氏聞三藏書"印。4 函 24 冊。

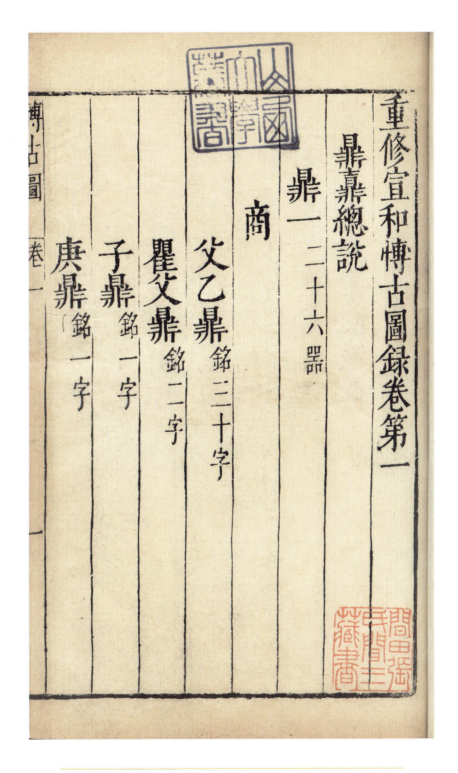

063　重修宣和博古圖録三十卷〔宋〕王黼等撰　明萬曆二十七
年（1599）于承祖刻本
開本 24.5×16 厘米，板框 20.5×13 厘米，半葉八行，行十七字，白口，四周單邊，
無魚尾。書品完好。鈐"閒田張氏聞三藏書"等印。4 函 16 册。

鑴黃離草卷五

江夏郭正域美命父著

太宗伯徐公七十序

周之盛時君臣道洽天子與元老臣工交相頌禱臣

壽其君以萬年而君亦壽其臣綌衣王祭祀滌豆簋邊

宗伯之事也其詩曰不吳不敖胡考之休烈文辟公

公矦大臣以文章而華國者也其詩曰不顯惟德錫

茲祉福蓁蕭澤及天下也宗廟會同公矦而典禮者

也其詩曰龍光不嬟壽考不忘夫三詩者不直祝年

064　鑴黃離草十卷　〔明〕郭正域著　明萬曆二十八年（1600）刻本

開本27×17.7厘米，板框22.2×14厘米，半葉九行，行二十字，白口，四周單邊。

序、目錄及卷一、卷三內容有抄配。清乾隆時列爲禁毀書。2函12册。

像圖志

陋巷志卷之一

叙曰天生賢聖貟繼往開來之統爲世作程固後

人所崇仰而繹思者也邈哉靈響不可追矣假省

像以代羹牆摅繪圖以徵宅里於儀荆所寄良有

關焉曷可少哉復聖先師舊有退省從行二像皆

古人名筆流傳已久今益以封爵豢晃而推及其

國以志隆也魯國舊域固鍾靈毓秀之區而陋巷

林亭又天下所景慕者先令廟制所以妥神棲靈

065　陋巷志八卷〔明〕陳鎬撰　顏胤祚輯　呂兆祥重修　明萬曆
二十九年（1601）楊光訓刻本

開本 25.2×16.2 厘米，板框 22.1×14.6 厘米，半葉九行，行二十字，白口，
四周單邊。鈐"閘田張氏閩三藏書"印。1函4冊。

青谿山人文集卷之一

常談考誤一　計七十二則

臨沮周夢暘啟明著
門人何躍龍校証

堪輿

今人稱地理士曰堪輿家非也文選楊雄甘泉賦曰
屬堪輿以壁壘兮注堪輿天地之神也又韻會曰堪
輿天地總名說文曰堪天道輿地道又相如賦曰扶
輿綺靡注扶輿佳氣說文扶佐也相也扶持也辟如

066　常談考誤四卷 〔明〕周夢暘撰　明萬曆三十年（1602）刻本
開本 26.3×16 厘米，板框 20×13.7 厘米，半葉九行，行二十字，白口，單黑魚尾，四周單邊。書中諸序皆稱"常談考誤"，而卷端題曰"青谿山人文集"，以《常談考誤》爲子目。因其初別行，後又編入文集。前有明萬曆三十年焦竑序、撰者自序及顧起元序、何躍龍序。1函4冊。

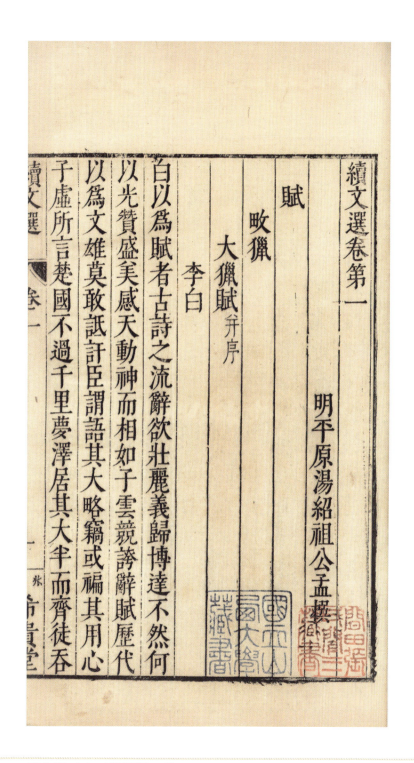

067　續文選三十二卷目録一卷　〔明〕湯紹祖輯　明萬曆三十年（1602）希貴堂刻本

開本 28×17.7 厘米，板框 21.1×13.4 厘米，半葉十行，行二十字，白口，左右雙邊。版心中間有刻工名及字數，下鎸“希貴堂”。前有明萬曆三十年湯紹祖序，扉頁有清人黃小松題記：“鏡龕親家讀至此本，此本衣已散脱矣。若能隨處補葺，幸甚妙甚。再者讀完十本可擇其鮮艷秀麗者，不拘詞賦隨筆録在手本，亦有益詩賦。弟黃小松謹註。”“丙子秋八月下澣復閲，多有可采者。小松。”又民國張籍題記：“丙子秋八月下澣購得，貫三。相去一百廿年。”鈐“閒田張氏聞三藏書”等印。4 函 16 册。

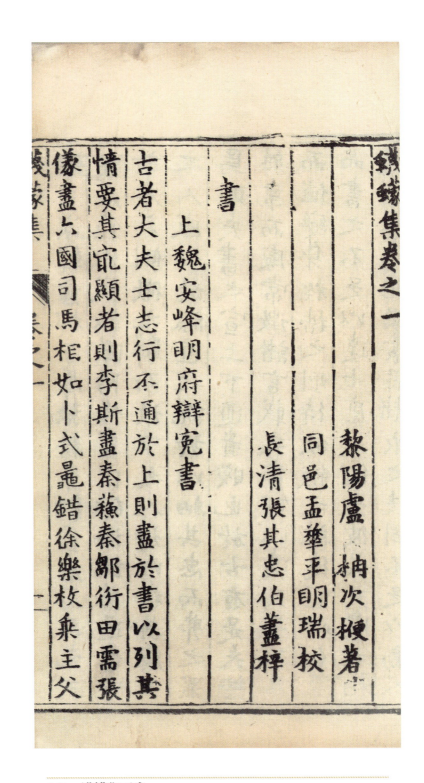

068　蠛蠓集五卷〔明〕盧枏著　明萬曆三十年（1602）張其忠刻本

開本 26.5×16 厘米，板框 21.8×15.2 厘米，半葉九行，行十八字，白口，單
黑魚尾，四周雙邊。卷端署"長清張其忠伯蓋梓"，前有明萬曆三十年張其忠序。
鈐"中牟倉氏珍藏書印""閒田張氏聞三藏書"等印。1 函 5 册。

夢山存家詩稿卷之一

五言古

述征二首　嘉靖丁巳外補晉臬

嗟余丘壑姿　邊世良非宜　始作毘陵宰　既登赤
玉堰　兩官無寸補　竊祿負明時　還家田巳廢　覽
鏡鬢多絲　復畏簡書去　遠於關塞期　骨肉重分
手　離憂當告誰

朝發滄海湄　暮走西河道　秋風吹河水　野闊聲
浩浩客心亦如此　旅飯豈能飽　頻瞻太行雲復

069　夢山存家詩稿八卷 〔明〕楊巍撰　明萬曆三十年（1602）楊
岑刻本

開本 29×18.3 厘米，板框 20.5×13.4 厘米，半葉九行，行十八字，白口，四
周雙邊。前有明萬曆三十年鄒觀光序，末附録呂山人叙并詩。鈐"閒田張氏
聞三藏書"印。1 函 4 册。

唐類函卷一

天部一　　天　日　月

○天一　藝文
　　　　類聚

釋名曰天坦也坦然高而遠也

氣升而為天　廣雅曰太初氣之始也清濁未分太

始形之始也清濁者為精濁者為形大素質之始也已

有素朴而未散也二氣相接剖判分離輕清者為天

周易曰大哉乾元萬物資始乃統天雲行雨施品

明東吳俞安期彙纂
明同郡徐顯卿校訂

物理論曰水土之

070　唐類函二百卷目録二卷〔明〕俞安期彙纂　徐顯卿校訂　明
萬曆三十一年（1603）自刻本

開本 27.5×17.5 厘米，板框 20.5×14.5 厘米，半葉十行，行二十字，綫黑口，
單黑魚尾，四周單邊。6 函 42 冊。

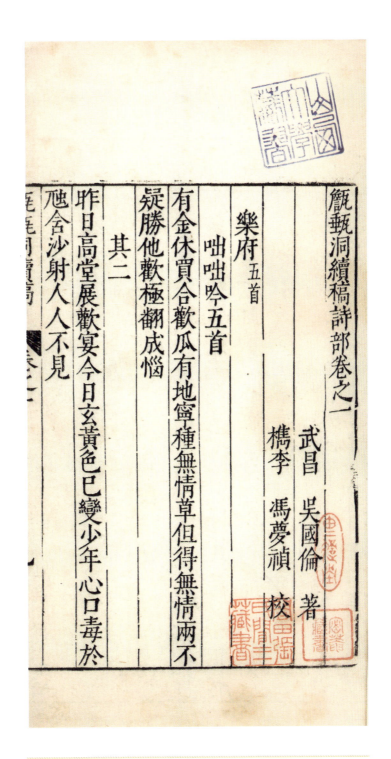

071　甌甋洞續稿詩部十二卷文部十五卷目錄二卷 〔明〕吳
國倫著　明萬曆三十一年（1603）吳士良刻本

開本 30.5×18.7 厘米，板框 20.7×14.5 厘米，半葉十行，行二十字，白口，
單黑魚尾，四周單邊。版心下鎸刻工姓名"江夏楊煌""蔣繼勝"等。前有
明萬曆二十三年（1595）郭子章序，萬曆三十一年李維楨、鄧原岳序。詩部
署"檇李馮夢禎校"，文部署"渝州馬攀龍校刊"。鈐"督學使者""密菴藏書""閘
田張氏聞三藏書"等印。4 函 20 册。

三禮編繹卷之一

盱後學鄧元錫著

曲禮上　張子曰物我兩盡自曲禮入

曲禮曰毋不敬儼若思　說文儼恭也容貌　安定辭語言安民哉　首章言君子脩身之要乃禮之本故以冠篇范氏教曰經禮三百曲禮三千可一言以蔽之曰毋不敬

傲不可長上聲　欲不可從縱同　志不可滿樂不可極賢者狎而敬之畏而愛之愛而知其惡憎而知其善積而能散

安安而能遷臨財毋苟得臨難毋苟免去聲狠毋求勝分去聲毋求多疑事毋質直而勿有胡懇反母苟免狼毋求　朱子曰疑事母質母身質言語也直而勿有謂陳我所見聽彼決擇不可據而有之專務強辯　少儀所謂母身質　即少儀所謂母身

若夫坐如尸立如齊彼　此大戴禮曾子事父母篇曰孝子惟巧變故父母安之若夫坐如尸立如齊弗訊不言言必

三禮編繹卷之一

072　三禮編繹二十六卷　〔明〕鄧元錫著　明萬曆三十三年（1605）
史繼辰、饒景曜等刻本
開本 27×17.2 厘米，板框 21.6×14.7 厘米，半葉十行，行二十一字，白口，
四周雙邊。前有明萬曆三十三年饒景曜序及刻校姓氏，撰者自序。鈐"太子
圖書""康乃心字孟謀""陳憲章印"等印。存一至十卷，1 函 6 冊。

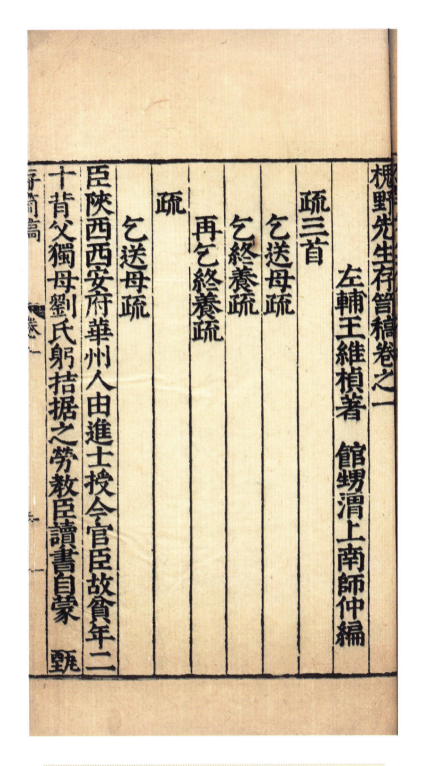

073　槐野先生存笥稿三十八卷　〔明〕王維楨著　南師仲編　明萬曆三十四年（1606）黃升、王九叙刻本

開本 27.7×17 厘米，板框 20.1×15.6 厘米，半葉十行，行二十字，白口，單黑魚尾，左右雙邊。前有黃升等序。鈐"閏田張氏聞三藏書"印。2 函 12 册。

夫王者之治天下非以我治之也以我治天下者私
天下者也夫天下大矣吾生一私心則於已必有所
狥於人必有所不便故其勢不得不出於術彌縫
飾以愚斯民之視聽而濟已之私此有我者也有我
則我之心隘而與王者不相似夫所謂王者何也公
其心而已矣其心足以合天地則王其心足以通民
物則王其心足以歷四時貫金石則王故曰王道約

王道蕩平正直論

福清葉向高進卿甫著

選舘試

鐫蒼霞草卷之一

074　鐫蒼霞草十二卷 〔明〕葉向高著　明萬曆三十四年（1606）刻本
開本 27.8×17.2 厘米，板框 21.2×14.9 厘米，半葉十行，行二十字，白
口，單黑魚尾，四周雙邊。版心下鐫刻工"王道""任賢"等。前有明萬曆
三十四年顧起元、董應舉、高安陳等序。鈐"惜陰室主人""養源堂""天雨""閒
田張氏聞三藏書"等印。1 函 10 册。

經籍會通一

筆叢甲部

安定胡應麟著

墳籍之始肇自羲黃盛於周漢衍於梁晉極於隋唐
一燼於秦載厄於莽三災於繹四蕩於巢宋氏徵求
力倍功半元人裒萃事軼言湮聚廢興躲可覩矣
述源流第一
六經刪脩尼父授受孔門卷軸篇章類崇簡要三墳
丘索湮沒不傳以大易尚書較之其體制居可識也
蓋古文峻潔迥異浮靡聖筆淵玄亡資藻飾故卷之
不盈簏笥而擴之函冒乾坤春秋而降諸子百家興

筆叢卷一

經籍會通

一

075　少室山房筆叢正集三十二卷續集十六卷　〔明〕胡應麟著

明萬曆三十四年（1606）吳勉學刻本

開本 27×17 厘米，板框 19.7×14.1 厘米，半葉十行，行二十字，細黑口，
單白魚尾，左右雙邊。前有明萬曆三十四年黃吉士、孫居相序，陳文燭序。
鈐"奇齡手印""西河""陸氏叁間草堂藏書""慈溪馮氏醉經閣圖籍""五橋
珍藏""蕭山陸芝榮藏書"等印。2函16冊。

白氏長慶集卷第一

唐太子少傅刑部尚書致仕贈尚書右僕射太原

白居易樂天著

諷諭一　古調詩○五言六十五首

明後學松江馬元調巽甫校

賀雨

皇帝嗣寶曆元和三年冬、自冬、及春暮不雨旱爐爐中折
切上心念下民懼歲成災乃遂下罪巳詔殷勤制萬邦
帝曰予一人繼天承祖宗憂勤不遑寧夙夜心忡忡元
年誅劉闢一舉靖巴邛二年戮李錡不戰安江東顧惟

白集　卷一　　一

076　白氏長慶集七十一卷目録二卷附録一卷〔唐〕白居易著

明萬曆三十四年（1606）馬元調刻本

開本 27×17 厘米，板框 21×13.6 厘米，半葉十行，行二十一字，白口，左右雙邊。有明萬曆三十四年婁堅序，唐長慶四年（824）元積序。目録後鐫"魚樂軒"。卷端署"明後學松江馬元調巽甫校"。3 函 24 册。

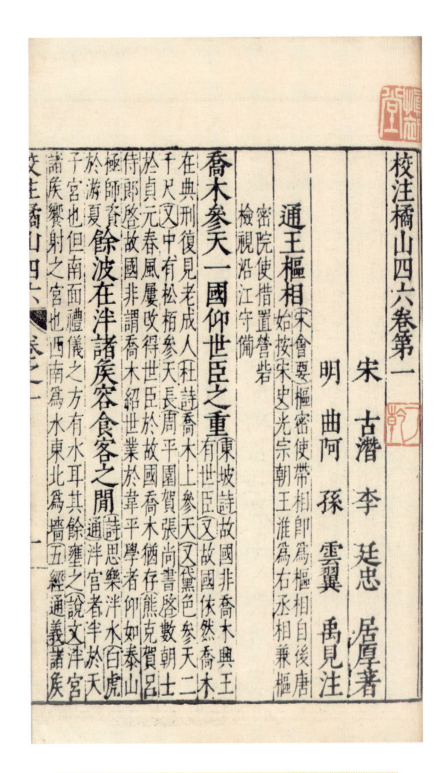

077　校注橘山四六二十卷　〔宋〕李廷忠著　明孫雲翼注　明萬曆
三十五年（1607）刻本

開本 26.5×17 厘米，板框 20.3×13.8 厘米，半葉十行，行二十一字，小字
雙行同，白口，左右雙邊，版心下鐫字數，間有刻工名。內封鐫“橘山四六
標準　上容堂梓行”。有明萬曆三十五年孫雲翼引。鈐“乃乾”“慎初堂”等
印。2 函 10 册。

鄒南皋集選卷之一

奏疏

論劾輔臣回籍守制疏

題為懇乞

天恩亟斥輔臣回籍守制以收人心以正綱常事臣

跪乞恩守制

於九月二十六日聞輔臣張居正父喪居正三

皇上三留之為居正計者必再跪懇之

皇上皇上不聽計哀死求之而已何求歸之情未切

078　鄒南皋集選六卷〔明〕鄒元標撰　明萬曆三十五年（1607）刻本

開本 25.5×15.9 厘米，板框 22.3×14.4 厘米，半葉九行，行二十字，白口，
單黑魚尾。前有明萬曆三十五年黃鳳翔序、余懋衡序、吳達可序。鈐"抱經
樓""无竟先生獨志堂物""閒田張氏聞三藏書"等印。1 函 6 册。

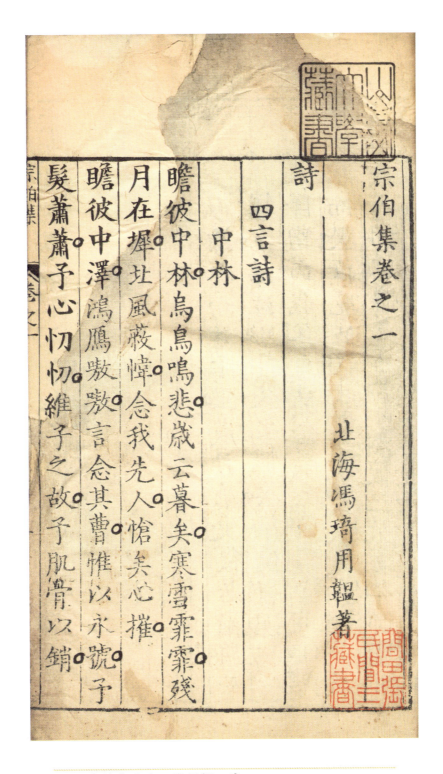

079　宗伯集八十一卷目録一卷〔明〕馮琦著　明萬曆三十五年
（1607）刻本

開本 26×17 厘米，板框 20×13.8 厘米，半葉九行，行十七字，白口，左右雙邊。
前有明萬曆三十三年于慎行《文集》序，萬曆二十七年（1599）于慎行《詩
集》序，萬曆三十五年李維楨序。鈐"閒田張氏聞三藏書"等印。4 函 28 册。

穀城山館文集卷一

東阿于慎行著

北海董可威校

門人郭應寵編

送大宗伯平泉陸公子告南歸敘

平泉先生以　上即位之元徵入爲大宗伯其明年

遂以病去當先生行時朝士大夫高其風節相與嗟

嘆曰賢哉先生鴻飛冥冥翔於寥廓矣漢所頌說疏

太傅父子乾與先生客曰不然彼二疏青禁師儒非

080　穀城山館文集四十二卷詩集二十卷〔明〕于慎行著　明
萬曆三十五年（1607）周時泰刻本

開本 26.4×16.5 厘米，板框 22.1×14.3 厘米，半葉九行，行二十字，白口，
單黑魚尾，四周單邊。前有明萬曆三十五年葉向高序。鈐 "閒田張氏聞三藏
書" 印。1 函 12 冊。

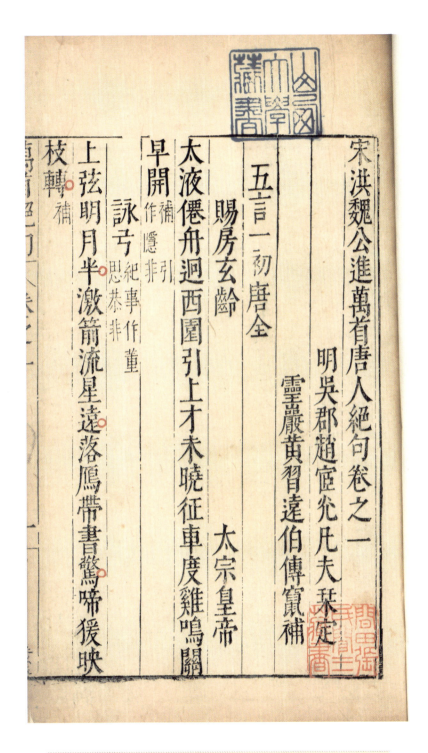

081　宋洪魏公進萬首唐人絕句四十卷目錄四卷〔宋〕洪邁編

〔明〕趙宧光刊定　〔明〕黃習遠補　明萬曆三十五年（1607）趙宧光刻本

開本 27.6 × 17.6 厘米，板框 21.3 × 13.3 厘米，半葉十行，行十八字，小字雙行同，白口，左右雙邊。内封牌記鑴"寶綸堂藏板　不許翻刻"。前有明萬曆三十五年申時行序，萬曆三十四年趙宧光題詞，萬曆三十五年黃習遠校刻引及原序，唐絕發凡，唐風四始考。卷末有"萬曆丙午秋九日寒山小宛堂編次"。鈐"間田張氏聞三藏書"等印。6 函 36 册。

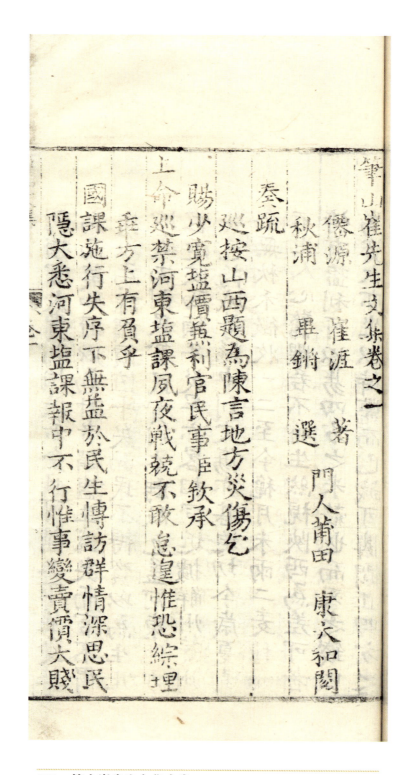

082　筆山崔先生文集十卷　〔明〕崔涯著　明萬曆三十六年（1608）
崔廷健刻本

開本 26×14.8 厘米，板框 20×12.3 厘米，半葉十行，行二十字，白口，四
周單邊。前有明萬曆八年（1580）康大和序，萬曆二十五年（1597）畢鏘序，
萬曆三十六年崔廷健序、崔師訓序。1 函 4 冊。

范文正公集卷之一

奏議

治體

答手詔條陳十事

伏奉手詔今來用韓琦范仲淹富弼皆是中外人望

不次拔擢韓琦暫往陝西范仲淹富弼皆在兩地所

宜盡心爲國家當諸事建明不得顧避兼童得象等同

心憂國足得商量如有當世急務可以施行者並須

083　范文正公集十二卷附録七卷 〔宋〕范仲淹撰　明萬曆
三十六年（1608）毛氏刻本

開本 26.9×18.5 厘米，板框 22×14 厘米，半葉九行，行二十字，白口，四
周單邊。版心下鐫刻工名及字數。前有明萬曆方大鎮序，未署年月，萬曆
三十六年蔡獻臣序，宋元祐四年（1089）蘇軾序。鈐"閒田張氏聞三藏書"印。
存九卷，1 函 7 册。

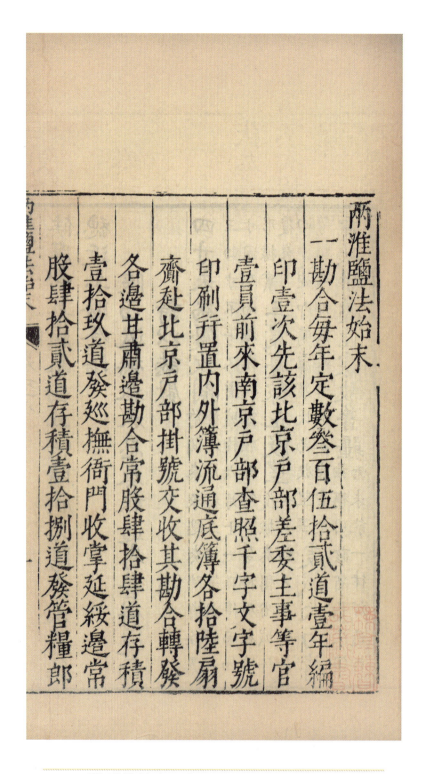

084　兩淮鹽法始末一卷 〔明〕康丕揚、林廷雲增訂　明萬曆
三十六年（1608）刻清康熙印本

開本 28×18 厘米，板框 19.8×14 厘米，半葉九行，行十七字，白口，單魚尾，
四周單邊。前有明萬曆三十六年康丕揚序。鈐"棟亭曹氏藏書""長白敷槎
董齋昌齡圖書印"等印。1 册。

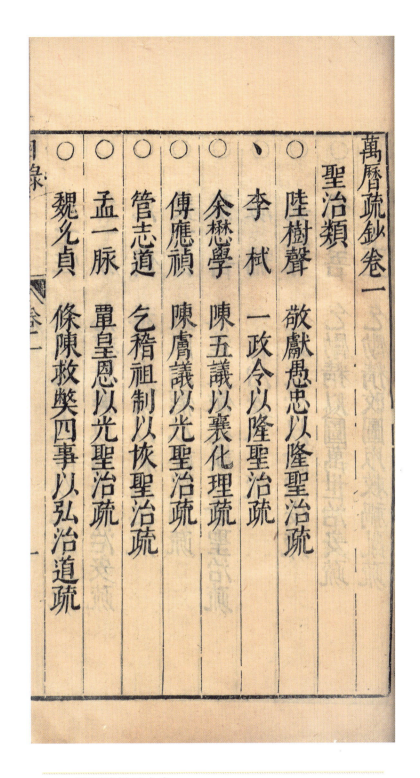

085　萬曆疏鈔五十卷〔明〕吳亮輯　明萬曆三十七年（1609）刻本

開本 29×17.5 厘米，板框 22.6×15.1 厘米，半葉九行，行二十字，白口，四周單邊。書前有總目録，每卷有分卷目録，卷一首頁版心下鐫刻工名。前有明萬曆三十七年錢一本、顧憲成、吳亮序及選刻姓氏，總目後有墨寫佚名題識，上有眉批一則。館藏缺第二卷。清乾隆時列爲全毀書。鈐“閒田張氏聞三藏書”印。31 册。

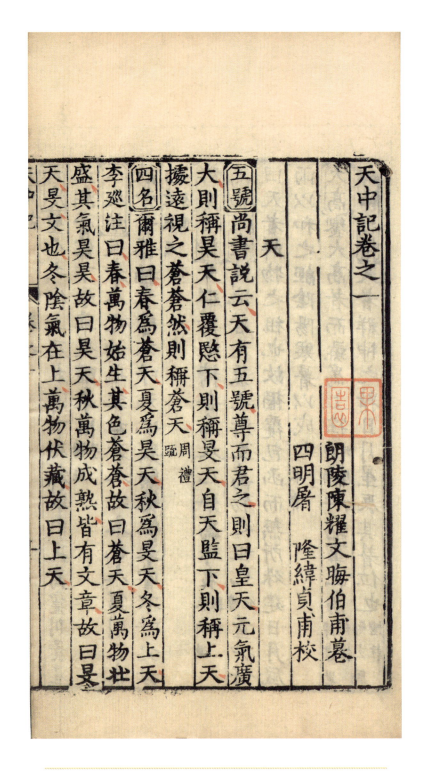

086　天中記六十卷〔明〕陳耀文纂　明萬曆三十七年（1609）刻本
開本 26×16.5 厘米，板框 19.2×12.8 厘米，半葉十一行，行二十一字，小字雙行同，白口，左右雙邊，事目黑字有邊框。卷端署"朗陵陳耀文晦伯甫纂　四明屠隆緯貞甫校"。有佚名序，明萬曆十七年（1589）陳文燭序，隆慶三年（1569）李袞序。鈐"果園""閒田張氏聞三藏書"等印。6 函 60 冊。

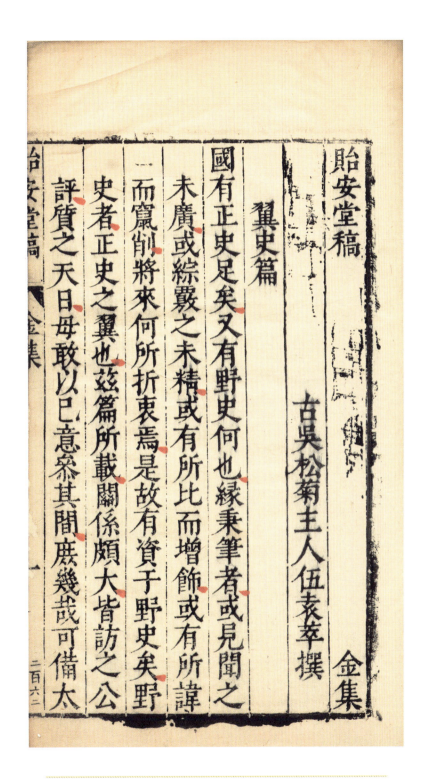

087　貽安堂稿八卷續集二卷〔明〕伍袁萃撰　明萬曆三十八年
（1610）刻本

開本 25.6×16.3 厘米，板框 20.7×12.5 厘米，半葉八行，行二十字，白口，
單黑魚尾，四周單邊。前有明萬曆三十八年自序，鈐“閭田張氏閭三藏書”印。
2 函 10 冊。

088　重刊經史證類大全本草三十一卷 〔宋〕唐慎微撰　明萬曆
三十八年（1610）重刻本

開本 30×20 厘米，板框 25×16.1 厘米，半葉十二行，行二十三字，白口，四周雙邊，
版心下鐫刻工名及字數。前有明萬曆三十八年彭瑞吾序，萬曆五年（1577）梅
守德序，宋大觀二年（1108）艾晟序，宋政和六年（1116）十二月二十八日劄
一通及奏敕二通。鈐“閒田張氏聞三藏書”印。存一至十一卷，1 函 5 册。

曲禮

母不敬　七節

通主君子脩身說首節楬君子脩身之要下歷舉其

主敬之功也以禮字作主次節是情之易流所當戒

者三節是行之適中所當法者四節是貞遇五節是

決疑六節是禮之經七節是禮之權皆所當隨事而

省察者惣是推廣毋不敬之旨

毋不敬句單言則無所不該若三句並言只就存心

說乃戒慎恐懼不敢放肆之意儼若思薰容與色而

言凡人有思索則凝神定氣自爾容色儼然曰若思

089　禮記酌言不分卷〔明〕李經禮撰　明萬曆三十九年（1611）程
養介等刻本

開本 27×16.6 厘米，板框 22.2×13.7 厘米，半葉十行，行二十字，白口，四
周單邊。版心上鐫"箕裘堂"，下鐫刻工名及字數。內封鈐"本衙藏板　不
許翻刻"大方印。前有明趙邦清序，未署年月，萬曆三十九年南企仲序、武
之望序、張輝序、李復序。1函4册。

睡庵稿卷之一

宣城·湯賓尹嘉賓著

王西華先生半山藏稿序

貴富壽考文章功業之類物之美者人爭取之矣

夫美物必有神焉司之物忌完取忌多天之數也

人之情也孤庸之子憤其獨力爭之旦暮之間於

數者偶取一焉而沈頓歲年劇刻筋知精已耗矣

逞及其餘故欲嘗易足而取於天者嘗寡開敏賢

智之士饒姿才廣方略其意氣無所不之造物之

090　睡庵稿二十五卷　〔明〕湯賓尹著　明萬曆三十九年（1611）刻本
開本 26×16.8 厘米，板框 21.1×15.5 厘米，半葉九行，行十九字，白口，
單白魚尾，四周單邊。版心下鐫刻工"劉質""劉學""徐鳳祥""汪耿"等，
有圈點。前有明萬曆三十九年湯顯祖序。清乾隆時列爲禁毀書。鈐"閒田張
氏聞三藏書"印。2 函 12 册。

存心堂遺集卷之一

元處士淵頴先生吳　萊　著

明　學　士門人宋　濂　編

後學晉陵莊起元重編

惲應明全編

賦

大游賦并序

毘陵道士盛乄升東游會稽于聞其風神頴異被服蕭爽

蓋將自是而汗漫六合者也張君子長約同送之賦用是

作遂題曰大游

091　存心堂遺集十二卷附錄一卷 〔元〕吳萊著 〔明〕宋濂編

明萬曆三十九年（1611）吳邦彥重刻本

開本 26.5×16.7 厘米，板框 20.3×13 厘米，半葉十行，行二十二字，白口，四
周單邊。版心下鐫刻工名及字數。前有明萬曆四十年莊起元序，嘉靖元年（1522）
祝鑾序，元至正十一年（1351）胡翰序，明劉基序。目錄末有吳邦彥重刻題識。
鈐"寶應朱氏福衍堂藏""栀國朱圭""閏田張氏聞三藏書"等印。2 函 10 冊。

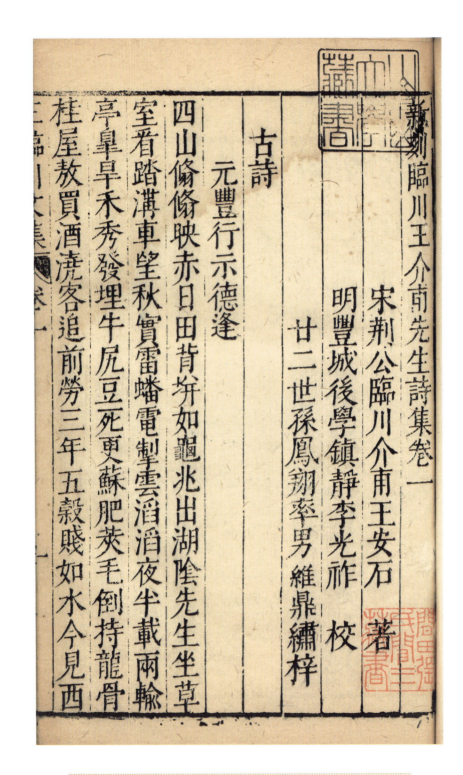

092　新刻臨川王介甫先生詩文集一百卷目錄二卷〔宋〕王
安石著　〔明〕李光祚校　明萬曆四十年（1612）王鳳翔光啓堂刻本

開本 25×15.9 厘米，板框 21.6×13.9 厘米，半葉十行，行二十字，白口，四
周單邊。卷端署“廿二世孫鳳翔率男維鼎繡梓”。有序、事略。前三十四卷
目錄爲抄配。鈐“閏田張氏聞三藏書”等印。4 函 28 册。

093　秦漢文鈔六卷〔明〕楊融博批點　明萬曆四十年（1612）吳興
閔氏刻朱墨套印本

開本25.8×17厘米，板框24×13.8厘米，半葉九行，行十九字，白口，四周單邊。
鈐"痛歙讀離騷""保閒堂""黃祐之印""篤公""江南流寓""聲静堂""閒
田張氏聞三藏書"等印。1函6册。

韓五泉詩一卷

臨高臺

東鄰闢雞罷南山射虎回且宜繫紫驄馬復此臨高臺複道
千壽直長安九市開香宲街前流紫霧青城門外瞖紅埃
紫霧紅埃碧玉堂可憐朱戶映垂楊袁氏池塘桃佳田
家甲第杏爲梁鐘聞隱約天鷄動香引盤旋海鶴翔城中
寸金作寸土高臺千尺遷千堵紋石行行龜背裁瓊歷
歷魚鱗數千重階級玉麟排十二闌干金鳳舞丹碧遙從
海外至苕莣那向人間觀萬戶紛紛在眼中雙闕巍巍插

韓安人遺詩

右風長短句

登江樓

登江樓兮見西風吹水之潺湲水東去以不回兮客思歸

面何年

楊子江阻風

滔滔楊子江江北有白髮我心苦欲歸我舟苦不發
滔滔楊子江江南多歌舞我耳豈不聞我心思鄉土

五言古風長篇

094　韓五泉詩四卷附錄四卷朝邑縣志二卷 〔明〕韓邦靖撰
韓安人遺詩一卷 〔明〕屈安人撰　明萬曆四十年（1612）刻本
開本 24.1×16.2 厘米，板框 18.9×13.2 厘米，半葉九行，行二十二字，白口，
黑單魚尾，左右雙邊間四周單邊。《韓五泉詩》有劉鳳池序，《韓安人遺詩》
有康海序、同宇屈受跋，《朝邑縣志》有撰者序、康海序、呂柟後序、王道跋。
1 函 3 冊。

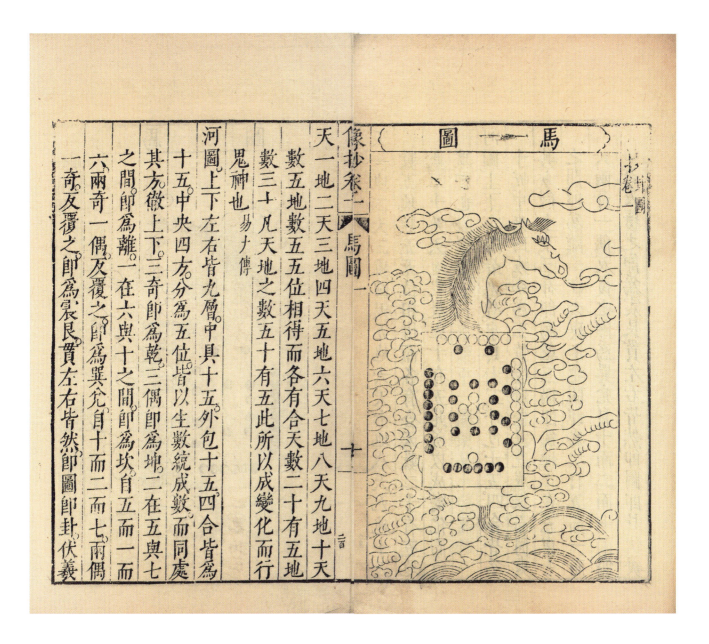

一奇又覆之卽爲震民貫左右皆然卽圖卽卦伏羲
六兩奇一偶又覆之卽爲巽兌自十而二而七兩偶
之間卽爲坎自五而一而
其方敬上下三奇卽爲乾三偶卽爲坤二在五與七
十五中央四方分爲五位皆以生數統成數而同處
河圖上下左右皆九曆中具十五外包十五四合皆爲
罡神也易大傳
數三十凡天地之數五十有五此所以成變化而行
數五地數五五位相得而各有合天數二十有五地
天一地二天三地四天五地六天七地八天九地十天
像抄卷二　馬圖一
十一
三百

095　像抄六卷　〔明〕錢一本撰　明萬曆四十一年（1613）刻本
開本 26.8×17.2 厘米，板框 21×13.8 厘米，半葉十行，行二十一字，白口，
四周單邊。前有明萬曆四十一年錢一本序。鈐"閒田張氏聞三藏書"印。1
函 4 册。

圖書編卷之一

太極河圖洛書易卦象總叙

南昌後學章潢本清甫編

道一而已矣一不可見也凡天地間巨細隱顯粲然燦
然毈非此一之散殊乎自羲禹文周孔作而君師平天
下懼斯道終眛而人人日用莫之覺也故或爲之圖或
爲之書或爲之卦爻而繫其辭道本無象也不得巳示
之以象道本無言也不得巳示之以言所以爲斯人慮
至深且遠而斯道傳之萬世卒頓有此圖書易卦可証
也柰何傳久失眞諸儒又各以意見穿鑿附會牽扯補

096　圖書編一百二十七卷〔明〕章潢編　明萬曆四十一年（1613）
萬尚烈刻本

開本 26.8×17 厘米，板框 22.2×14.7 厘米，半葉十行，行二十二字，白口，四周單邊。版心鎸字數。前有自序，明萬曆四十一年萬尚烈序，行狀，年譜，采輯書目，凡例。10 函 60 册。

海石先生文集卷之一

　　　　海鹽錢薇慰垣著

　　　　門人嚴從簡纂集

　　　　　許聞造校正

五言古詩

和此日不再得韻

宇宙有變化轉移成滄桑達人慎所趨七尺黍穹

蒼嗟彼向學儔胡不惜流光寸心何窮際長養同

初陽斯文啓洙泗入德良有方進修貴定慮曷不

097　海石先生文集二十九卷目録二卷附録一卷　〔明〕錢薇
著　明萬曆四十二年（1614）刻清乾隆間（1736—1795）增修本
開本 28×18 厘米，板框 20.5×14 厘米，半葉九行，行十九字，白口，單黑魚尾，
左右雙邊。版心題“承啓堂稿”。鈐“間田張氏聞三藏書”印。4 函 16 册。

集玉山房稿卷一

　　　　　　　　　德平　葛　昕　幼明

疏

壽宮營建事宜疏

題爲欽奉聖諭事准禮部咨該本部題萬曆十二年九
月二十一日司禮監太監張宏等傳奉聖旨朕奉兩宮
聖母閲定大峪山吉地兹仰奉慈命遵皇祖故事預作
壽宮一應營建事宜禮工二部會同擇吉日來行欽此
欽遵恭捧到部臣等查得嘉靖十五年我世宗肅皇帝

098　集玉山房稿十卷〔明〕葛昕撰　明萬曆四十三年（1615）葛
朝池刻本

開本 25.2×16.4 厘米，板框 18.3×13.7 厘米，半葉九行，行二十一字，白口，
單黑魚尾，四周雙邊。前有明萬曆四十三年許維新序，萬曆四十二年焦竑序，
傳、墓表及目録，末有馬斯和跋。鈐"閒田張氏聞三藏書"印。1函4册。

薛文清公全集卷之一

禮部左侍郎兼翰林院學士河東薛　瑄　著

門人關西張　鼎　校

後學邢臺趙孔昭彙編

後學關中崔爾進重校

讀書錄

橫渠張子云心中有所開即便劄記不思則還
塞之矣余讀書至心有所開處隨即錄之蓋以
備不思而遽塞也若所見之是否則俟正於後
之君子云河東薛瑄謹識

099　薛文清公文集四十卷〔明〕薛瑄著　趙孔昭彙編　明萬曆
四十三年（1615）崔爾進刻本
開本 27.8×17 厘米，板框 19×13 厘米，半葉十行，行二十字，白口，四周單邊。
前有董其昌"刻薛文清公文集序"，未署年月，次明萬曆四十三年崔爾進《薛
文清公全集序》，次弘治二年（1489）張鼎序，次彭韶撰《名臣錄》，次李賢
撰《禮部侍郎薛公神道碑銘》，次呂柟撰《重建薛文清公祠堂記》。存《讀書
錄》《讀書續錄》十七卷。1函8冊。

嶺南文獻卷之一

明蘄陽張邦翼　輯

勑誥類

處分十道朝集使勑

張九齡 丞相

勑朝集使等朕恭已承天守文繼位布一心於兆庶

明四目於萬方恒恐道或未周物不遂性旁求俊乂

共理黎元于茲羣辟寧不我副凡今政要略有四端

永食本於農桑禮義興於學校流亡出於不足爭訟

由於無耻故先王務其三時將以厚生也脩其五教

將以惇俗也有國有家同知此議不患不知患在不

嶺南文獻卷之一

100　嶺南文獻三十二卷〔明〕張邦翼輯　軌範補遺六卷〔明〕
楊瞿崍輯　明萬曆四十四年（1616）刻本

開本 26×16.2 厘米，板框 21×14.2 厘米，半葉十行，行二十字，白口，四周單邊。版心下鎸刻工名及字數。前有明萬曆四十四年張邦翼序，凡例，提評，總目，作者姓氏。《補遺》半葉九行，行十八字，前有楊瞿崍序，未署刻書年月，不避清諱。鈐“環山樓藏書印”“閩田張氏聞三藏書”等印。5 函 44 册。

101　重鐫徐定菴先生集二十一卷花朝閣樂府一卷〔明〕徐
敷詔著　明萬曆四十四年（1616）胡繼升刻本
開本27×17厘米，板框20.4×14.3厘米，半葉九行，行二十字，白口，單白魚尾。
前有明萬曆四十四年張惟任等序。2函8册。

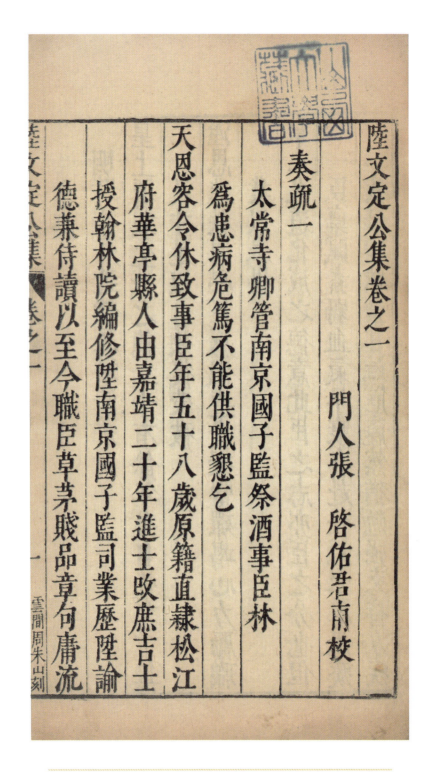

102　陸文定公集二十六卷〔明〕陸樹聲撰　明萬曆四十四年
（1616）陸彥章刻本

開本 26.8×16.5 厘米，板框 21.4×14.3 厘米，半葉六至九行，行十五至十九
字不等，白口，四周單邊。版心下鐫刻工“周朱山”“張紹祖”“孫訥”等。
前有明萬曆四十四年徐三重序，卷末有陸彥章刻書題識。2 函 27 冊。

銓部王先生文集

淄川王教著

男王所明彙輯

甥張至桼校梓

送元宰漸翁李老先生之留都序

國家簡重六列獨靈寵提衡之老也獨以職重哉得

艮劍百不如得一歐冶歐冶鑄劍者也不剸割而爲

世珍翁旣大弊天下之群吏而誅賞之已簡畀留都

元宰倘所重有在乎蓋翁故嘗爲司功云疆場君子

103　銓部王先生文集一卷詩集一卷修縣志小序一卷〔明〕

王教著　明萬曆四十四年（1616）張至發刻本

開本 29.1 × 17.4 厘米，板框 22.5 × 15.5 厘米，半葉九行，行二十字，白口，
單黑魚尾，四周單邊。前有明萬曆四十年（1612）畢自嚴序，萬曆四十四年
文翔鳳序，秋澄王公傳。鈐"閭田張氏聞三藏書"印。1 函 3 冊。

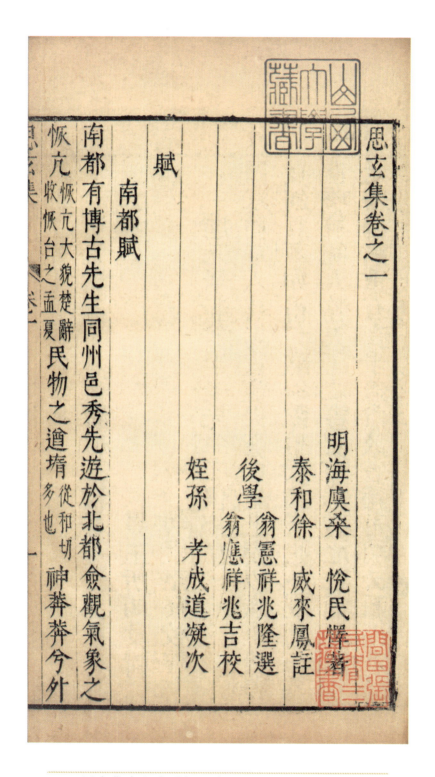

104　思玄集十六卷附錄一卷〔明〕桑悅撰　明萬曆四十四年
（1616）翁憲祥刻本

開本 26.9×17 厘米，板框 22.2×13.6 厘米，半葉十行，行二十一字，白口，
四周單邊。前有明萬曆四十四年錢謙益序、翁憲祥序，翁應祥跋等，目録後
有小像及贊。鈐"蒼崖山人書屋記""麓林藏書""開田張氏聞三藏書"等印。
2 函 10 册。

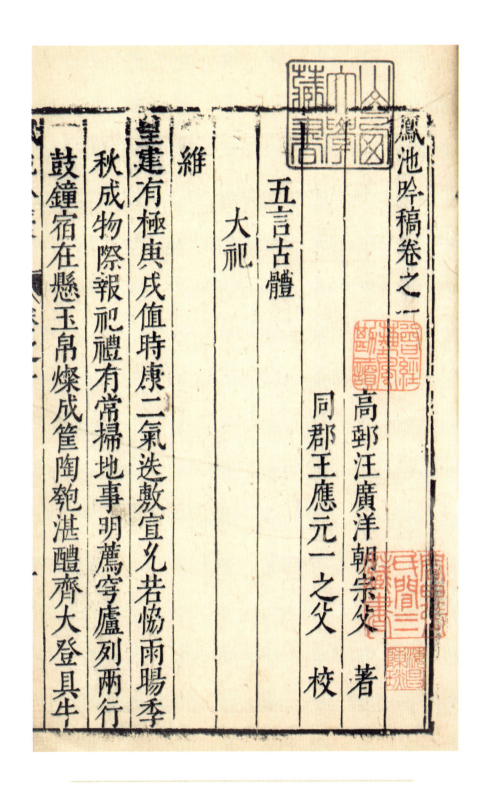

105　鳳池吟稿十卷　〔明〕汪廣洋撰　明萬曆四十五年（1617）王百
祥刻本

開本 26.4×17.1 厘米，板框 20.3×13.3 厘米，半葉九行，行二十字，白口，
左右雙邊。内封鎸“汪忠勤公鳳池吟稿”。前有明洪武三年（1370）宋濂序，
萬曆四十五年王百祥跋，王百順辨疑，誥傳。鈐“有年所見”“海昌陳琰”“曾
經藝風勘讀”“閩田張氏聞三藏書”等印。1函6册。

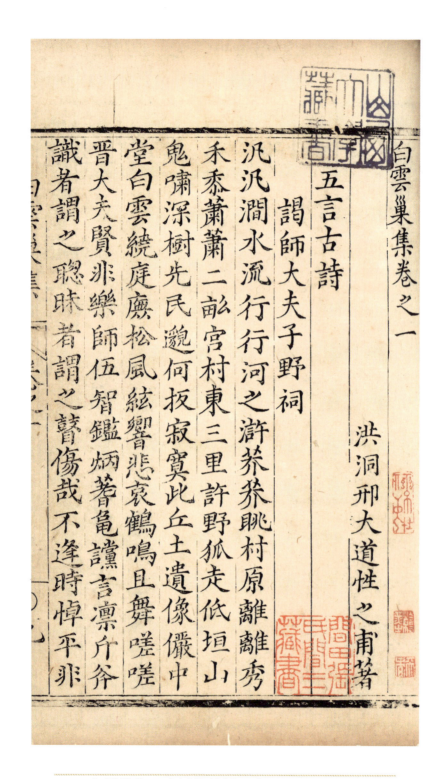

白雲巢集卷之一

洪洞邢大道性之甫著

五言古詩

謁師大夫子野祠

汎汎澗水流行行河之滸菶菶聊村原離離秀
禾黍蕭蕭二畆宮村東三里許野狐走低垣山
鬼嘯深樹先民邈何扳寂寞此丘土遺像儼中
堂白雲繞庭廡松風絃響悲哀鶴鳴且舞嗟嗟
晉大夫賢非樂師伍智鑑炳著龜譽言凜斤斧
識者謂之聰昧者謂之瞽傷哉不逢時悼平非

106　白雲巢集二十四卷目録一卷〔明〕邢大道著　明萬曆
四十五年（1617）洪洞邢氏刻本
開本 25.7×17.5 厘米，板框 20.5×14.5 厘米，半葉十行，行十八字，白口，
單魚尾，四周雙邊。鈐"天香""翰墨""閒田張氏聞三藏書"等印。2 函
10 冊。

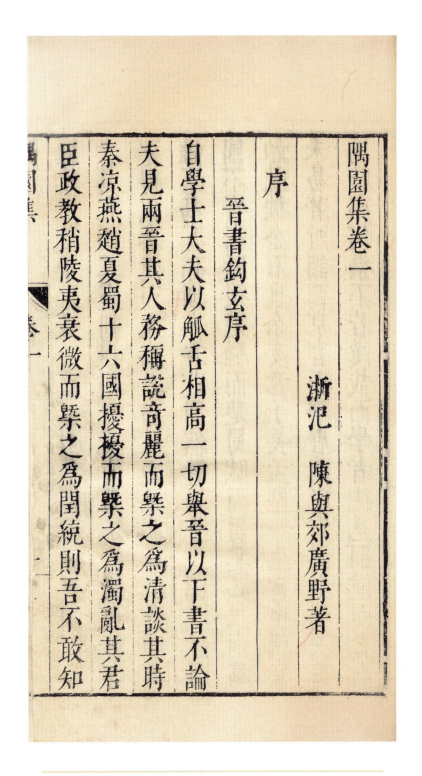

107　隅園集十六卷 〔明〕陳與郊著　明萬曆四十五年至天啓元年（1617—1621）賜緋堂刻本

開本 26.5×16.8 厘米，板框 20.8×13.6 厘米，半葉八行，行十九字，白口，單黑魚尾，左右雙邊。前有李維楨、錢謙益序，每卷末鐫“萬曆丁巳賜緋堂刻”。鈐“閻田張氏聞三藏書”印。1 函 8 册。

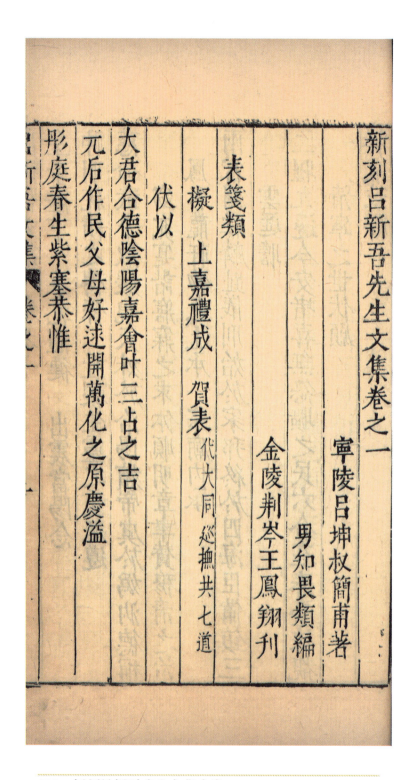

108　新刻呂新吾先生文集十卷〔明〕呂坤著　明萬曆四十五年（1617）王鳳翔刻本

開本 27.5×16.6 厘米，板框 21.8×14.5 厘米，半葉十行，行二十字，白口，單黑魚尾，四周單邊。封面鐫"石城王荊岑督刊"，卷端署"金陵荊岑王鳳翔刊"。前有明萬曆四十五年朱國禎序。1 函 8 册。

蓮峯先生集卷之一

新安　葉份　撰

五言古

秋夜護吟

九月更漏長夜坐殊未央涼風吹我闥明月燭
我牀天河一清淺星斗互低昂紛紛木葉下靡
靡時菊芳驚鳥繞空林塞蛩悲洞房擊柝者誰
于虔砧何處裳耿耿不能寐反側候明光所思
金蘭友遠在天一方輝褢欲從之海宇遥蒼蒼

109　蓮峯先生集七卷附錄一卷 〔明〕葉份撰　明萬曆四十五年（1617）刻本

開本 24.3×15.8厘米，板框 20×13.3厘米，半葉九行，行十八字，白口，單黑魚尾，四周單邊。卷一末署"西湖程碧落書　雲莊葉應龍鐫"。有明萬曆四十四年李應裕序、詹軫光序，萬曆四十五年汪應蛟序。1函5冊。

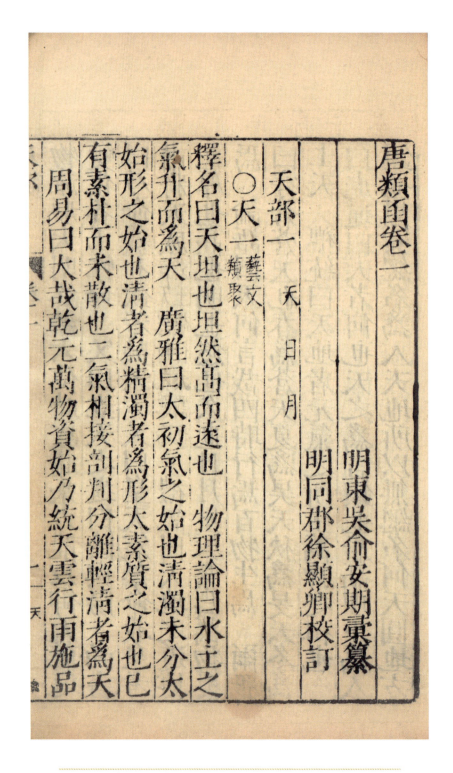

110　唐類函二百卷〔明〕俞安期彙纂　明萬曆四十六年（1618）德
聚堂刻本

開本 26.1×17.6 厘米，板框 20.2×13.9 厘米，半葉十行，行二十字，細黑
口，四周單邊。卷端署"明東吳俞安期彙纂　明同郡徐顯卿校訂"。有明萬
曆三十一年（1603）申時行序、李維楨序，萬曆四十六年程開祜序，凡例。
鈐"閒田張氏聞三藏書"印。8 函 40 册。

江湖長翁文集卷之一

　　宋高郵陳　造唐卿撰

明仁和李之藻振之校

楚辭古賦

送龍辭三章

沈燎兮桂酹笍簫嗚嗚兮逢逢其鼓緩吳歈兮蹌越舞

送龍兮歸處龍之歸兮悅娱翻倒雺霏兮膠轕霧雨歷

館娃兮不罷過脊口兮小顧水天模糊兮迷仰俯僶眞

迎兮排空蛟鼉驂羅兮而在下祥飂蕭兮綠輿菲煙幕

梅廷玉刊

111　江湖長翁文集四十卷　〔宋〕陳造撰　明萬曆四十六年（1618）
李之藻刻本

開本 26.8×16.2 厘米，板框 22×13 厘米，半葉九行，行二十一字，白口，
左右雙邊。版心鐫刻工名及字數。有明萬曆四十六年姚鏞序、李之藻刻書序，
原序二首及墓誌銘，校刻姓氏，總目錄，各卷有分目錄。鈐"拜經館""開
田張氏聞三藏書"等印。2 函 20 册。

太師張文忠公集

文稿卷之一

　　奉　勅撰敬一亭碑文

臣孚敬稽首拜言洪惟我

皇上受　天眷命嗣承

大統稽古帝王之學以復古之治雖堯舜何以加諸

五年丙戌夏六月嘗因觀書有得

御製敬一箴頒示臣工序之有曰敬者存其心而

不忽之謂也一者純乎理而無雜之謂也又曰

惟敬是持惟一是協所以盡為天之子職庶不

112　太師張文忠公集文稿六卷詩稿四卷詩稿續一卷〔明〕

張孚敬撰　明萬曆四十六年（1618）張汝紀刻本

開本 25.8×15.9 厘米，板框 21.2×14.5 厘米，半葉十行，行二十字，白口，
單黑魚尾間白魚尾，左右雙邊。版心上鐫"勅建貞議書院"。前有明萬曆
四十二年（1614）楊鶴序，萬曆四十三年丘應和序，萬曆四十六年孫汝紀後
記。鈐"閒田張氏聞三藏書"印。1函6冊。

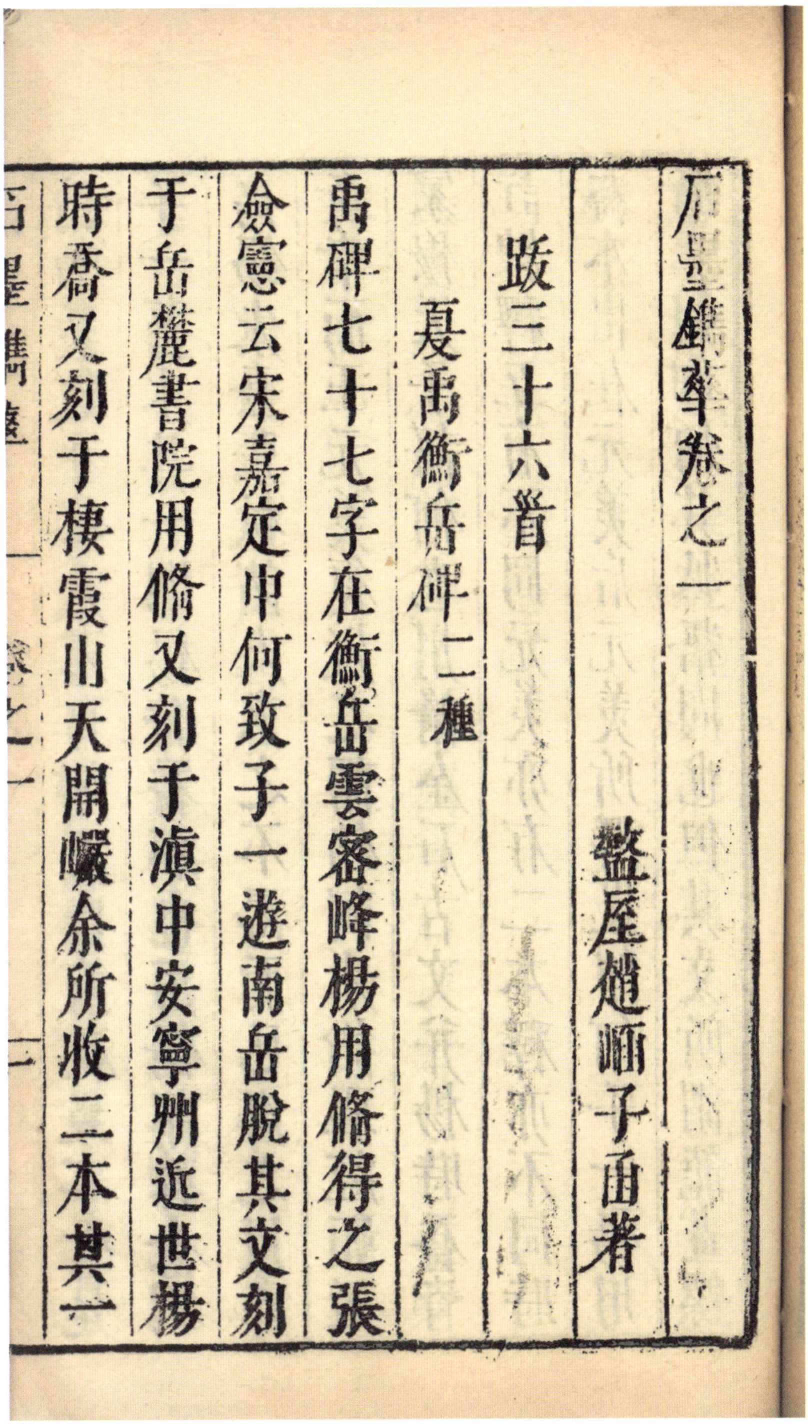

時喬又刻于棲霞山天開巖余所收二本其一
于岳麓書院用脩又刻于滇中安寧州近世楊
僉憲云宋嘉定中何致子一遊南岳脫其文刻
禹碑七十七字在衡岳雲密峰楊用脩得之張
夏禹衡岳碑二種
跋三十六首
　　　　　　盩厔趙𡊨子函著
石墨鐫華卷之一

113　石墨鐫華八卷　〔明〕趙𡊨著　明萬曆四十六年（1618）刻本

開本 26×15.9 厘米，板框 21.5×13 厘米，半葉八行，行十八字，白口，四周單邊。
前有陳組綬序，未署年月，明萬曆四十六年自序及康萬民序。1 函 4 册。

114　來禽館集二十九卷　〔明〕邢侗著　明萬曆四十六年（1618）
刻本

開本 26.9×17.5 厘米，板框 20.7×15.1 厘米，半葉九行，行二十一字，白口，
單黑魚尾，四周單邊。版心下鐫刻工"江夏萬儒""吳""貴"等。卷首有明
萬曆四十六年李維楨、史高先序。鈐"閭田張氏聞三藏書"等印。2 函 12 冊。

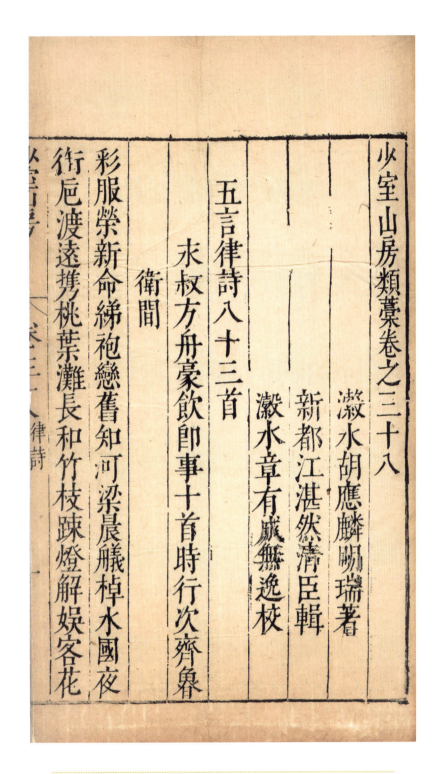

115　少室山房類藁一百二十卷〔明〕胡應麟著　明萬曆四十六
年（1618）江湛然刻本
開本 25.2×16 厘米，板框 20×13.8 厘米，半葉九行，行十八字，白口，四周單邊。
存九十四卷，24 册。

古文奇賞卷之一

古吳陳仁錫選評

離騷經　　屈平

帝高陽之苗裔兮　楚若敖子武王生　朕皇考曰伯庸
攝提貞于孟陬兮　惟庚寅吾以降　皇考覽揆
余于初度兮　肇錫余以嘉名　名余曰正則兮字余曰
靈均　紛吾既有此内美也　又重之以修能
扈江離與辟芷兮　紉秋蘭以為佩
汨余若將弗及兮　恐年歲之不吾與　朝搴取阰之山之
木蘭兮　夕攬采中洲之宿莽

116　古文奇賞二十二卷續古文奇賞三十四卷　〔明〕陳仁錫選
評　明萬曆四十六年至天啓年間（1618—1627）刻本
開本 24.3×16.5 厘米，板框 20×13.5 厘米，半葉十行，行二十字，白口，四周單邊。欄上、行側鐫評語，内封鐫"金閶安少雲梓行"，鈐圓形雲龍紋印。有明萬曆四十六年陳仁錫序及略紀，目録。4函42册。

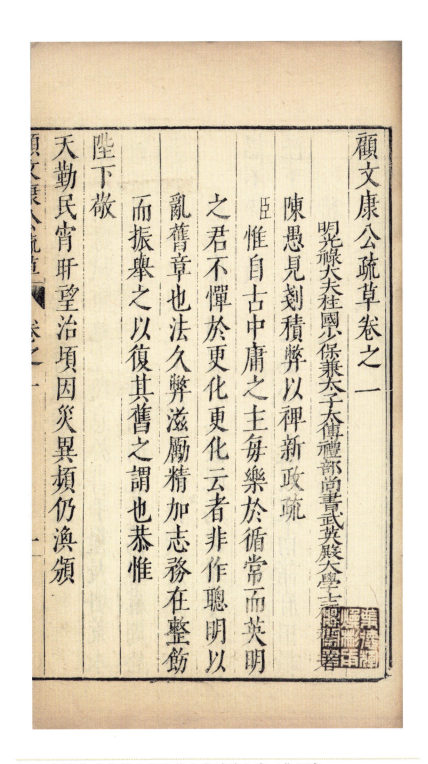

117　顧文康公文草十卷疏草六卷續稿六卷三集四卷 〔明〕顧鼎臣著　明
萬曆四十八年（1620）顧謙服　崇禎間（1628—1644）顧咸建　清順治二年（1645）顧
晉璠刻本

開本 27×17 厘米，板框 21.4×13.5 厘米，半葉九行，行十八字，白口，左右雙邊。内封鐫"桂
雲堂藏板"。《疏草》前有公鼐序、顧天埈序，後有明萬曆四十八年顧謙服跋。《續稿》前
有明崇禎十六年（1643）顧咸建等跋。《三集》前有清順治二年（1645）顧晉璠跋。鈐"葉
德輝焕彬甫藏圖書""閒田張氏閏三藏書"印。2 函 7 册。

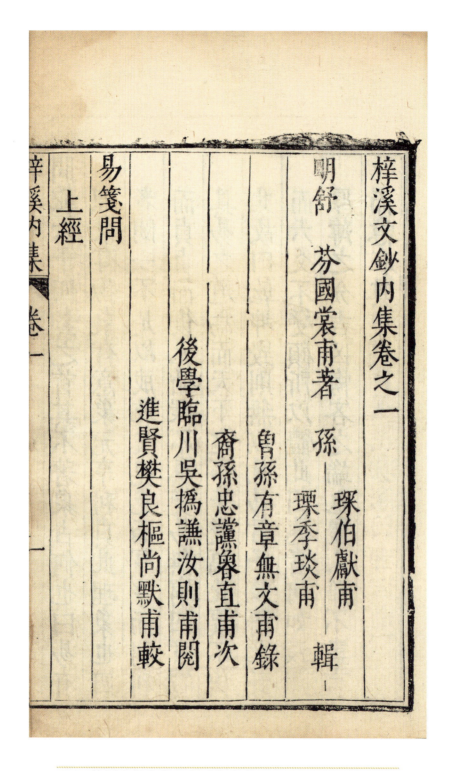

118　梓溪文鈔内集八卷外集十卷〔明〕舒芬著　明萬曆四十八年（1620）舒琛刻本

開本 25.8×17.7 厘米，板框 20.6×14.5 厘米，半葉九行，行十八字，白口，單黑魚尾，四周雙邊。前有明萬曆四十八年舒琛序，言刻書事。鈐"少泉蔡氏珍藏""求善賈而沽諸""閒田張氏聞三藏書"等印。1 函 10 册。

緱山先生集卷之一

太倉王衡辰玉甫著

男時敏校

詩

西湖四賢祠迎神歌

有沁兮井涯亭宛宛兮繚之汲井兮宿酒鱔鯉
今且有素衣裳兮澹如煌恍寨帷兮與言我客
今我蛆紛拜起兮王母轆轤忽兮若驚魚奮揚
今將雨　右李鄴侯

緱山先生集卷之一

119　緱山先生集二十七卷　〔明〕王衡著　明萬曆間（1573—1620）
刻本

開本 26.2×16.4 厘米，板框 21.8×23.5 厘米，半葉九行，行十八字，白
口，四周單邊。前有明萬曆四十五年（1617）高出序，萬曆四十四年馮時
可序，萬曆三十七年唐時升刻詩集序。鈐"琅邪王宸垣藏書之印"等印。2
函 16 册。

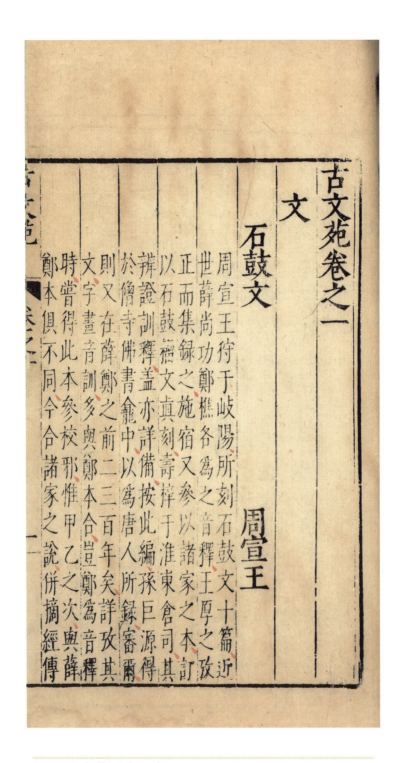

120　古文苑二十一卷〔宋〕章樵重訂　明萬曆間（1573—1620）
張象賢刻本

開本 27×17 厘米，板框 20×12.4 厘米，半葉八行，行十八字，白口，左右雙邊。
間有批校。前有宋紹定五年（1232）章樵序，明萬曆二十年（1592）祝繁序，
成化十八年（1482）張琳序，萬曆二十一年張士驥等序。卷端署"姑蘇後學
張象賢齊之甫校刻"，卷末朱批"崇禎甲戌仲春石赤齋閱"。鈐"朱衷""字
九章""一字山補""朱衷之印""閒田張氏聞三藏書"等印。1 函 6 册。

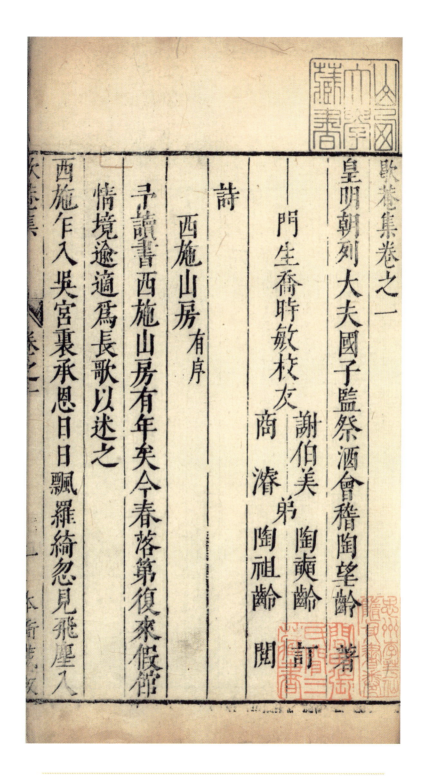

121　歇菴集二十卷目録一卷附録三卷〔明〕陶望齡著　明萬曆間（1573—1620）喬時敏刻本

開本 26.9×17 厘米，板框 21×13.7 厘米，半葉九行，行十九字，白口，四周單邊。版心下鐫"本衙藏板"。前有黄汝亨序，末署年月，明萬曆三十九年（1611）余懋孳小引，卷末有喬時敏後序。鈐"忠州李芋仙隨身書卷""芋仙過眼""閩田張氏聞三藏書"等印。4 函 24 册。

王奉常集目録卷之一
卷之一
賦部
騷體二首
九松悲　哀畫眉辭并序
詩部
擬古樂府五首
烏生歎　衛將軍行
行路難二首　正月謡紀泰和異也
四言古詩六首
王奉常集　詩目卷之一　一　一六五

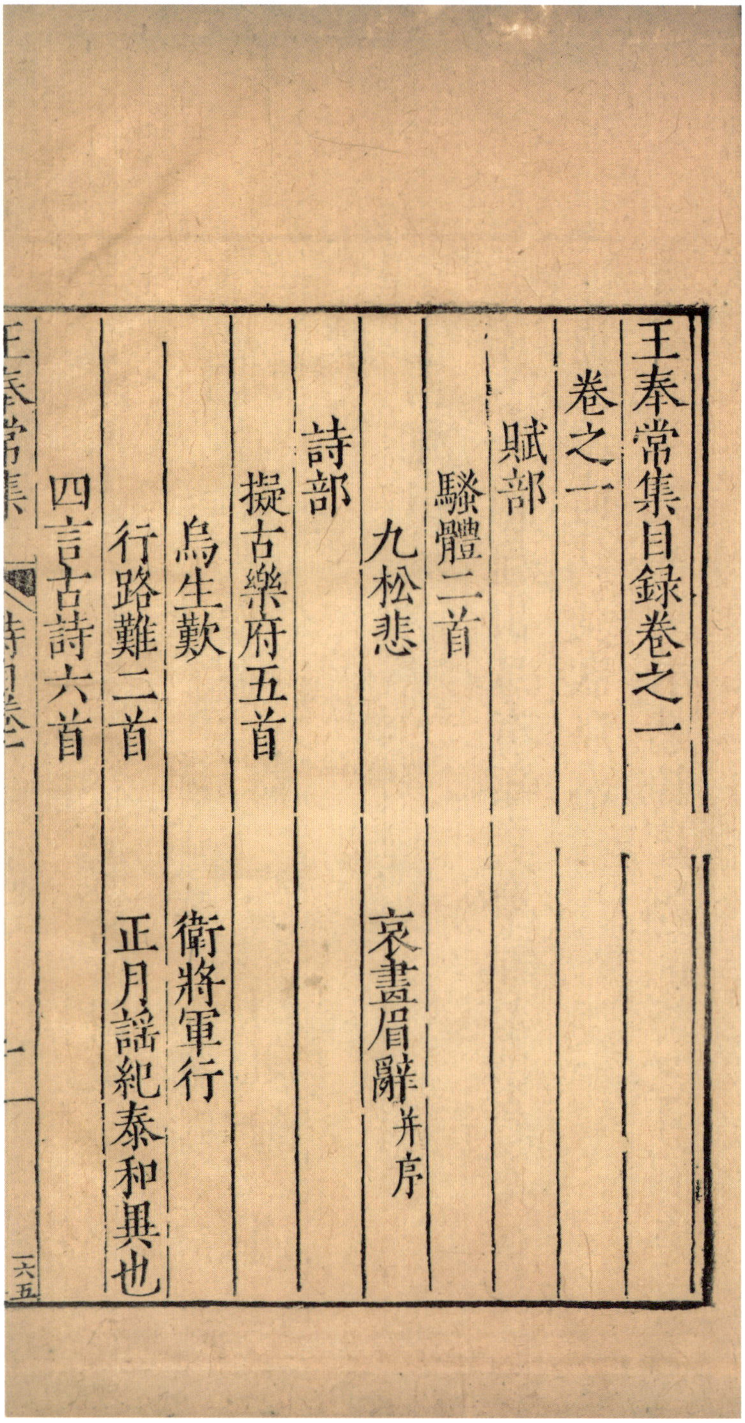

122　王奉常集詩十五卷目録三卷文五十四卷目録二卷

〔明〕王世懋撰　明萬曆間（1573—1620）刻本

開本 27.8×17.5 厘米，板框 19.9×13.6 厘米，半葉十行，行二十字，白口，單黑魚尾，左右雙邊。前有明萬曆十七年（1589）吴國倫、陳文燭序。鈐“閒田張氏聞三藏書”印。缺《文集》，存6册。

農丈人文集卷之一

古鄞余寅僧杲著

碑

慈谿縣連建縣治碑

碑十首

慈谿縣治踞浮碧山控邑之雄勝蓋唐開元間

從句章之成山徙彌且千禩其遠莫能稽大抵

由來據山巔美邑故無城嘉靖乙卯嘗一中夷

迺營城成而形家者盱衡而講眂勢之說一

嘗册就麓巳逌於巔遷不見德而隮或爲咎至

123　農丈人文集二十卷詩集八卷〔明〕余寅著　明萬曆間

（1573—1620）周禮寫刻本

開本 25.8×15.5 厘米，板框 19.9×13.7 厘米，半葉九行，行十八字，白口，單黑魚尾，左右雙邊。版心下鐫刻工名。書無序跋。卷一、五、八、十、十三、十六、十七、十八末鐫 "書記周禮寫" 一行。鈐 "閒田張氏聞三藏書" 印。2 函 16 册。

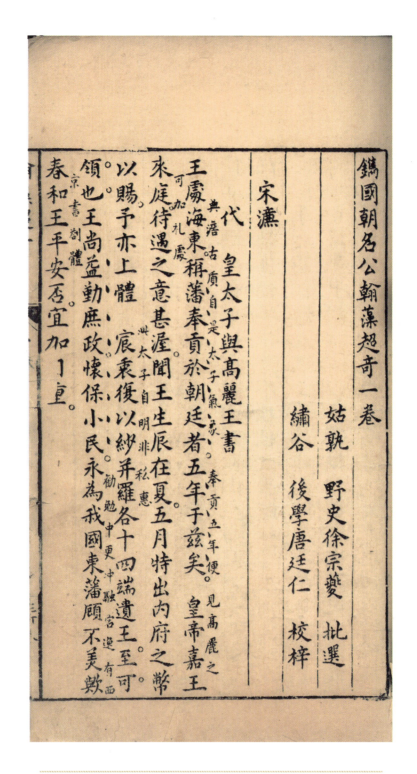

春和王平安否宜加丁寧。

領也。王尚益勤庶政懷保小民永為我國東藩顧不美歟

以賜予亦上體。宸衷復以紗幷羅各十四端遺王至。可

來庭待遇之意甚渥聞王生辰在夏五月特出內府之幣

王慶海東稱藩奉貢於朝廷者五年于茲矣。皇帝嘉王

代　　皇太子與高麗王書

宋濂

鐫國朝名公翰藻超奇一卷

姑孰　　野史徐宗夔　批選

繡谷　　後學唐廷仁　校梓

124　鐫國朝名公翰藻超奇六卷〔明〕徐宗夔批選　明萬曆間（1573—1620）唐廷仁校刊本

開本 27.4×17.3 厘米，板框 21.3×14.6 厘米，半葉十行，行二十二字，白口，單黑魚尾，四周單邊。有自序。鈐"閶田張氏聞三藏書"印。1 函 6 册。

白華樓吟稿卷之一

歸安茅坤順甫著
邑人姚翼翔卿編

樂府

大司馬胡公鐃歌鼓吹曲十首

予覽觀古樂府所載漢魏以來鐃歌鼓
吹詞並頌天子命將出師及武功之成
以奏凱而告有廟者也大略倣古者江
漢之詩之遺以褒美國家威耀無窮

125　白華樓吟稿十卷　〔明〕茅坤撰　明萬曆間（1573—1620）刻本
開本 27×17.1 厘米，板框 19.7×14.2 厘米，半葉九行，行十八字，白口，單
白魚尾，左右雙邊。前有明萬曆十一年（1583）自序。鈐 "閑田張氏聞三藏
書" 印。1 函 6 册。

雲溪友議卷第一

唐雲溪范攄

王僕射起弈王禮闓遠邇稱揚皆以文德聿與望之
也武宗皇帝詔至殿陛曰朕近見二字一夛一亐
莫能詳焉特詢於卿王公對曰臣於三教經典窺
嘗徧覽向者二字群書未之見也未審天顏於何
文而得周穆王傳有瘵竒二字經百儒宗但言古
馬名不敢分於飛兔騕裹于今靡有詳之者也上
笑曰知卿夙儒學綜朝野偶爲此二字相試非於

126　雲溪友議十二卷 〔唐〕范攄撰 〔清〕曹炎校　明萬曆間(1573—
1620)會稽商濬半埜堂刻本

開本 26.3×16.4 厘米，板框 20.7×14.1 厘米，半葉九行，行二十字，白口，
單黑魚尾，四周單邊。前有自序。1 函 2 册。

羅近溪先生語要卷上

會稽陶望齡輯

道心惟微卽如金寶人心惟危卽如鑛石未

經煆煉則鸝岁其所不免惟一惟精所以

煆之精之爲功始於志氣持志不易乃見

精專入手則在覺悟鈔悟融徹乃見精通

志精悟精則如善射之久視雖懸虱可大

若車輪跛鼈之守卵卽隔江氣貫乎彼岸

近溪語要卷上　一　單和刊

127　近溪子集六卷　〔明〕羅汝芳撰　耿定向評　羅近溪先生語
要二卷　〔明〕陶望齡輯　近溪子附集四卷　〔明〕黃承試編次　羅
先生詩集二卷　〔明〕左宗郢選　明萬曆間（1573—1620）刻本
開本 25.5×15.6 厘米，板框 20.8×13.5 厘米，半葉八至十行，行十七至
二十一字不等，白口，四周單邊。前有明萬曆十一年（1583）耿定向序，萬
曆十五年楊起元等序。鈐“閒田張氏聞三藏書”印。1 函 4 册。

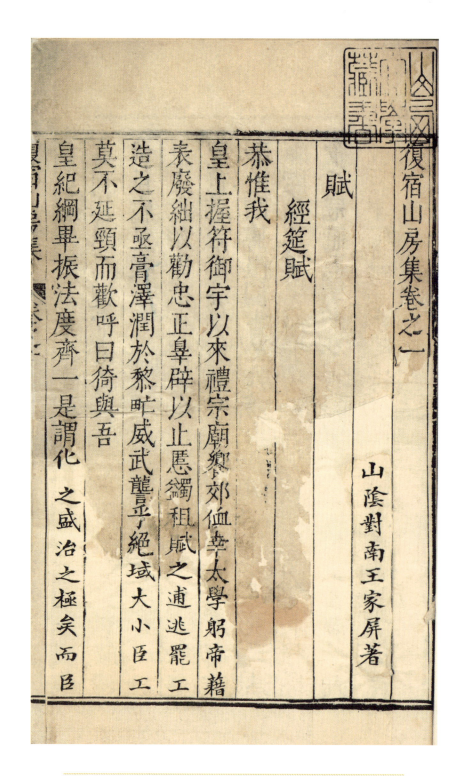

128　復宿山房集四十卷〔明〕王家屏著　明萬曆間（1573—1620）

魏養蒙刻本

開本 25.8×16.4 厘米，板框 21×14.8 厘米，半葉十行，行二十字，白口，單黑魚尾，四周雙邊。卷首有葉向高、魏養蒙、李維楨序，序後列校刻人姓名。李序首葉版心下鎸"金陵劉守德刻"。2 函 20 册。

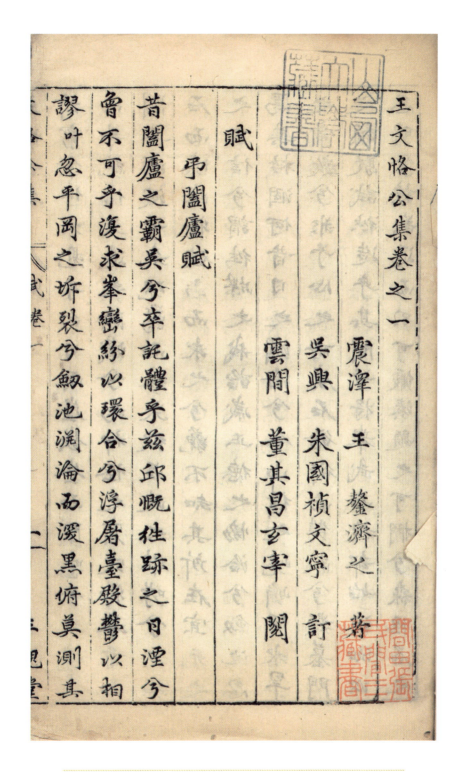

129　王文恪公集三十六卷〔明〕王鏊著　**鵑音一卷白社詩草
一卷**〔明〕王禹聲撰　**名公筆記一卷**　明萬曆間（1573—1620）震
澤王氏三槐堂刻清重修本

開本 24.7×15.9 厘米，板框 21.4×14 厘米，半葉九行，行二十字，白口，單
白魚尾。版心下鐫"三槐堂"。前有朱國楨、董其昌序，《白社詩草》前有錢
養廉序。鈐"閒田張氏聞三藏書"等印。1 函 12 册。

太函集卷之一　　　　新都汪道昆伯玉著

序十四首

送吳先生視學山東序

在憲令凡遣使出視學必察之三官官守問天官文
學問大宗伯吏治問御史大夫皆曰可然後以　璽
書命之其周慎如此丁巳議可使山東視學者皆言
吳公公卿大夫謂主爵曰自吳公引籍垂二十年其
同籍之士往往致尊顯而公猶在執戟奈何復出居
外哉公固請行遂受　詔諸吳公弟子相語曰陶氏

130　太函集一百二十卷目錄六卷〔明〕汪道昆著　明萬曆間
（1573—1620）刻本

開本 26.6×17.3 厘米，板框 20.1×14.2 厘米，半葉十行，行二十字，白口，
左右雙邊。前有明萬曆十九年（1591）自序。序末鐫"金陵徐智督刊"。鈐"閭
田張氏聞三藏書"等印。8 函 62 册。

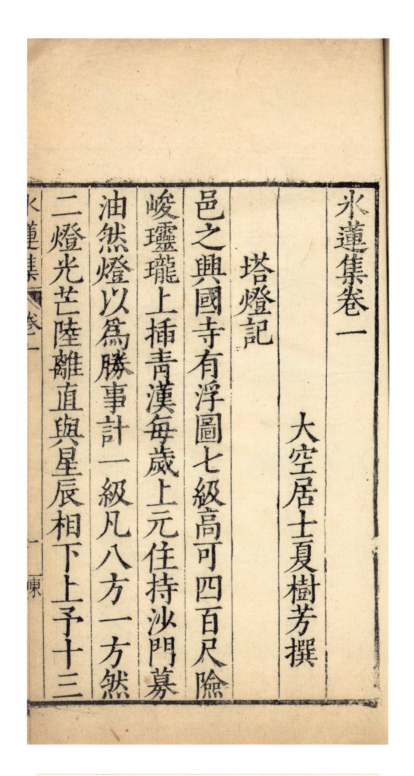

冰蓮集卷一

塔燈記　　大空居士夏樹芳撰

邑之興國寺有浮圖七級高可四百尺險
峻瓏瓏上插青漢每歲上元住持沙門募
油然燈以爲勝事計一級凡八方一方然
二燈光芒陸離直與星辰相下上予十三

131　冰蓮集四卷酒顚二卷茶董二卷法喜誌四卷續法喜四卷棲真誌四卷玉麒麟二卷女鏡八卷 〔明〕夏樹芳撰　明萬曆間（1573—1620）夏氏清遠樓刻本

開本 25.3×15.5 厘米，板框 18.4×12.5 厘米，半葉七行，行十六字，白口，單黑魚尾，四周單邊。版心鑴刻工 "楊同春" 等。各書卷首有序，《法喜誌》封面有牌記 "江陰夏氏清遠樓藏板"。鈐 "閏田張氏聞三藏書" 印。4 函 32 册。

律呂精義內篇卷之一

總論造律得失第一

鄭世子〔臣〕載堉謹撰

律非難造之物而造之難成何也推詳其弊蓋有三失王莽僞作

原非至善而歷代善之以爲定制根本不正其失一也劉歆僞辭

全無可取而歷代取之以爲定說考據不明其失二也三分損益

舊率疎舛而歷代守之以爲定法算術不精其失三也欲矯其失

則有三要不宗王莽律度量衡之制一也不從漢志劉歆班固之

說二也不用三分損益疎舛之法三也以此三要矯彼三失律呂

精義所由作也或曰大泉之寸秬黍之分非莽歆遺法乎今乃取

之何也答曰大泉之徑漢尺以爲寸秬黍之長古尺以爲分而莽

歆之尺則不然所以與新法不同也

132　樂律全書四十二卷〔明〕朱載堉撰　明萬曆間（1573—1620）
鄭藩刻本
開本 34×22.9 厘米，板框 24.5×19 厘米，半葉十二行，行二十五字，粗黑口，
四周雙邊。《律呂精義》前有明萬曆二十四年（1596）鄭載堉序。6 函 48 册。

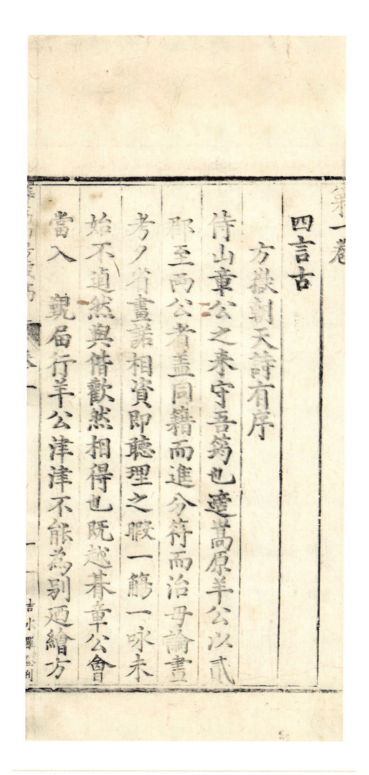

133　薜荔山房藏稿十卷〔明〕敖文禎撰　明萬曆間（1573—1620）

牛應元刻清康熙重修本

開本 29.5×16 厘米，板框 21.5×15 厘米，半葉八行，行十八字，白口，單黑魚尾，四周雙邊。版心上鐫“薜荔山房藏稿”，版心下鐫“吉水羅登刊”。前有郭正域序、牛應元序，清康熙七年（1668）蔣胤修序。鈐“閒田張氏聞三藏書”印。2 函 10 册。

文章又玄卷之一

考工記

國有六職百工與居一焉或坐而論道或作而行之或審
曲面埶以飭五材以辨民器或通四方之珍異以資之或
飭力以長地財或治絲麻以成之坐而論道謂之王公作
而行之謂之士大夫審曲面埶以飭五材以辨民器謂之
百工通四方之珍異以資之謂之商旅飭力以長地財謂
之農夫治絲麻以成之謂之婦功粵無鎛燕無函秦無廬
胡無弓車粵之無鎛也非無鎛也夫人而能爲鎛也燕之

文章又玄　卷之一

黃應淳刻

134　文章又玄十六卷 〔明〕吳士奇輯　明萬曆間（1573—1620）
刻本

開本 27.9×17 厘米，板框 21×12 厘米，半葉九行，行二十二字，白口，四
周單邊，版心下鎸刻工名。前有吳士奇序。鈐"小游"朱白二色印，函套書
籤題"小游書眉"四字。1 函 8 册。

山居功課卷之一

虞　城楊東明啓脩甫紀事

太學生范　弟東光葆光甫校正

　　　　　　炳明卿甫校刊

曹縣社倉序

萬曆庚寅歲予得告家居日惟頓舍休精潜心理窟

於一切世味澹如也已而思道無窮達山林豈遂無

事若閉戶養高踽凉不偶如善俗之義何緬惟古社

舍法可傚歲事緩急而虞地濱河產穀有限厥心苦

山居功課　卷之一　一

135　山居功課十卷　〔明〕楊東明撰　明萬曆間（1573—1620）范炳刻本

開本 23.9×16.1厘米，板框 20.2×14.2厘米，半葉九行，行二十字，白口，單黑魚尾，四周單邊。前有明萬曆四十年（1612）焦竑序。鈐"閭田張氏聞三藏書"印。1函5冊。

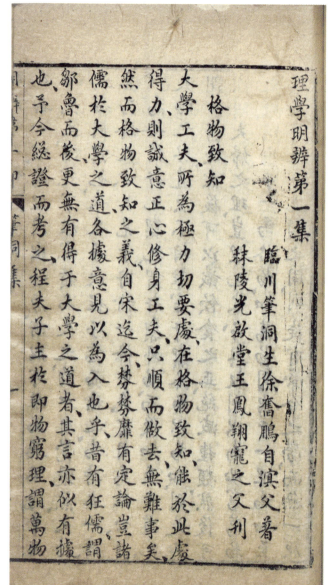

136　徐筆峒先生十二部文集〔明〕徐奮鵬撰　明萬曆間（1573—1620）石城光啟堂刻本

開本 27.3×16.9 厘米，板框 22×14 厘米，半葉十行，行十九字或二十字，小字雙行同，單黑魚尾，四周單邊，無界行。版心刻有"筆峒集"三字。有萬道光等圈訂。前有路玄修序、萬道光序，每部前有諸友人序，後有撰者自叙。鈐"閒田張氏聞三藏書"印。1 函 8 冊。

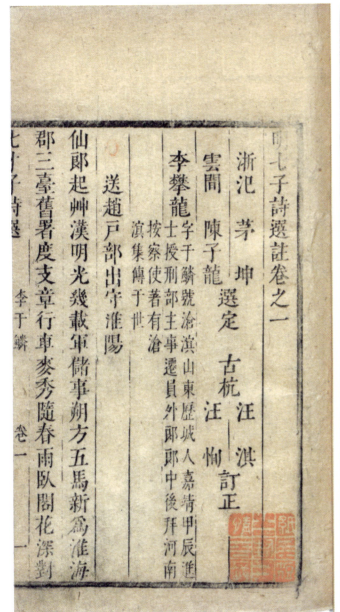
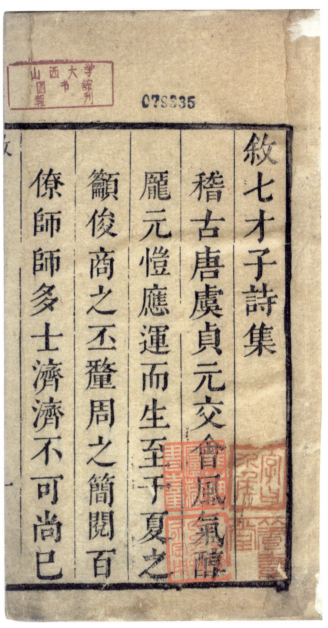

137　明七子詩選註七卷〔明〕陳子龍、茅坤選定　明萬曆間
（1573—1620）刻本

開本 23.6×14.8 厘米，板框 17.8×11.6 厘米，半葉八行，行二十字，小字雙
行同，白口，四周單邊。前有明萬曆二十一年（1593）茅坤序。鈐“紙短情
長”等印。1 函 6 册。

東方先生集

漢　平原東方朔著

明　河東吕兆禧校

七諫

七諫者法天子有爭臣七人也東方
朔追憫屈原故作此辭以述其志

初放

平生於國兮長於原壄吕語訥謉兮又無疆輔淺智

禍能兮聞見又寡數言便事兮見怨門下王不察其

長利兮卒見棄乎原壄伏念思過兮無可改者舉衆

成朋兮上浸以惑巧佞在前兮賢者滅息堯舜聖已

138　東方先生集一卷〔漢〕東方朔著〔明〕吕兆禧校　明萬曆天啓間（1573—1627）刻本

開本 26.9×16.8 厘米，板框 19.8×13.8 厘米，半葉九行，行二十字，白口，單魚尾，左右雙邊。有吕兆禧序。鈐"閒田張氏聞三藏書"等印。1函1册。

詩

四言古

贈吳觀察寋公汝循 有序

寋氏蜀之清門開府公用經術起晉陽治行
第一督學齊魯參藩事廼今子觀察使治兵
於吳云吳文學國也論者以五湖之間民有
輕心惟昔且然其被海帶江爲南畿輔地形

鹿裘石室集卷第二

宣城梅鼎祚禹金著

鹿裘石室集　卷二

139　鹿裘石室集六十五卷　〔明〕梅鼎祚著　明天啓三年（1623）
玄白堂刻本
開本 26.4 × 16.3 厘米，版框 21 × 14.7 厘米，半葉九行，行十八字，白口，單
白魚尾，左右雙邊。總目後鐫"天啓癸亥歲　春玄白堂雕"。前有明天啓三
年李維楨等及天啓四年吳伯與諸序。4 函 24 册。

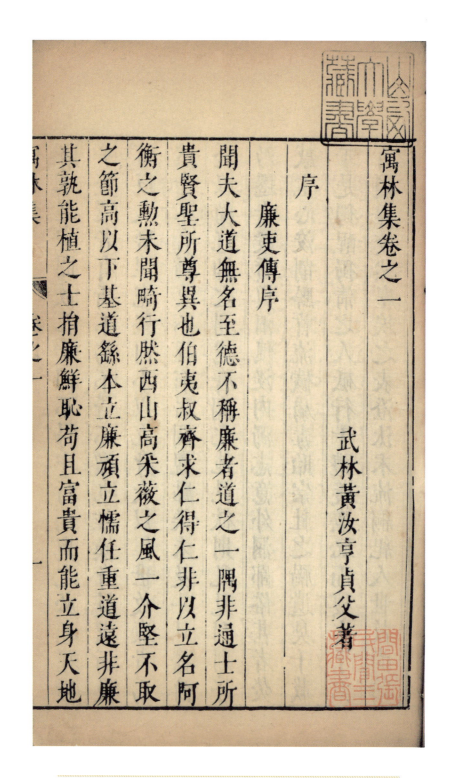

140　寓林集三十二卷詩集六卷〔明〕黃汝亨著　明天啓四年
（1624）刻本

開本 26.5×16.5 厘米，板框 21.3×14.7 厘米，半葉九行，行二十字，白口，
單黑魚尾，左右雙邊。前有明天啓四年自序及顧起元等序。鈐“閶田張氏聞
三藏書”等印。4 函 20 册。

韓子卷之一

錢塘　趙如源潚之甫　全校
　　　王道焜耶平甫

初見秦

秦王見非書慨然企慕恨不同時既同時矣卒于囚死所謂日進前而不御遙聞聲而相思也知音其難哉此篇爲初見秦之計文尤矜重宜爲差賞也獻取天下之

此文跌宕類蘇秦然章法句法起結照應獨邁紀律

趙用賢曰此篇與國策所載大略相同是

韓子卷之一

臣聞不知而言不智知而不言不忠爲人臣不

忠當死言而不當亦當死雖然臣願悉言所聞

韓子
卷之一
一

141　韓子二十卷附録一卷　〔明〕趙如源、王道焜校　明天啓五年
（1625）刻本

開本27×17厘米，板框20.1×13.6厘米，半葉九行，行十八字，白口，四周單邊。
内封牌記鎸"合諸名家評訂韓子全集　花齋藏板"。前有舊序，明王道焜《重
刻韓非子序》，明天啓五年趙世楷重訂韓子凡例、參閲姓氏等。鈐"旌義堂"
"立伯馬甲鼎珍藏之印""篤志軒"等印。1函3册。

穀山筆麈卷之一

明東阿穀山于慎行著

門人福唐郭應寵編次

男于緯校梓

制典上

唐制天子御殿見羣臣曰常叅朔望薦食諸陵

有思慕之心不能御前殿則御便殿見羣臣曰

入閣宣政前殿也謂之衙衙有伏紫宸便殿也

142　穀山筆麈十八卷〔明〕于慎行著　明天啓五年（1625）刻本

開本 26.8×17 厘米，板框 20.6×13.2 厘米，半葉八行，行十八字，白口，四周單邊。前有明天啓五年郭應寵跋，沈域"刻筆麈小引"，馮琦"筆麈題詞"。鈐"璜川吳氏收藏圖書""華陽張氏桐生藏書之印"等印。1函6册。

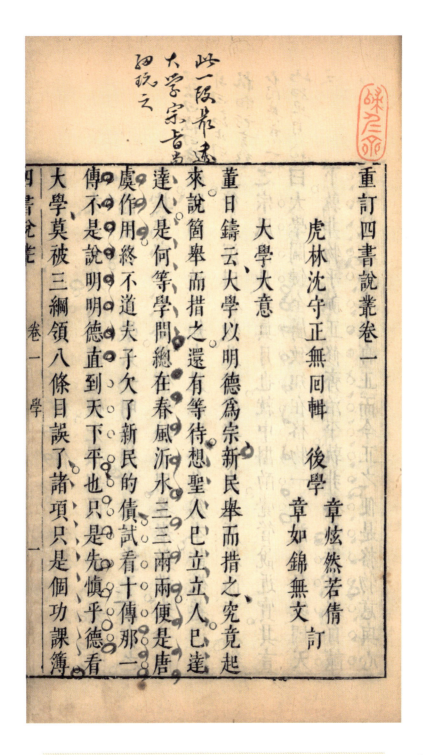

143　四書説叢十七卷〔明〕沈守正輯　明天啓七年（1627）錢塘章炫然刻本

開本 27.1×17.2 厘米，板框 20×14.1 厘米，半葉十行，行二十字，白口，四周單邊。内封牌記鑴"重訂沈無回先生　四書説叢　讀書坊發行"，上刻小字題記，詳述刻書緣由。前有明萬曆五年（1577）自序，天啓七年章炫然"重訂四書説叢引"，章如錦"記刻四書説叢引"，凡例後抄有"錢塘潮詞"一首。間有墨筆眉批。鈐"歸仁齋"印。1 函 6 册。

144　鏡山庵集二十五卷〔明〕高出著　明天啓間（1621—1627）

高若駢等刻本

開本 26×16.2 厘米，板框 20.5×14 厘米，半葉九行，行十九字，白口，四周單邊。
前有明天啓六年（1626）自序。清乾隆時列爲禁毀書。鈐"无竟先生獨志堂
物""夢鶴樓藏書印""閒田張氏聞三藏書"等印。2 函 10 册。

145　瓊臺詩文會稿重編二十四卷　〔明〕丘濬著　丘爾穀重編

明天啓間（1621—1627）丘爾穀等刻本

開本 27.5×16.8 厘米，板框 21×13.9 厘米，半葉九行，行二十字，白口，單黑魚尾，四周單邊。前有明天啓元年（1621）丘爾穀重編引。鈐"掃塵齋積書記""禮培私印""閒田張氏聞三藏書"等印。2 函 12 冊。

茅簷集卷之一

嘉善魏學洢子敬著

賦

攄懷賦 并序

余頗覽流俗百憂繽紛纚不自知其何心也

間於記誦之暇紬察平生一貿方施規局略

觀撫裏俞執託徑俞寒余殆有私錮焉夫鑪

冶既分資格斯剖狂者恒樂獷士鮮懼蓋或

匹之非蒸民能自爲也昔幽通抽緒于北地

之一賦

146　茅簷集八卷〔明〕魏學洢撰　明崇禎元年〔1628〕刻本

開本 26.5 × 17.5 厘米，板框 22 × 14.5 厘米，半葉九行，行十八字，白口，四周單邊。前有錢士升序、曹勳序、錢繼章序、錢棻序，俱未署年月。書中不避清諱，字體爲明末風格，當爲崇禎刻本。鈐"閒田張氏聞三藏書"印。1函 8 册。

程洺水先生集　卷二

宋少師新安程珌著　裔孫至遠邇行重訂

奏疏

擬上殿劄子

臣仰惟　陛下天縱之資根于至仁、故君臨海宇二十二年、雖變故迭興而訖底康定、天佑人助、不可誣也獨比年以來災異不一方春生夏長之時、萬物焦以枯向也早虜今及吾邊春旣苦早夏必傷潦不唯此爾有道之世五星循軌日不食朔月

洺水集

卷二

147　程洺水先生集三十卷　〔宋〕程珌著　明崇禎二年（1629）程
至遠刻本
開本 26×16.8 厘米，板框 19.5×13 厘米，半葉九行，行十九字，白口，左右雙邊。
有明崇禎二年趙時用序，自序，崇禎元年程至遠重刻小引，總目及卷一俱爲
抄配，末有缺頁。鈐 "閒田張氏閟三藏書" 印。2 函 8 册。

鍾伯敬增定
袁中郎全集

中郎先生集為百品袁梨奇識者特所珍嗜奧郡六集嘉禾十
集各為繡梓不相統一博者憾焉至金陵梨雲館袁集類編便
於採誦然先生遺稿八卷未梓行今悉補入以供世賞

袁中郎全集卷一

序

公安　袁宏道　著
景陵　鍾惺　定
嘉禾　曹　勳　閲

敘陳正甫會心集

世人所難得者唯趣趣如山上之色水中之味花中
之光女中之態雖善說者不能下一語唯會心者知
之今之人慕趣之名求趣之似於是有辨說書畫涉
獵古董以為清寄意玄虛脫跡塵紛以為遠又其下

148　袁中郎全集四十卷 〔明〕袁宏道著　明崇禎二年（1629）武林佩蘭居刻本

開本 28.9×17.6 厘米，板框 20×14.6 厘米，半葉九行，行二十字，白口，四周單邊。前有"新刻鍾伯敬增定袁中郎全集緣起"。鈐"藏之名山傳之其人""閒田張氏聞三藏書"等印。4 函 20 冊。

葉文莊公西垣奏草卷一

吏部左侍郎諡文莊崑山葉盛存藁

　　　　　　孫衡州府同知　夢淇較定

　　六世孫禮部主事　重華彙梓

兵科都給事中臣葉盛謹

題爲陳言科舉等事照得正統十三年開科會試

正副榜舉人俱巳取定今將合言事件開坐謹

題

一件儲養賢才事欽惟

聖朝

149　葉文莊公奏疏四十卷　〔明〕葉盛撰　明崇禎四年（1631）葉
重華刻本

開本 26.2×17 厘米，板框 21×14.8 厘米，半葉十行，行二十字，白口，無魚尾，
四周單邊。前有明崇禎四年鄭以偉序。每卷首頁署“孫衡州府同知夢淇較定
六世孫禮部主事重華彙梓”。鈐“閬田張氏閏三藏書”印。1 函 8 册。

唐大家韓文公文抄卷之一

歸安鹿門茅坤批評　　孫男闇叔　著　訂

表狀

進撰平淮西碑文表

不獨碑文冠當世而表亦壯

臣某言伏奉正月十四日勑牒以收復淮西輦臣請

刻石紀功明示天下爲將來法式陛下推勞臣下允

其志願使臣撰平淮西碑文者聞命震駭心識顛倒

韓文　　　　　卷一

150　唐宋八大家文抄一百六十六卷　〔明〕茅坤編　明崇禎四年
（1631）茅著刻本

開本 26.7×17 厘米，板框 19×13 厘米，半葉九行，行二十字，白口，四周
單邊。前有明崇禎四年茅著重刻跋，萬曆七年（1579）茅坤“唐宋八大家文
抄總叙”，凡例，論例。卷端署“歸安鹿門茅坤批評　孫男闇叔著訂”。鈐“閏
田張氏聞三藏書”印。6 函 30 册。

吳文恪公文集卷之一

策

廷試策一道

皇帝制曰朕惟自古帝王立綱陳紀移風易俗一稟

于禮法使尊卑有等上下相承然後體統正于

朝廷教化行於邦國所以長久安寧有此其也

當周之隆天子總六官六官總百執事分職率

屬而萬國理朕甚嘉之甚慕之是操何術而臻

此迨其叔季先王之遺澤固在也何以陵夷若

151　吳文恪公文集三十二卷附錄一卷 〔明〕吳道南撰　明崇禎五年（1632）吳京刻本

開本 28×18 厘米，板框 20×13 厘米，半葉九行，行二十字，白口，四周單邊。前有明崇禎錢士升序，未署年月。末有羅振常朱筆題識一行"此集乃禁書，見軍機處奏準書目。振常"。鈐"宜秋館藏書""閒田張氏聞三藏書"等印。函套書籤鈐"孫藥癡"印。1函10冊。

152　龍川文集三十卷〔宋〕陳亮撰　明崇禎六年（1633）鄒質士刻本

開本 27.1×17.1 厘米，板框 20×13.4 厘米，半葉九行，行十九字，白口，四周單邊。前有宋紹熙四年（1193）誥命一則，肖像，宋嘉泰四年（1204）葉适序，明崇禎六年鄒質士刻書小引，《宋史》本傳。鈐"閑田張氏聞三藏書"等印。2 函 16 册。

佛法金湯徵文録卷之一

吳郡姚希孟孟長甫手輯　男　宗典
　　　　　　　　　　　　　宗昌　編次

同志趙宦光凡夫甫參閲

華嚴經十地品

于闐國三藏沙門實义難陁譯

爾時金剛藏菩薩告解脱月菩薩言佛子菩薩摩訶

薩已修初地欲入第二地當起十種深心何等爲十

佛法金湯徵文録卷之一

紫薇堂

153　佛法金湯徵文録十卷　〔明〕姚希孟輯　明崇禎七年（1634）
姚氏紫薇堂刻本

開本 26.8×17 厘米，板框 21.1×13.3 厘米，半葉七行，行二十字，白口，
四周單邊。版心下鎸"紫薇堂"。前有明崇禎七年鄭三俊序、余大成序。卷
端署"吳郡姚希孟孟長甫手輯　男宗典、宗昌編次同志趙宦光凡夫甫參閲"。
以後各卷參閲者不同。1函8册。

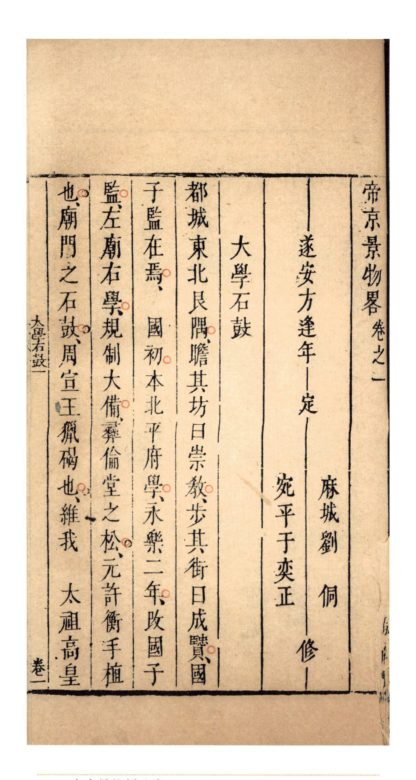

154　帝京景物畧八卷〔明〕劉侗、于奕正修　方逢年定　明崇禎八年（1635）刻本

開本 26.5×16 厘米，板框 19.2×12.8 厘米，半葉八行，行十九字，白口，四周單邊。版心中鐫篇名，下鐫卷次。前有方逢時序，明崇禎八年劉侗自序，于奕正略例，總目錄。2 函 10 册。

北海亭文集

序

詔旌紀序

夫特立之士非朝廷之所能與也質行之敦非葦褒
之所能寵也而爲治者欲章志貞教每不吝尊異之
以爲儀表流俗之耳目震發于不數見之事油然各

范陽鹿化麟石卿著

金容孫奇逢啓泰

渠水范士楫箕生較

北海亭文集　卷之一

155　北海亭文集四卷詩集四卷〔明〕鹿化麟著　孫奇逢輯　明
崇禎十二年（1639）范士楫刻本
開本 26×16.2 厘米，板框 21×13.1 厘米，半葉九行，行二十字，白口，四周雙邊。
前有明崇禎十二年范士楫序、茅元儀序、孫奇逢序。1 函 2 册。

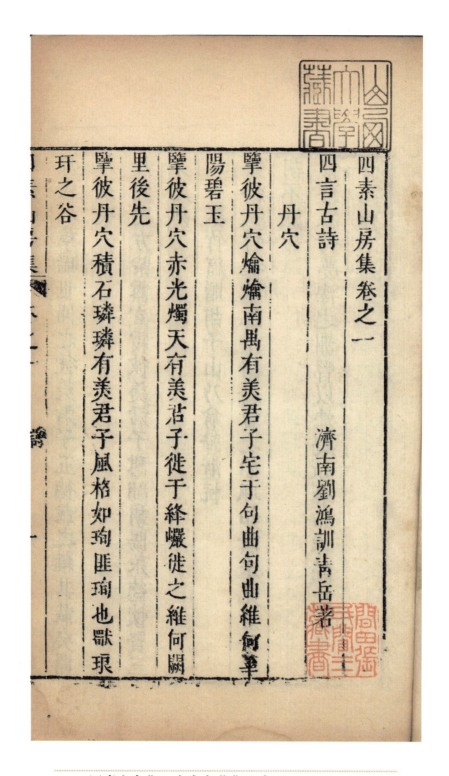

156　四素山房集二十卷皇華集一卷　〔明〕劉鴻訓著　明崇禎
十三年（1640）劉孔中刻清印本

開本 27.5×17.4 厘米，板框 20.6×14.1 厘米，半葉九行，行二十一字，
白口，單黑魚尾，四周單邊。《四素山房集》前有王與胤序，明崇禎十六
年（1643）周應期等序，《皇華集》前有崇禎十三年劉孔中題識。鈐“閒
田張氏聞三藏書”等印。1 函 12 册。

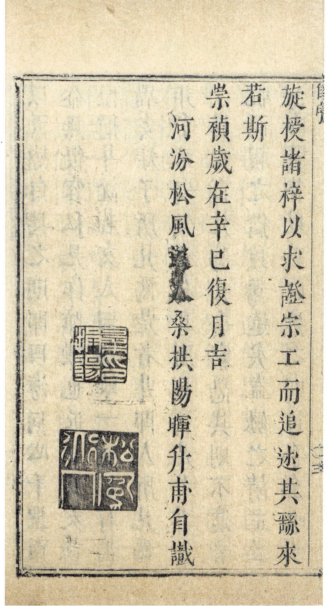

157　四書則不分卷〔明〕桑拱陽撰　明崇禎十四年（1641）松風書
院刻本

開本 28.7×17.3 厘米，板框 23.1×15 厘米，半葉十一行，行二十五字，白口，
單黑魚尾，四周雙邊。前有明崇禎十三年（1640）李蘩登序、崇禎十四年
（1641）桑拱陽自叙。鈐"閒田張氏聞三藏書"印。1 函 6 冊。

周季平先生青藜館集

賦

日重光賦有序　　館課

　　　　　　　　明

　　　　　邛墨周如砥季平著

　　　　門人東蒙公　驪孝輿較

昔者聖人繫易象日於離日君象也其在上下
皆離之卦日重明以麗乎正乃化成天下則出
震繼離之說所從來矣是以周武嗣文謂之重
光而漢明在青宮樂章之名以之德各不同其

青藜館集

卷之一

周季平先生青藜館集目録

卷之一

賦

日重光賦有序

至言右詩

贈閣周修

莊誦　宣宗御製翰林院箋有述

君子有所思

代凛凛歲云暮

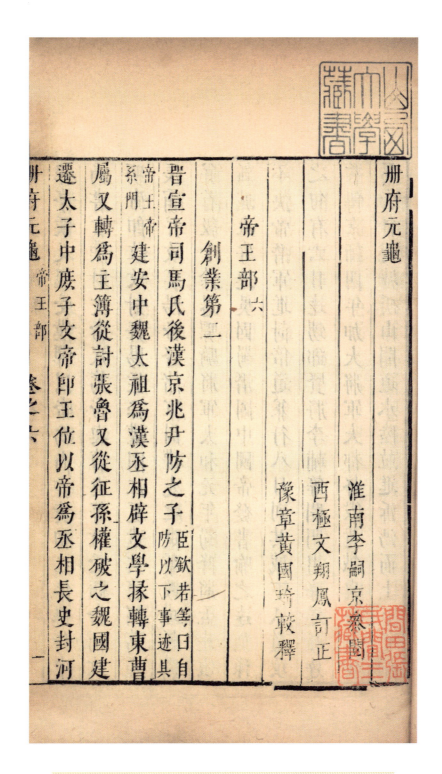

159　册府元龜一千卷目録十卷〔宋〕王欽若等輯　明崇禎十五年（1642）黄國琦刻清康熙十一年（1672）黄九錫重修本

開本 26×17 厘米，板框 19.3×13.5 厘米，半葉十行，行二十字，白口，四周單邊。内封鐫"五繡堂藏板"。前有明崇禎十五年黄國琦序，清康熙十一年黄九錫跋。鈐"間田張氏聞三藏書"等印。24 函 204 册。

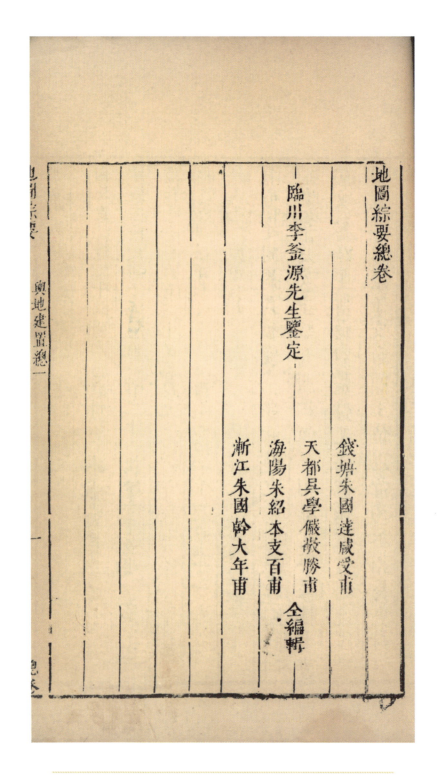

160　地圖綜要三卷 〔明〕吴學儼、朱紹本等編　明崇禎十六年
（1643）刻本

開本 27.9×18.3 厘米，板框 20.7×13.6 厘米，半葉十行，行二十七字，小字
雙行四十字，白口，四周單邊。前有明崇禎十六年李茹春序，凡例，目録。
有圖。1 函 6 册。

陳克齋先生集卷之一

宋信州陳文蔚才卿著

後學 張時雨

張時泰 仝較

明蘇州侯峒曾廣成訂

時仕 潛

喬孫羙材仝輯

良鑑 銓 重輯

克齋集 第一卷

荅徐崇甫人心道心并性理說 刻舊府誌

人心道心固無二以其或生於形氣之私或原於性

命之正生於血氣之私豈非人欲原於性命之正豈

161 陳克齋先生集十七卷 〔宋〕陳文蔚著 明崇禎十六年（1643）張時雨刻本

開本 24.5×17 厘米，板框 19.9×13 厘米，半葉九行，行二十字，白口，四周單邊。版心下鐫刻工。内封鐫"北溪藏板"。前有明崇禎十六年侯曾峒序，張時雨撰"陳克齋先生紀述"。鈐"元易圖書""程羽鵬藏"等印。金鑲玉裝。1函8册。

陳先生適適齋鑑鬚集卷之一

明惠安陳玉輝達卿父著

士章

龍垣

龍坪　仝較

龍巖

龍錫

孫忠　孫惠　孫任　孫鼎美　孫鼎任　孫鼎郁　孫仕錦　孫念　孫思

志泗　志浩　志瀚　志漢　志沁　志潛　志禧　志霈　志靄　志霄

律　范　學澎　學澥　曾孫宗澥　曾孫宗淮　宗灘　宗洄　漈

仝編

語錄

尚書閣卷只一欽字戴禮開卷只一敬字乃知聖賢學術

162　陳先生適適齋鑑鬚集七卷〔明〕陳玉輝著　明崇禎十七年（1644）陳龍錫等刻清康熙印本

開本 27.2×15.4 厘米，板框 21.7×12.8 厘米，半葉九行，行二十二字，白口，四周單邊。前有清康熙十一年（1672）曹申吉序、潘超先跋，舊序五篇，明崇禎十七年陳龍錫刻書跋。不避清諱。1 函 4 册。

潛確居類書卷之一

玄象部一　形氣
星一

形氣

史官陳仁錫明卿父纂輯

堪輿○張晏曰堪輿天地總名也

陰陽○易立天之道曰陰與陽○戚公綏天地賦體。而言之則曰乾坤氣而言之則曰兩儀假而言之則曰陰陽性而言之則曰剛柔色而言之則曰玄黃

渾元○幽通賦渾元運物○師古曰渾元天地之氣

163　潛確居類書一百二十卷目録一卷〔明〕陳仁錫輯　明崇禎間（1628—1644）徐氏刻本

開本 26.1×16.2 厘米，板框 21.4×14 厘米，半葉十行，行二十字，白口，四周單邊。版心上鎸"潛確類書"。前有陳仁錫序，《類書》壖旨，均未署年月。鈐"高氏藏書""蓮叔"等印。8 函 80 册。

三易集卷之一

嘉定　唐時升叔達　著

五言古詩

園中十二首

秋高寒露至旭日猶融融蟻蝝出阡陌瀰漫百

步中或盤旋如礙或下上如春春者天將雨礙

者天將風嗟彼旦暮間安知造物工春氣感鳴

禽秋至動陰蟲時來不自由物理將無同所以

達士心委運以固窮

自爲灌園子職在未耕間秋來耕耨罷獨往仍

164　三易集二十卷　〔明〕唐時升著　明崇禎間（1628—1644）刻本

開本 25×16.7 厘米，板框 18.2×13.1 厘米，半葉十行，行十八字，細黑口，左右雙邊。前有謝三賓、侯峒曾序。鈐"後一居珍藏印""閬田張氏聞三藏書"等印。1 函 4 冊。

165　文遠集二十八卷補遺一卷〔明〕姚希孟著　明崇禎間（1628—
1644）大隱堂刻絳跗堂修補本

開本 26.3×16.5 厘米，板框 20.8×14.3 厘米，半葉八行，行十八字，白口，
左右雙邊。版心下鐫"大隱堂"或"絳跗堂"。封面鐫"金閶張叔籟梓"。鈐
"閶田張氏聞三藏書"印。2 函 18 册。

166 謝耳伯先生初集十六卷全集八卷 〔明〕謝兆申著　明崇禎間（1628—1644）玉樹軒刻本

開本 23.6×16.2 厘米，板框 19×15 厘米，半葉九行，行十八字，白口，單白魚尾，左右雙邊。前有明崇禎十三年（1640）曹學佺、周之夔等序。鈐"少泉蔡氏珍藏""求善賈而沽諸""閒田張氏聞三藏書"等印。全集存一至六卷。1 函 9 册。

167　蒼雪軒全集二十卷　〔明〕趙用光著　明崇禎間（1628—1644）
刻本

開本 26×16.2 厘米，板框 21×15.5 厘米，半葉九行，行十九字，白口，單黑魚尾，
四周單邊。前有明崇禎七年（1634）傅冠序。清乾隆時列爲禁毀書。鈐"閭
田張氏聞三藏書"印。1 函 6 册。

孝經考甲集

謹按漢藝文志及鉤命訣孝經中契孔聖全

書年譜宋景濂生卒辯問孔子七十二以春

秋屬商而孝經則以屬參是春秋孝經之成

似同斯時也夫魯麟生而春秋作孝經成而

圖文見天人交應理固然者其乖憲萬世宜

矣出魏文侯立傳傳至嬴秦與六籍同燬漢

興惠帝除挾書律孝經自顏貞氏出乃隷書

也故名今文文帝爲置博士司隷有專師制

168　孝經大全彙注十集〔明〕江元祚輯　明崇禎間（1628—1644）刻本

開本 25.9×16.7 厘米，板框 19.4×13.6 厘米，半葉九行，行十九字，白口，無魚尾，四周單邊。前有明崇禎六年（1633）聖諭、葛寅亮序，自序。鈐"閩田張氏聞三藏書"印。2 函 12 册。

續學言上　　　嘉善陳龍正著

道

歲定於天行四時定於中星朔定於月晝定於月
使天行不日過一度無以定歲矣使中星隱見無
恒無以定分至矣使月不縮十二度有奇無以定
朔矣使日行亦如天之過如月之不及無以定晝
夜矣正者宜正恒者宜恒過者宜過不及者宜不
及誰或主之其可測乎是故萬物不盈萬事不齊
時乃天道〇凡為形皆不能動也其有動者氣運

169　續學言三卷附隨時問學再集八卷幾亭續文錄八卷幾亭外書續三卷 〔明〕陳龍正著　明崇禎間（1628—1644）刻本

開本 26.5×16.7 厘米，板框 21×14.2 厘米，半葉九行，行十九字，白口，單白魚尾，四周單邊。前有明崇禎十一年（1638）自序。函套書題籤"幾亭全書再集"。1 函 6 冊。

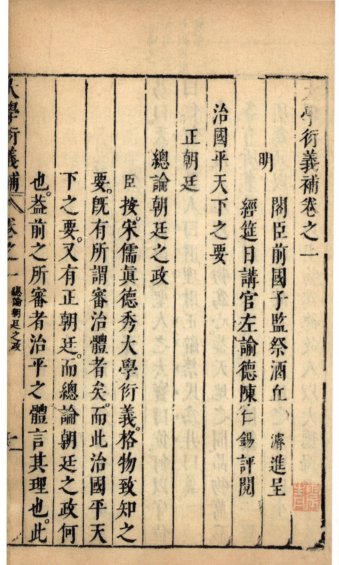

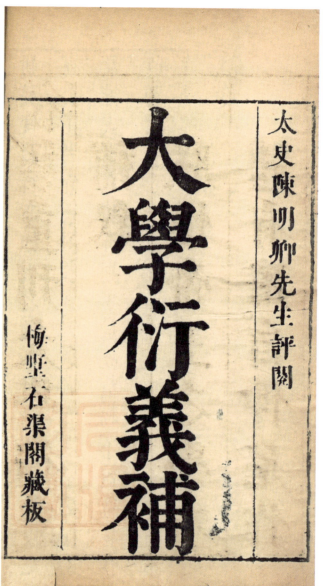

170　大學衍義補一百六十卷〔明〕丘濬撰　陳仁錫評　明崇禎間
（1628—1644）刻本

開本 26.6×17.1 厘米，板框 21.4×14.5 厘米，半葉十行，行二十字，白口，
單白魚尾，四周單邊。前有陳仁錫序及原序。内封題"梅墅石渠閣藏板"。鈐"石
渠珍藏""静虚書室""震青"等印。6 函 36 册。

171　白毫菴内篇二卷外篇一卷雜篇二卷　〔明〕張瑞圖著　明崇禎間（1628—1644）刻本

開本 26×15.5 厘米，板框 18.3×11.8 厘米，半葉七行，行十八字，白口，左右雙邊。有己卯年自序，未署年號。不避清諱。鈐"閒田張氏聞三藏書"印。1 函 4 册。

172　御風閣集十卷〔明〕來臨著　明崇禎間（1628—1644）刻本

開本 26.8×16.4 厘米，板框 20×12.8 厘米，半葉九行，行十八字，白口，四周單邊。版心下鐫刻工名。前有明崇禎四年（1631）文翔鳳序，方大任詩引，末有崇禎元年林雲鳳後序，崇禎二年劉一清跋，來復序。鈐"閒田張氏閒三藏書"印。1 函 4 冊。

白石樵真稿卷之一

尺牘

華亭陳繼儒眉公著　同邑章台鼎吉甫訂定

與唐抑所太史

故鄉旱潦如循環然往歲禾頭短于鳧頸今年田壞斥
如龜文東郭半頃不復如曩時以足下且有東方之饑
而僕安得索躯儒之飽也老父明年七十矣欲徵兄之
文爲壽弟原德無他長額我翁之婆娑鄉社晚年所甘
舍肉而藿是人所難今人浮慕足下之清華而哎吾黨

讀書鏡卷一

華亭陳繼儒撰

王景戒子云徐偉長不沽高名不求苟得澹然自守惟
道自務其有所是非則托古人以見意當時無所褒
貶歐陽公歸田錄跋曰唐李肇國史補序云言報應
敘鬼神述夢卜近帷箔悉去之紀事實探物理辨疑
惑示勸戒深風俗助談笑則書之余之所錄大抵以
肇爲法而小異於肇不書人之過惡以謂職非史官
而掩惡揚善者君子之志也劉元城先生又曰吾友

173　眉公十種藏書六十二卷　〔明〕陳繼儒撰　明崇禎間（1628—
1644）醉緑居刻本

開本 26.8×17 厘米，板框 20×12.8 厘米，半葉九行，行二十一字，白口，
左右雙邊。無序跋，不避清諱。存《白石樵真稿》四卷、《讀書鏡》五卷、《晚
香堂集》十卷《太平清話》二卷四種。鈐"閒田張氏聞三藏書"印。2 函 14 册。

太乙山房文集卷之一

臨川陳際泰大士著

妻東張　采受先

金沙周　鍾介生　叅

繡谷李士奇仲祥較

論

聖人博聞多見蓄道以待物論

天下之人所以待物而爲物所窮者有故大抵起于

恃自然之道過甚而擬聖人之事太高也巳所受于

自然之分既巳不逮聖人而於聖人所藉爲自濟之

174　太乙山房文集十五卷附孝威論一卷孝逸論一卷 〔明〕
陳際泰撰　約明崇禎間（1628—1644）刻本
開本 25.7×16.5 厘米，板框 21.2×14.3 厘米，半葉九行，行二十字，白口，
單黑魚尾，四周單邊。内封鐫"周介生兩先生仝閱　陳大士先生文集　吳門
三復居梓"，無刻書年月。清乾隆時列爲禁毁書。鈐"聞田張氏聞三藏書"印。
2 函 16 册。

175　宋李忠定公奏議選十五卷文集選二十九卷卷首四卷目録一卷 〔宋〕李綱撰　〔明〕左光先等編　明崇禎間（1628—1644）刻清康熙四十四年（1705）補刻本

開本 29×18.8 厘米，板框 20.2×13.5 厘米，半葉十行，行二十字，白口，四周單邊。有宋淳熙十年（1183）朱熹序，清康熙四十四年（1705）魏麟徵序，選例四則。目録後有康熙四十四年李榮芳重刻題識，内封有“秘府奇書　學院頒行”“學員忠俠　聖人玄句”朱印。鈐“閈田張氏聞三藏書”印。2 函 18 册。

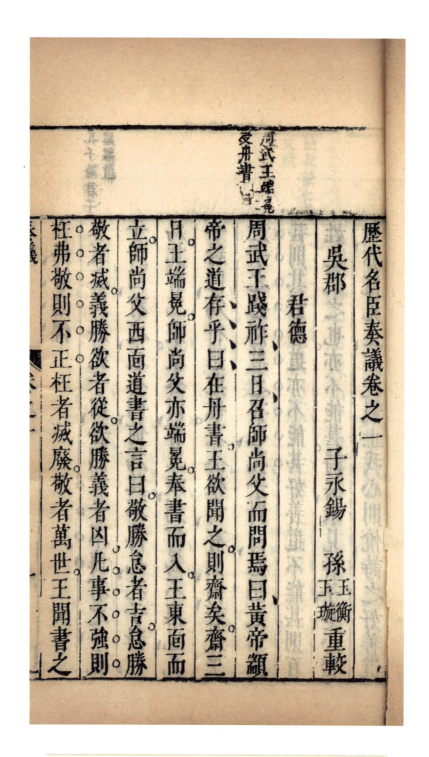

176　歷代名臣奏議三百一十九卷目錄一卷〔明〕黃淮、楊士
奇輯　張溥删正　明崇禎間（1628—1644）刻清重修本

開本 25.5×16 厘米，板框 17×14 厘米，間有上下欄，半葉九行，行十八字，
白口，左右雙邊。内封牌記鐫"陳明卿太史删正　本衙藏板　菁華樓發兑"。
前有明崇禎八年（1635）陳明卿序，另張溥序存末頁。原書三百五十卷，總
目錄和分卷目錄俱至三百一十九卷。不避清諱，有挖補痕迹。鈐"勿齋儲書"
等印。10 函 80 册。

吳歙小草卷之一

長洲妻　堅子柔甫著

嘉定後學陸廷燦扶照重校

四言古詩　凡三首

行義桓爽詩為姚母文夫人賦

炎爐再然二百中天儒術之盛肇自細旛執業

下說人王親焉維時帝師大載之年就問起居

擁經而前澤及孫曾家學遞傳閨門之內形管

所編女也士行秉禮孔虔歸劉未幾畫哭漣漣

177　吳歙小草十卷　〔明〕婁堅著　明崇禎間（1628—1644）刻清康
熙間（1662—1722）陸廷燦重修本

開本 25.2×16.2 厘米，板框 19×12.8 厘米，半葉九行，行十八字，細黑口，
左右雙邊。前有錢謙益《婁貢士堅傳》。鈐"閒田張氏聞三藏書"印。1 函 4 册。

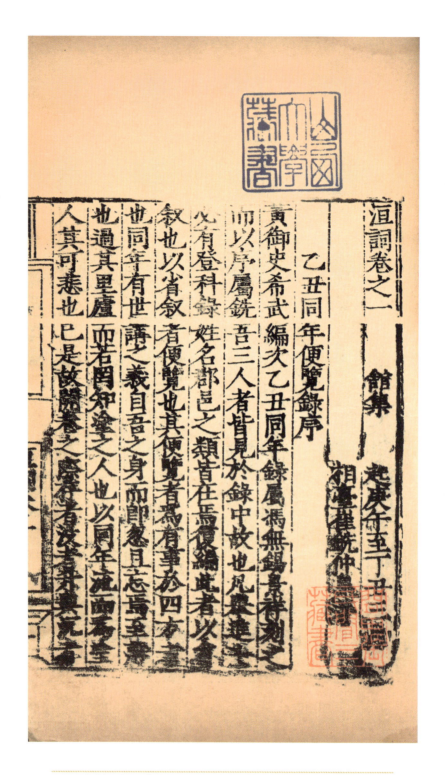

178　洹詞十二卷〔明〕崔銑撰　明趙府味經堂刻清乾隆三十六年
（1771）黃邦寧重修本
開本 26.1×17.5 厘米，板框 17×12.6 厘米，半葉十行，行二十字，細黑口，
四周雙邊。版心中鐫"趙府味經堂"。無序跋，無目録。鈐"閒田張氏閒三藏書"
等印。1 函 6 册。

阮嗣宗集卷上

明　新都潘璁子玉閲

東平賦

夫九州有方圓九野有形勢區域高下物有其制開之則通塞之則否流之則行壅之則止崇之則成丘陵汙之則爲藪澤逶迤漫衍繞以大壑及至分之國邑樹之表物四時儀其象陰陽暢其氣傍通廻漛有形有德雲升雷動一作哮一黙或由之安觀一作乃用一作期山斯一作惑或若

阮嗣宗集〈一作……〉

179　阮嗣宗集二卷〔魏〕阮籍撰　**明刻本**

開本 25.6×16.1 厘米，板框 19.1×13 厘米，半葉九行，行十八字，白口，左右雙邊。有明嘉靖二十二年（1543）陳德文序，《晉書·阮籍傳》，目録。未署刻書年月，不避清諱。鈐"閻田張氏聞三藏書"印。1函2册。

徐文長文集卷之一

公安袁宏道中郎評點

門人閔德美子善校訂

一　賦

涉江賦　襟期超曠

晉潘岳作秋興賦序稱三十有二歲始見二毛時岳為賈充掾寓直散騎之省見省中多富貴人乃起歸來之想及作閒居賦自述多落而少遷以見拙宦難卒歸退休然合前賦而觀之誠見其耆孽礦釀而姑言

180　徐文長集二十九卷 〔明〕徐渭撰　袁宏道評點　明刻本

開本 25.7 × 16.6 厘米，板框 20.5 × 14 厘米，半葉九行，行二十字，白口，四周單邊。前有黃汝亨序。卷一卷端署"公安袁宏道中郎評點　門人閔德美子善校訂"，各卷校訂者不同。鈐"閒田張氏閒三藏書"印。1 函 10 册。

鹽鐵論卷一

漢　汝南桓寬著　徐仁毓閱

本議第一

惟始元六年，有詔書使丞相御史與所舉賢良文學語，問民間所疾苦。

車千秋傳曰武帝疾立皇子鉤弋夫人男為太子拜大將軍霍光車騎將軍金日磾御史大夫桑弘羊及丞相千秋並受遺詔輔道少主武帝崩昭帝初卽位未任聽政事壹決大將軍光千秋居丞相位謹厚有重德始元六年昭帝詔郡國舉賢良文學之士問以民所疾苦是鹽鐵之議起焉

文學對曰竊聞治人之道坊字古防淫佚之原廣道德

181　鹽鐵論十二卷　〔漢〕桓寬著　〔明〕徐仁毓閱　明刻本
開本 25.8×16.5 厘米，板框 19×13.5 厘米，半葉九行，行二十字，小字雙行同，白口，左右雙邊。前有明嘉靖三十二年（1553）張之象序、總目。未署刻書年月，不避清諱，紙張和字體爲明代風格。1 函 2 冊。

句注山房集稿卷之一

雁門張鳳翼九苞著
門人孫傳庭校梓

賦

晉國賦

余謏陋無能爲鄉國重亦不能以文重鄉國客有難晉國天下莫强焉者一時不能對退而廣子厚晉問爲賦以識之至蹻駁

掛漏則才識之所不逮也

粤若稽古晉國廣袤麗袗黃壚阻三河與碣石實禹貢之中都輪逵邇其磅礴經曼衍以平鋪達廉

182　句注山房集稿二十卷　〔明〕張鳳翼著　明刻本

開本 25.3 × 16.2 厘米，板框 19.5 × 13.8 厘米，半葉十行，行十九字，白口，四周雙邊。前有明李若訥序、李茂春序、山西按察使何應瑞序。卷一卷端署"雁門張鳳翼九苞著　門人孫傳庭校梓"，卷二後只署"雁門張鳳翼九苞著"，卷一字體明顯與他卷不同，疑爲後補刻。書無刻書年月，不避清諱。清乾隆時列爲禁毀書。鈐"壽椿堂王氏家藏""太原仲子""靖庭""靈石書駮"等印。1 函 4 册。

涇野子内篇卷之一

門人解梁王光祖編
門人白水廉介録

雲槐精舍語第一　中正德十四年

介問觀書先生曰其上以我觀書其次以書觀我其次以
書觀書何謂也曰其上行有餘力而學文可以作聖其次
體聖人言可以作賢其次恣記誦之博無身心之實誤天
下夭生者皆以書觀書者也

濟窗李繼祖學于雲槐精舍門士焉先生曰士有五貴天
地之氣生物則均也獨厚于士是故不爲草木鳥獸爲人

183　涇野子内篇二十七卷〔明〕吕柟撰　明刻本

開本 27×17.6 厘米，板框 19.5×14 厘米，半葉十行，行二十二字，白口，
四周單邊。前有明隆慶四年（1570）耿定向“題涇野先生語録”，嘉靖十一
年（1532）門人章詔序，嘉靖十二年門人陳昌積、程默序。卷一卷端署“門
人解梁王光祖編　門人白水廉介録”，後各卷只有録者，姓名不同。鈐“閭
田張氏聞三藏書”印。金鑲玉裝。1 函 8 册。

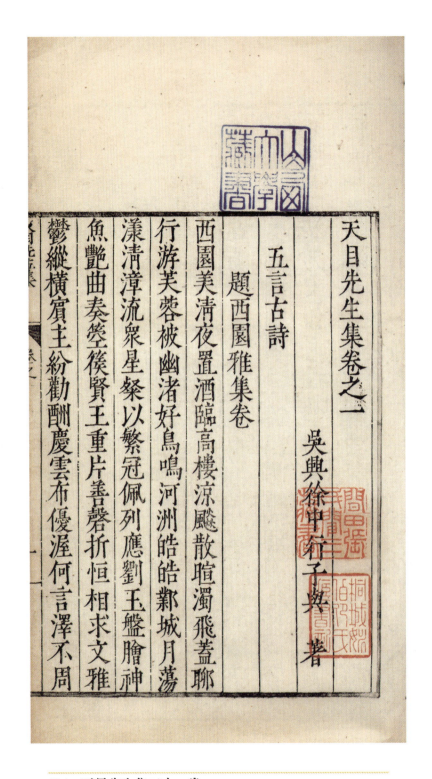

184　天目先生集二十一卷　〔明〕徐中行著　明刻本

開本 17.5×29 厘米，板框 19.6×14.6 厘米，半葉九行，行十八字，白口，單黑魚尾，左右雙邊。不著刻書年月，卷首抄配王世貞序及目錄，卷末鐫"長興縣知縣黎芳編次　視刻長興縣縣丞萬槃　校錄長興學生員李炤"三行。鈐"閒田張氏聞三藏書""桐城姚伯印氏藏書記"等印。2 函 12 册。

弇州山人續稿目録卷之一

卷之一

賦部

靜姬賦

吳王時有靜姬者國之東海下邑某氏女
也家世華膴父母愛之既饒令姿重以俗
能讀書史閑内則及笄而選得入宮掖備
六尚之官階至姪何視中二千石頗亦貴
矣而性好閒静貞孤自樹不耆爲蠱又不
奮事其長循性而行見憎後進以讒賜退

185　弇州山人續稿二百七卷目録十卷 〔明〕王世貞撰　明刻本

開本 26×16.7 厘米，板框 20×13 厘米，半葉十行，行二十字，白口，左右雙邊。
有劉鳳序、李維楨序，俱不署年月。不避清諱。鈐"閒田張氏聞三藏書"等
印。6函60册。

為昨聞勅尚方作貂綴冠禔挿羽高尺五庸以華勳

明主見萬里何況數驛馳白璧本不瑕青蠅亦何

赫赫百年內舉籌不數枚大易稱神武豈在多傷夷

犖公本儒者而有燕頷姿一朝秉元戎虜馬不敢嘶

寄吳宣鎮

五言古詩

山陰　張汝霖肅之父
王思任季重父　評選
張維城　宗子父較輯

徐文長逸稿卷之二

186　徐文長逸稿二十四卷目録一卷 〔明〕徐渭撰　張汝霖、王思任評選　明張維城刻本

開本 25.1×16.4 厘米，板框 20.9×14 厘米，半葉九行，行二十字，白口，四周單邊。無序跋，卷端署"山陰張汝霖肅之父、王思任季重父評選　張維城宗子父較輯"。鈐"四明盧氏抱經樓藏書印""蟫隱廬所得善本""閒田張氏聞三藏書"等印。1 函 10 冊。

淮南所著其言不盡錄一人即此篇燕括道術事情最約麗雜然梗概大都襲老莊道之歟御則性命道之得手屢則無爲其文懶焉如錦

淮南鴻烈解卷一

原道訓

夫道者覆天載地廓四方柝八極高不可際深不可測包裹天地稟授無形源流泉浡沖而徐盈混混汨汨濁而徐清故植之而塞於天地橫之而彌於四海施之無窮而無所朝夕舒之幎於六合卷之不盈於一握約而能張幽而能明弱而能強柔而能剛橫四維而含陰陽紘宇宙而章三光甚淖而滭甚纖而微山以之高淵以之深獸以之走鳥以之飛日月以之

淮南卷一

一

187　淮南鴻烈解二十一卷　〔漢〕劉安撰　〔明〕茅坤評　明刻朱墨套印本

開本 27×18.1 厘米，板框 21×13.6 厘米，半葉九行，行二十字，白口，四周單邊。有王宗沐序，未署年月，從內容看，當在明萬曆八年（1580）茅一桂刻本之後。鈐"書巢""澹遠""壽而康"等印。1 函 8 冊。

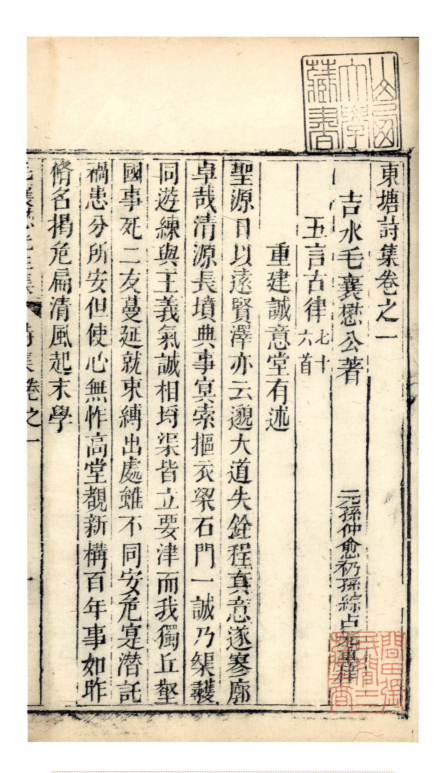

188　毛襄懋先生東塘詩集十卷別集十卷 〔明〕毛伯溫著　明毛仲愈、毛綜重刻本

開本 25.5×16.8 厘米，板框 20×13.4 厘米，半葉十行，行二十字，白口，四周雙邊。內封鐫"吉水毛襄懋先生全集　世恩堂藏板"，前有明嘉靖十八年（1539）石唐龍序，嘉靖十七年杜柟序、童承叙序，嘉靖康喻時序。不避清諱。鈐"閒田張氏聞三藏書"等印。2 函 16 冊。

詩藪

外編一

周漢

東越胡應麟著

中古享國之悠遠莫過於夏商周近古享國之悠遠
莫過於漢唐宋中古之文始開於夏至商積久而盛
徵至於周而極其盛近古之文大盛於漢至唐盛極
而衰兆至於宋而極其衰秦周之餘也泰極而否故
有焚書之禍元宋之閏也剝極而坤遂爲陽復之機
此古今文運盛衰之大較也
唐虞之文太羹玄酒至禹貢而千古文機索篇矣唐
虞之詩太音希聲至商頌而百代詩法淵涌矣故吾

詩藪　卷一

周漢

189　詩藪內編六卷外編六卷雜編六卷續編二卷　〔明〕胡應麟著　明刻本

開本27×17厘米，板框19.8×14.2厘米，半葉十行，行二十字，細黑口，單黑魚尾，左右雙邊。內編缺。鈐"張應麟印""吳郡張借堂藏書之印""曾過維揚谷氏家""借堂"等印。1函5册。

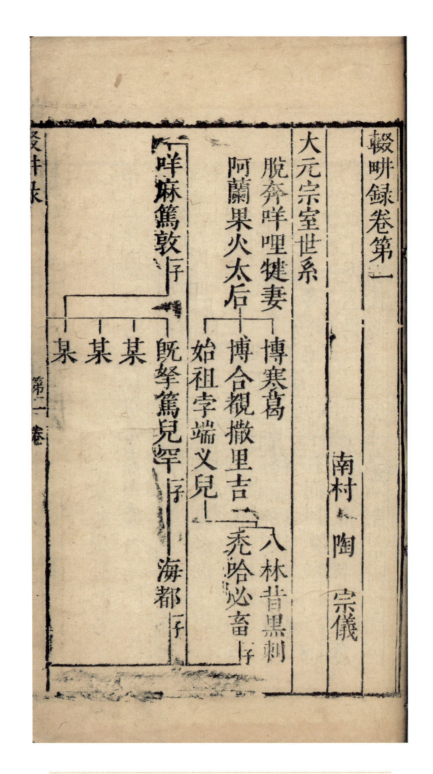

190　輟耕録三十卷〔明〕陶宗儀撰　明末汲古閣刻本

開本 24.6×14.7 厘米，板框 20×13.3 厘米，半葉十行，行二十一字，白口，
左右雙邊。内封鐫"廣文堂藏板"。前有元至正二十六年（1366）孫作序，
後有毛晉跋。1 函 6 册。

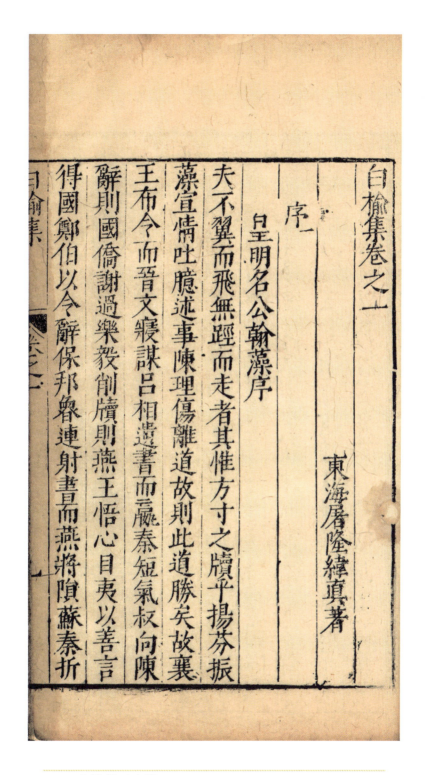

191　白榆集二十卷〔明〕屠隆著　明刻本

開本 27.6×17.2 厘米，板框 20.6×13.5 厘米，半葉九行，行二十字，白口，
四周單邊。無序跋，卷端署"東海屠隆緯真著"，函套書籤題"庸齋書尚"。
不避清諱。鈐"閒田張氏聞三藏書"印。2 函 12 冊。

博物典彙卷之一

史官黃道周參玄氏纂

天文

渾天

言天者有三家。一曰蓋天。二曰宣夜。三曰渾天

蔡邕言宣夜之學絕無師承周髀術數其存考

驗天象多所違失惟渾天者近得其情所謂周

髀者即盖天之說也其言天地中高而四隤日

月相隱蔽以爲畫夜矣又云天形南高而北下

博物典彙卷一　天文

一

192　博物典彙二十卷　〔明〕黃道周纂　明刻本

開本 25×16 厘米, 板框 20.2×13 厘米, 半葉九行, 行十九字, 白口, 左右雙邊。
無序跋, 卷端署 "史官黃道周參玄氏纂", 不避清諱。鈐 "閒田張氏聞三藏書"
印。1 函 6 册。

三輔黃圖卷一

漢　亡名氏撰　明張遂辰閱

三輔沿革

禹貢九州舜置十二牧雍其一也古豐鎬之地平王
東遷以岐豐之地賜秦襄公至孝公始都咸陽咸陽
在九㟪山渭水北山水俱在南故名咸陽孝并天下
置內史以領關中項籍滅秦分其地爲三以章邯爲
雍王都廢丘司馬欣爲塞王都櫟陽董翳爲翟王都
高奴謂之三秦漢高祖入關定三秦元年更爲渭南

193　三輔黃圖六卷〔漢〕無名氏撰　明刻本
開本 25.5×16.2 厘米，板框 19.5×13.5 厘米，半葉九行，行二十字，白口，
左右雙邊。1 函 1 册。

松圓偈庵集卷上

新安　程嘉燧孟陽　著

序

婁翁巠泎先生壽序

萬曆戊戌孟春子柔之尊人壽七十先生之女若壻將獻蘂履爲壽先生辭焉故凡我親朋皆莫克登堂奉觴以爲關於緗緱之文嘉燧獲侍先生之日久矣見其家人父子之閒深有以自得者則世俗一日讌賀之樂宜其視爲煩且勞也先生少業科舉踰㽿不售聚徒授經以

194　松圓偈庵集二卷　〔明〕程嘉燧著　明刻本

開本 25.3×16.5 厘米，板框 18.4×12.5 厘米，半葉十行，行十八字，綫黑口，左右雙邊。卷上版心下鐫刻工名。卷上、下目録首葉爲抄配，卷下末葉抄配。無序跋及刻書年月。鈐"閒田張氏聞三藏書"印。1 函 4 册。

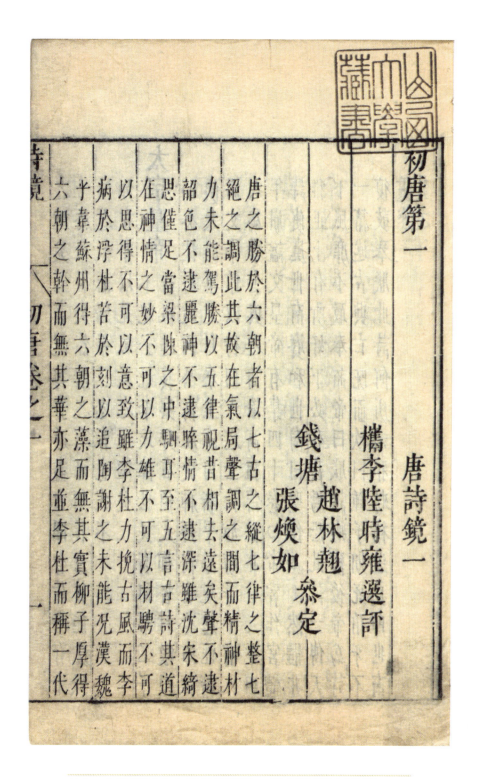

195 古詩鏡三十六卷詩鏡總論一卷唐詩鏡五十四卷〔明〕

陸時雍選評 明刻本

開本 23.8×16.4 厘米，板框 19.2×14.5 厘米，半葉九行，行十八字或十九字，小字雙行同，白口，白魚尾，左右雙邊。前有鍾惺序。鈐"中牟倉氏珍藏書印"等印。2 函 18 册。

093709

李文饒別集卷一　　　　　　　會昌一品制集

　　　　　　　　　　　　　吳興韓　敬求仲甫評點

　　　　　　　　　　　　　同郡茅兆河巨源甫詮定

賦上十三首

　成都二首

　　黃冶賦并序

蜀道有青城峨眉山皆隱淪所託辛亥歲有以鑄

金衞千余者竊嘆劉向累世懿德爲漢儒宗其所

述作根於聖道猶愛信鴻寶幾嬰時僇況流俗之

李衞公別集　卷一　　　一

196　李文饒別集十卷　〔唐〕李德裕撰　〔明〕韓敬評點　茅兆河詮定　明刻本

開本 26.3×20 厘米，板框 23×14.2 厘米，半葉九行，行十九字，小字雙行同，無魚尾，四周單邊，無界行。版心有"李衞公別集"五字。1 函 4 册。

詩志國風卷之一

周南

關雎

海陽范王孫輯著

序曰關雎后妃之德也風之始也所以風天下而正夫婦也故用之鄉人焉用之邦國焉又曰關雎樂得淑女以配君子憂在進賢不淫其色哀窈窕思賢才而無傷善之心焉是關雎之義也

疏云不言美后妃者此詩之作直是感其德澤歌其性行

欲以發揚聖化示語未知非是褒賞后妃能為此行也正

黄季廸刊

197　詩志二十六卷　〔明〕范王孫輯著　明末刻本

開本 27×17.3 厘米，板框 20.5×12.5 厘米，半葉九行，行二十二字，無界行，白口，四周單邊。版心下鐫刻工名。有金聲序，不署年月。不避清諱。

1 函 12 冊。

198　溉園初集二卷二集三卷〔明〕萬時華著　明末刻本

開本 26×16.1 厘米，板框 20×13 厘米，半葉九行，行二十字，白口，四周單邊。
版心下鎸"南州萬國臣刻"。卷端署"南昌萬時華茂先著"，無序跋及刻書年
月。不避清諱。清乾隆時列爲全毀書。鈐"徐石卿印""閒田張氏閒三藏書"
等印。1 函 5 册。

199　陸放翁全集六種一百五十七卷〔宋〕陸游撰　明末毛氏汲
古閣刻本

開本 24.9×16.1 厘米，板框 18.7×13 厘米，半葉八行，行十八字，白口，左
右雙邊。版心下鐫"汲古閣"。內封鐫"虞山詩禮堂張氏藏板"。前有傳記，總目，
宋嘉定十三年（1220）陸子遹跋，明末毛晉跋。鈐"仁和蔡恒齋藏書记""開
田張氏聞三藏書"等印。6 函 48 册。

西山題跋卷之一

建安　眞德秀　撰

海虞　毛晉　訂

跋錢文季少卿維摩菴記

安濟坊既成欲自爲數語志諸壁未暇也偶得錢

君此記其言維摩詰非有位者也而能視人之病

爲己之病今吾徒奉君命食君祿乃不能以民病

爲已責是詰之罪人也嗚呼斯言至矣使自爲之

西山題跋　卷之一

汲古閣

200　西山題跋三卷〔宋〕真德秀撰　明末毛氏汲古閣刻本

開本 26×16.3 厘米，板框 19×12.5 厘米，半葉八行，行十九字，白口，左右雙邊。
版心下鐫"汲古閣"。卷端署"建安真德秀撰　海虞毛晉訂"。卷末有毛晉題
識。鈐"閒田張氏聞三藏書"印。1 函 3 冊。

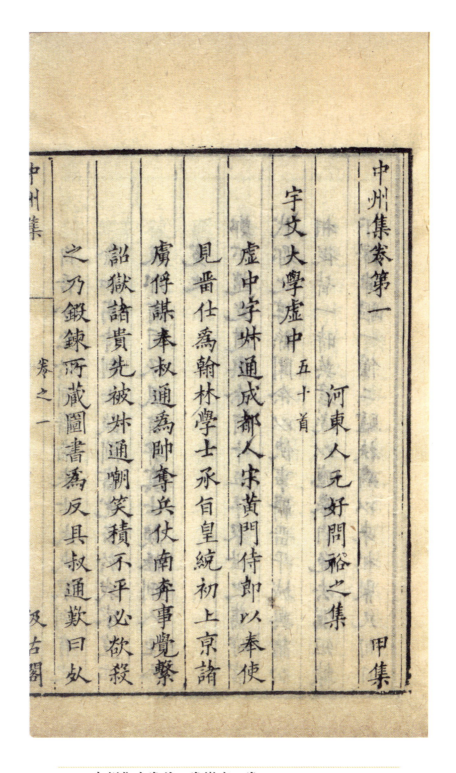

201　中州集十卷首一卷樂府一卷〔金〕元好問輯　明末汲古閣刻本

開本 24.5×15.6 厘米，板框 18.8×13.9 厘米，半葉八行，行十九字，白口，
左右雙邊。版心下鐫 "汲古閣" 三字。《中州樂府》前有張德輝後序、明嘉
靖十五年（1536）彭汝寔序。鈐 "閭田張氏聞三藏書" 印。2 函 12 册。

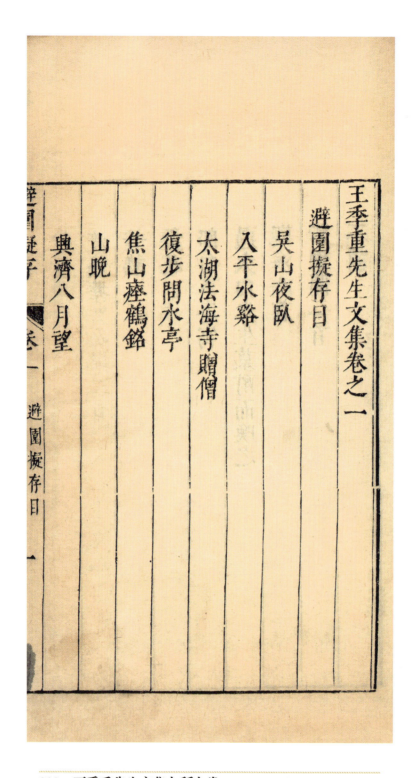

202　王季重先生文集九種九卷　〔明〕王思任撰　明末刻本

開本 27×17.3 厘米，前五種板框 19.7×13 厘米，半葉九行，行二十一字，白口，左右雙邊。《游喚》《游廬山記》《盧游雜詠》板框 21×13 厘米，半葉八行，行十八字，白口，四周單邊。《律陶》板框 20.5×14 厘米，半葉六行，行十六字，白口，四周單邊。有明陳繼儒序，未署年月。不避清諱。鈐"環山樓藏書印""閒田張氏聞三藏書"等印。2 函 9 册。

七録齋集卷之一

婁東張　溥天如著

同盟　周　鍾介

張　采受先閱

序

禮質序

禮記之得列於經非得已也及今而爲學者之通尚

何哉蓋三禮之名本録曲禮儀禮周禮而設而諸記

不敢並者義也行之後世從乎周禮儀禮而不能止

203　七録齋集六卷〔明〕張溥著　明末刻本

開本 26.1×16.3 厘米，板框 21×13 厘米，半葉九行，行二十字，白口，四周單邊。無序跋，欄上刻評語，不避清諱。《中國古籍善本書目》著録有《論略》一卷，是本無。鈐"閒田張氏聞三藏書"印。1函6册。

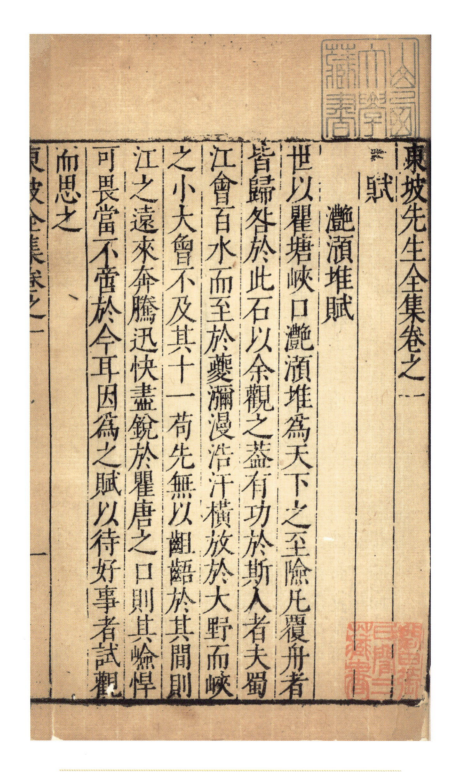

204　東坡先生全集七十五卷詩選十二卷年譜一卷〔宋〕蘇

軾撰　明末文盛堂刻本

開本 25.5×17.5 厘米，板框 19.7×13.9 厘米，半葉十行，行十九字，白口，
左右雙邊。内封鐫"文盛堂藏板"。前有《宋史》本傳，項煜序，未署年月，
序中多處舛錯，墨筆改正，序末題"丙戌冬至前一日訂正"，爲張籟題識。鈐"開
田張氏聞三藏書"等印。8 函 78 册。

聶政為嚴遂刺韓相

韓傀相韓嚴遂重於君二人相害也嚴遂政議直指
舉韓傀之過韓傀以之叱之於朝嚴遂拔劍趨之以
救解於是嚴遂懼誅亡去游求人可以報韓傀者至
齊齊人或言軹深井里聶政勇敢士也避仇隱於屠
者之間嚴遂陰交於聶政以意厚之聶政問之曰子
欲安用我乎嚴遂曰吾得為役之日淺事今薄奚敢
有請於是嚴遂乃具酒自觴聶政母前仲子奉黃金
百鎰前為聶政母壽聶政驚愈怪其厚固謝嚴仲子

205　秦漢文膾五卷　〔明〕陳繼儒撰　明末刻本

開本28.2×17.3厘米，板框20×14.1厘米，半葉九行，行二十字，白口，無魚尾，左右雙邊。前有鄒迪光序、陳繼儒序。每卷前有分卷目録。1函5册。

右頁（樂府詩集序）：

樂府詩集序

太原郭茂倩所輯樂府詩百卷上采堯舜時謳謠下迄
于唐而置次起漢郊祀茂倩欲因以爲四詩之續耳郊
祀若頌鐃吹若雅琴曲雜詩若國風以其始漢故
題云樂府詩樂府教樂之官也於殷曰瞽宗周因殷周
官又有大司樂之屬至漢乃有樂府各茂倩雜取詩謠
不可以皆被之弦歌且後人所作弗中於古率成於俗
心猶錄而不削其意或有屬也歲久將弗傳監察御史
濟南彭叔儀父間重爲校之使文學童萬元刻諸學
購求善本吳粵之間重爲校之使文學童萬元刻諸學
官曰將使世之學士皆得受業焉上且興禮樂此足爲

左頁（樂府詩集卷第一）：

樂府詩集卷第一

太原　郭茂倩　編次

郊廟歌辭

樂記曰王者功成作樂治定制禮是以五
帝殊時不相沿樂三王異世不相襲禮明
其有損益也然自黃帝已後至於三代千
有餘年而其禮樂之備可以考而知者唯
周而已周頌昊天有成命郊祀天地之樂
歌也清廟祀太廟之樂歌也我將祀明堂
之樂歌也載芟良耜藉田社稷之樂歌也
然則祭樂之有歌其來尚矣兩漢已後世

206　樂府詩集一百卷目録二卷 〔宋〕郭茂倩編　明末清初毛氏
汲古閣刻本

開本 27.5×17.2 厘米，板框 18.5×14.4 厘米，半葉十一行，行二十一字，上
下細黑口，單黑魚尾，左右雙邊。版心中鐫 "毛氏汲古閣" 五字。前有元
至元六年（1340）李孝光序，卷末有毛晉識語。鈐 "席寶" "張珍" 等印。2
函 16 册。

兩淮鹽制

兩淮都運使司併三分司

泰州分司所轄十場富安拼茶安豐角斜梁垛東臺何垛小海草堰丁溪白駒 丁白二場原屬淮安分司正德二年收屬

淮安分司所轄九場劉莊廟灣伍祐扳浦徐瀆新興莞瀆臨洪興莊團

通州分司所轄十一場呂四餘東餘中餘西金沙西亭石港馬塘掘港豐利天賜

古歙方泰來刊

207　兩淮鹽制一卷　兩淮鹽法備考要略一卷 撰者不詳　明刻本

開本 28×18 厘米，板框 18.9×14 厘米，半葉九行，行十九字，白口，單魚尾，四周雙邊。《兩淮鹽制》卷端題"古歙方泰來刊"，《兩淮鹽法備考要略》記事至明崇禎十二年（1639）。鈐"棟亭曹氏藏書""長白敷槎氏堇齋昌齡圖書印"等印。合訂 1 冊。

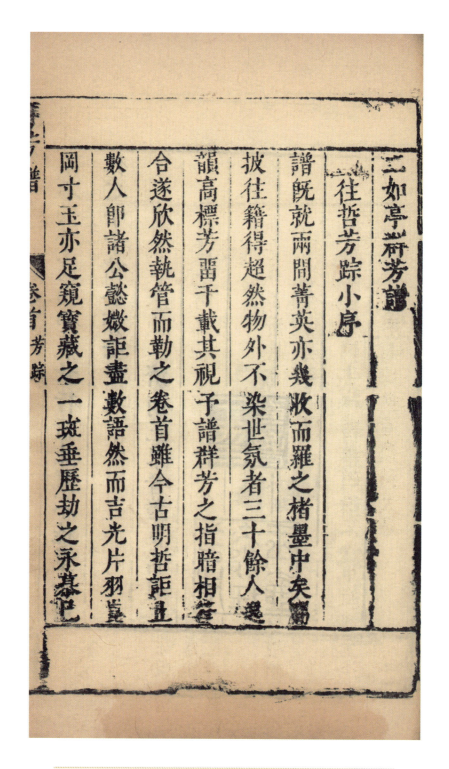

208　二如亭群芳譜四部二十八卷首一卷〔明〕王象晉纂　明

末刻清雍正補修本

開本 26×16.8 厘米，板框 18.8×13.4 厘米，半葉八行，行十八字，左右雙邊。
版分三欄，上爲音注，下爲人名出典。前有陳繼儒序，明崇禎二年（1629）
朱國盛序，毛鳳苞小序，張溥序，王象晉序，義例。書中“胤”“禎”字缺末筆。
鈐“閏田張氏聞三藏書”印。4 函 27 册。

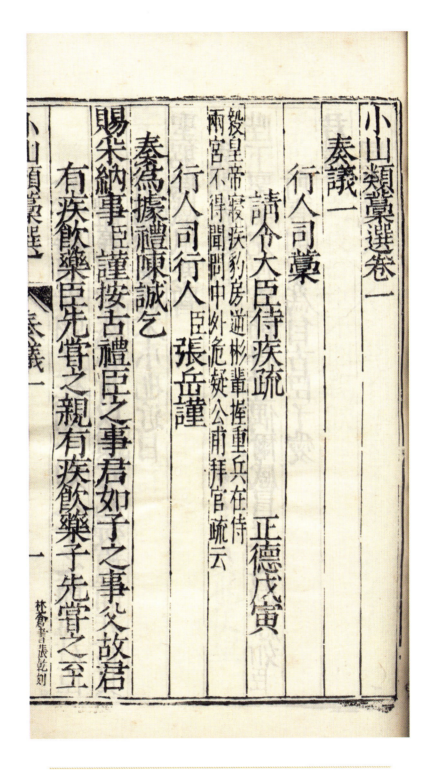

209　小山類藁選二十卷附張襄惠公輯略一卷〔明〕張岳撰

明刻清重修本

開本 24.7×14.8 厘米，板框 20.7×13.4 厘米，半葉九行，行二十字，白口，
單黑魚尾。卷一首頁版心下鐫"林蒼書　張乾刻"。有明萬曆十五年（1587）
"蒼梧重刻集選序"。鈐"閩田張氏聞三藏書"印。1 函 6 册。

清刻本

為　　皇上陳之一日羣臣之情宜通夫書稱喜

體而蓾薉羹臆見如俟蟲自鳴不能巳巳謹列四欵

知遇之隆矢竭涓埃之報顧臣實顙蒙未逹治

介腐儒十年外吏伏蒙　　皇上拔置首垣深維

中外有居要之職敬陳愚悃仰賛　盛治事臣一

吏科給事中臣吳麟徵謹題爲臣民有一體之情

人垣首陳四欵疏

奏疏

吳忠節公遺集　卷第一

吳忠節公遺集奏疏　　首陳　　卷一

210　吳忠節公遺集四卷〔明〕吳麟徵撰　清初家刻本

開本 23×17.1 厘米，板框 19.2×14.3 厘米，半葉九行，行十九字，白口，左
右雙邊。有弘光元年（1645）徐石麒序。鈐"閒田張氏閟三藏書"印。1 函 4 册。

翠筠亭集卷之一

肝滹石文羅伯重父　著

　　　　　男　珂重校

記

後建公館城內記

滹宇之摩啟也于時草昧物荗諸凡建制惟取儲
物竟局以完邑覘盆於叢山辟壞中聿開縣治勤
民駭衆非常之原莫大焉非無遑應續思勢不得
不爾也而學官越在關東倉場懸諸河北公館以

翠筠亭集
卷之一

一

211　翠筠亭集十三卷補遺一卷　〔明〕石文器著　清初石氏刻本

開本 26.2 × 14.5 厘米，板框 19.2 × 11 厘米，半葉八行，行十九字，白口，四
周單邊。清乾隆時列爲禁毀書。1 函 6 册。

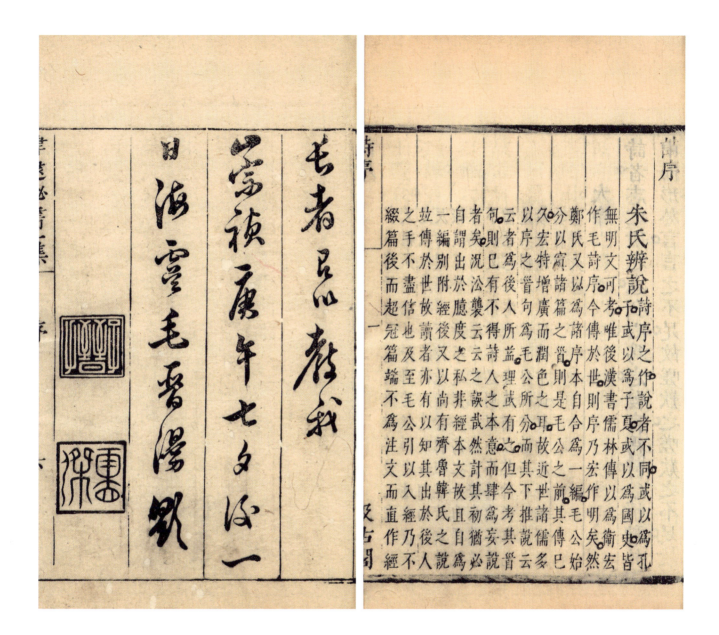

212　津逮秘書十五集一百四十一種七百四十八卷〔明〕毛
晉編　明末清初毛氏汲古閣刻本
開本 24.9×16.4 厘米，板框 19×13 厘米，半葉九行，行十九字，白口，左
右雙邊。版心下鎸"汲古閣"。前有明崇禎三年（1630）毛晉序、胡震亨序
及小引，崇禎十一年（1638）陳函輝序。書中"玄"字缺末笔。鈐"壽春孫
氏湘雪軒藏書""閒田張氏聞三藏書"等印。30 函 181 册。

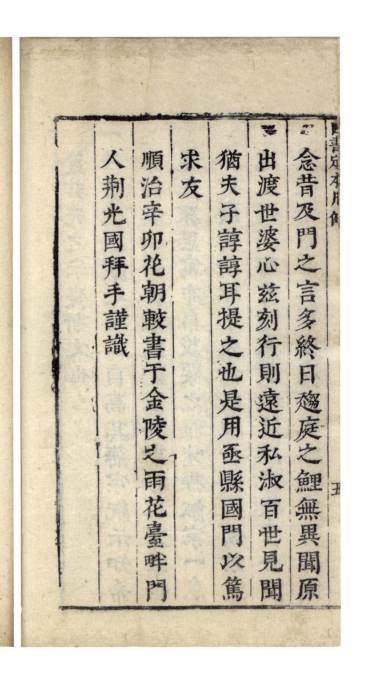

213　四書窮抄六補定本十六卷〔清〕王國瑚撰　清順治八年
（1651）大業堂周氏刻本

開本 25.5×15.5 厘米，板框 20.4×12 厘米，半葉十行，行二十七字，白口，
四周單邊。前有郭九有初刻序、王納諫二補序、翁正春三補序、施鳳來四補
序、荊州俊五補序，清順治八年（1651）王國光序，刻《窮抄》六補定本紀
事，《窮抄》定本凡例。鈐"閒田張氏聞三藏書"等印。2 函 16 册。

214　列朝詩集乾集二卷甲集前編十一卷甲集二十二卷乙集八卷丙集十六卷丁集十六卷閏集六卷 〔清〕錢謙益輯　清順治九年（1652）毛晉刻本

開本 24.6×15.9 厘米，板框 20.4×12.6 厘米，半葉十五行，行二十八字，白口，四周雙邊。前有清順治九年錢謙益序。清乾隆時列爲禁毀書。鈐 "莫棠" "莫祁圖書之印" "莫祥芝印" "獨山莫祥芝圖書記" "閬田張氏閬三藏書" 等印。4 函 32 册。

215　柳待制文集二十卷附録一卷〔元〕柳貫著　清順治十一年
（1654）冯如京、范养民等刻本

開本 24.9×16.4 厘米，板框 19.8×13 厘米，半葉十行，行二十字，白口，
四周雙邊。有清順治十年馮如京序，順治十一年范養民序，張以邁序及舊序。
鈐"聞田張氏聞三藏書"等印。1函8册。

白沙子全集卷之一

奏疏二首

乞終養疏

臣原籍廣東廣州府新會縣人由本縣儒學

生員應正統十二年鄉試中式正統十三年

會試禮部中副榜告入國子監讀書景泰二

年會試下第。成化二年本監撥送吏部文選

清吏司歷事成化五年復會試下第告回原

籍累染虛弱自汗等疾又有老母朝夕侍養

216　白沙子全集九卷附錄一卷〔明〕陳獻章撰　清順治十二年
（1655）黃志正重刻本

開本 25×14.6 厘米，板框 19.4×12.3 厘米，半葉九行，行十八字，白口，四
周單邊。有前序七則，清黃士俊、黃之正重刻序。鈐"臣""孟謀""康迺心
印""早知窮達有命　恨不十年讀書""子孫世昌"等印。2 函 10 冊。

滕王閣全集卷一

序

九日宴滕王閣序　唐王　勃　朝散郎

南昌故郡洪都新府星分翼軫地接衡盧襟三江而

帶五湖控蠻荆而引甌越物華天寶龍光射斗牛之

墟人傑地靈徐孺下陳蕃之榻雄州霧列俊彩星馳

臺隍枕夷夏之交賓主盡東南之美都督閻公之雅

望棨戟遥臨宇文新州之懿範襜帷暫駐十旬休暇

勝友如雲千里逢迎高朋滿座騰蛟起鳳孟學士之

滕王閣集

序

唐王序一

217　滕王閣全集十三卷徵彙詩文不分卷 〔清〕蔡士英輯　清順治十四年（1657）刻本

開本 30×17 厘米，板框 19.5×12 厘米，半葉九行，行二十字，白口，四周單邊。《全集》前有清順治十四年蔡士英自序、周岐序，凡例。《詩文》前有清順治十三年錢謙益序、呂宮序、熊文舉序、孫中彖序。金鑲玉裝。鈐"閭田張氏聞三藏書"印。2函8冊。

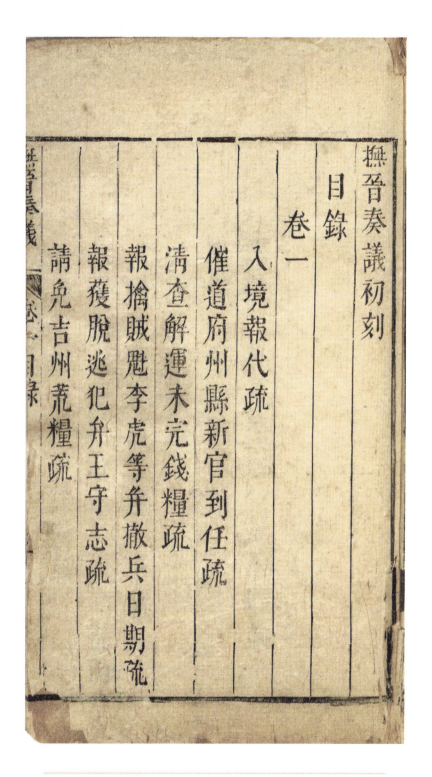

218　撫晉奏議初刻六卷　〔清〕白如梅撰　清順治十五年（1658）
刻本

開本 26.1×15.9 厘米，板框 21×14.1 厘米，半葉九行，行十六字，白口，單
黑魚尾，四周單邊。前有山西提刑按察使楊思聖序、山西分守冀寧道王舜年
序。1 函 6 册。

商文毅公集卷之一

後學關東張一魁編輯

七世全孫商民宗同校
全男商民宗同校
庠生方叔元校
明經徐起鳳
甬東虞世憼校
武林謝顯元校

文

子在川上 一節

程文
景泰甲戌科會試

聖人因所寓而有見嘆道體之無窮夫川流與道爲體川
流之不息道體之不息也聖人有見於此得不歔以示人
哉何則天地之化往者過來者續無一息之停乃道體之

增刻 杢傳商文毅公文集序

稽古名臣韓能兼三軍朽而霖憾

暨大對咸舉第六天下士大夫豔

啓哥則文毅公算人哉公自省閭

竊心比于祥麟藏鳳磬子百季余

219　商文毅公集　〔明〕商輅撰　〔清〕張一魁編　清順治十五年
（1658）刻本
開本 25.5×15.4 厘米，板框 21×15 厘米，半葉十行，行二十二字，單黑魚尾，
四周單邊。前有張一魁等三篇序。鈐"玉函山房藏書""閒田張氏聞三藏書"
等印。1 函 4 冊。

河圖辨　河圖非五行之數辨　鄭氏河圖說　圖數序說　圖數生
成說　洛書辨　洛書非九疇之數辨　僞洛書圖說　洛書五行說
五行正數　伏羲小橫圖解　以河圖證卦數　洛書證卦數
以著策證卦數　伏羲大橫圖解　以五十證卦數　以洛書證卦數
伏羲小圓圖解　伏羲圓方二圖合解　邵于所見略同
方圖解　圓圖卦氣　文王圓圖方二圖合解　圓圖解
見於震艮巽兌之互體　卦爻節氣之倒　文王圓圖解　橫圖卦序
橫圖　擬繼圖以明反對　圓圖三縱一橫　文王圓圖卦序本於伏羲小
圓圖反對合正變　乾坤坎離之變始平而終錯　艮與兌震之變始
錯而終平　縱圖爻變　圓圖卦序見於坎離之互體　二篇分卦之
數　三十六宮圓圖　三十六宮方圖　八卦九六之分　二篇雜卦
之略　八純坐宮定以紀　三紀中氣　三紀次卦見縱橫之序　中
爻三變見八純之位次　八純初變　九六首尾　變宮正反　二篇
卦位通序　三紀大限　三紀小限　陽九大限　陽九小限　陰六
大限　陰六小限　卦運十圖　五運圓圖說　五運橫圖說　納甲
起例　納甲圓說　卦遇重圖　納甲合圖　蠱彖辭　先甲三日後甲
三日　巽五爻先庚三日後庚三日　華卦辭巳日乃孚二爻巳日乃

220　易學三述不分卷〔清〕王含光撰　清順治十七年（1660）自
刻本
開本 24×22 厘米，板框 20.2×18.5 厘米，半葉十八行，行二十六字，白口，
四周單邊。有圖。前有清康熙十二年（1673）沈珩序，康熙九年盛符昇序，
爲刻後所作，順治十七年自撰小引，佚名跋存半葉。全書大開本，金鑲玉裝。
鈐“閒田張氏聞三藏書”印。1函2册。

蛟龍篇贈龔孝升總憲　　山陰張岱登子著

贈言

蛟龍何蜿蜒鳳皇何翩翩游行入國中飛鳴出天
外昔從西湖濱慷慨翹鳌高會觀止廣陵濤交接青
雲際回首兆風遙翱翔惜征邁中垣膺顯錫入告
勤嘉猷元功配二天芬馨世所求皇王愛宰牧總
憲百揆謀霏霏報洪烈濟濟理康侯神化頌無方

静遠居詩選　　　贈言　　　　　　　　一

221　静遠居詩選二卷〔清〕張陛著　清順治間（1644—1661）刻本
開本 26.6×16.5 厘米，板框 18.6×12.8 厘米，半葉八行，行十九字，白口，
四周單邊。前有清順治十二年（1655）曹溶、黃濤等序。鈐"閒田張氏聞三
藏書"印。1 函 1 册。

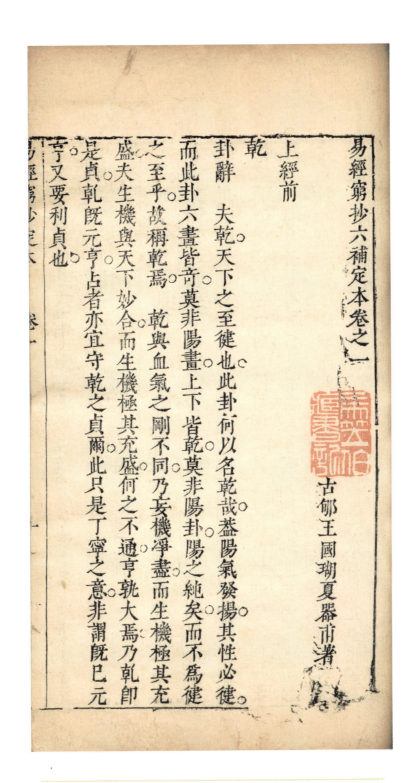

222　易經窮抄六補定本　〔明〕王國瑚著　清順治間（1644—1661）刻本

開本 24×15 厘米，板框 19.3×12 厘米，半葉十行，行二十七字，白口，無魚尾，四周單邊。前有張籟手録"王氏三世小傳"，王嚴楨序。鈐"馬笠伯藏書記""閒田張氏聞三藏書"等印。1 函 6 册。

龍塢集卷之一

河東王時濟道甫著

從曾孫震亨省齋甫重鑴

賦題

北征賦

朝秣余馬于虒祈兮越銅鞮以徂征登烏嶺以偃塞兮瞰

焉驅此析城巇層障以崛嵬兮巒合駁以前迎大行巍而

造天兮恍憑虛以馭風念九阪之互折兮欲跕危而覘驚

223　龍塢集五十五卷〔明〕王時濟著　清順治間（1644—1661）
稷山王震亨刻本
開本 25.3×15.7 厘米，板框 19.6×11.5 厘米，半葉八行，行二十二字，白口，
四周單邊。鈐"稷山醉雪草堂收藏印""馬甲鼎印""立伯""閒田張氏聞三藏書"
等印。2 函 12 册。

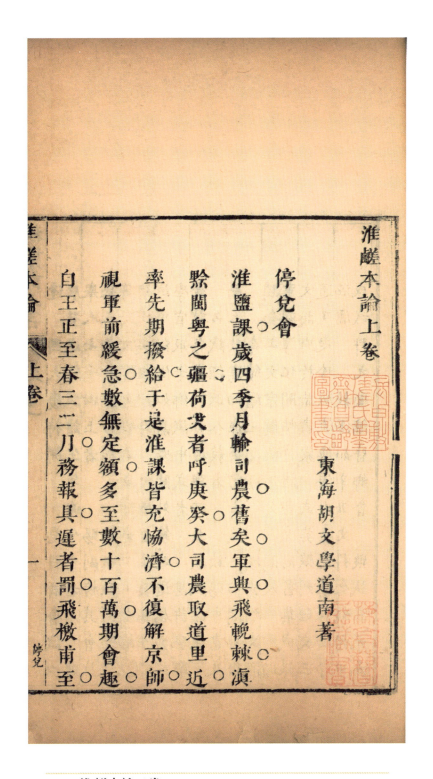

224　淮鹺本論二卷　〔清〕胡文學著　清康熙元年（1662）刊本

開本 28×18 厘米，板框 18.5×14.4 厘米，半葉八行，行二十字，無界行，白口，單魚尾，左右雙邊。前有清康熙元年恒山梁清標序，錢謙益序。是書曾爲清康熙年間江寧織造曹寅所收藏。鈐“棟亭曹氏藏書”“長白敷槎氏堇齋昌齡圖書印”等印。4册。

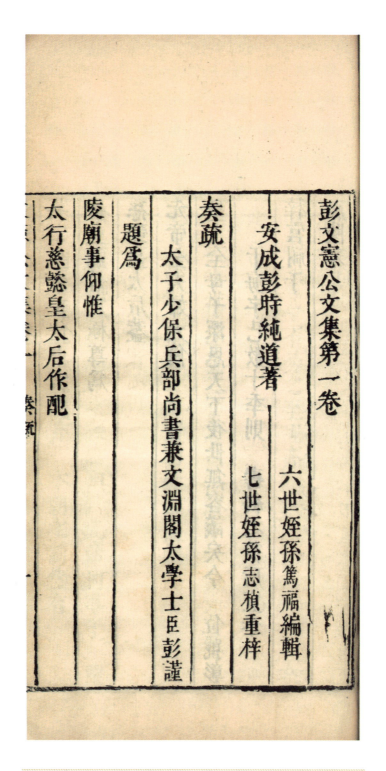

225　彭文憲公文集四卷附録一卷〔明〕彭時著　**彭文思公文集六卷附録一卷**〔明〕彭華著　清康熙五年（1666）彭志楨刻本
開本 28.5×15.6 厘米，板框 19.1×12.5 厘米，半葉八行，行二十字，白口，左右雙邊。内封鐫"康熙五年重鐫　二文合集　啓元堂藏板"。《憲公文集》前有康熙五年焦榮序、王辰序，明萬曆沈孝徵原序。《思公文集》末有清康熙五年彭志楨合刻跋。鈐"間田張氏閬三藏書"印。1 函 4 册。

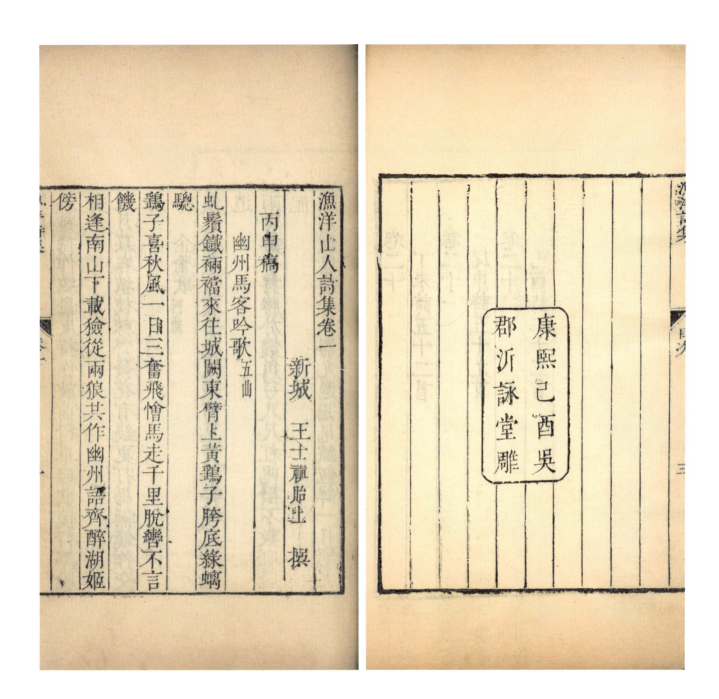

226　漁洋山人詩集二十二卷　〔清〕王士禛撰　清康熙八年（1669）
刻本
開本27×17厘米，板框17.5×13.6厘米，半葉十行，行十九字，白口，四周單邊。
前有清錢謙益、李敬、汪琬、葉方藹、陳維崧序，次錢謙益贈詩一首，次目
録，目録後有牌記"康熙己酉吳郡沂詠堂雕"。鈐"閏田張氏聞三藏書"印，
函套書題籤"歲在乙丑越岑署籤"。1函4册。

熊學士詩集卷之上

漢陽熊伯龍鍾陵著

詩

移居　辛巳作

漢陽人文之盛

求安人所願于寧不謂然流目觀天地久暫歸化遷

壯夫營山海寧爲世情牽中原方震驚烏駭不能還

而我幸安閒誰望擁百塵貧家輕轉徙容膝勝顚連

出門仍灑掃庭草惜餘妍匪辭新主怒但感久周旋

227　熊學士詩文集三卷 〔清〕熊伯龍著　清康熙九年（1670）刻
乾隆五十一年（1786）熊光補修本

開本 24.5×14.3 厘米，板框 18×13.1 厘米，半葉九行，行二十字，白口，單
黑魚尾，四周單邊。封面題 "穀詒堂全集"。前有清康熙九年（1670）王清序，
末有乾隆五十一年熊光紀後。鈐 "板存武昌省長街崇文堂書坊刷印" "閩田
張氏聞三藏書" 等印。1 函 6 冊。

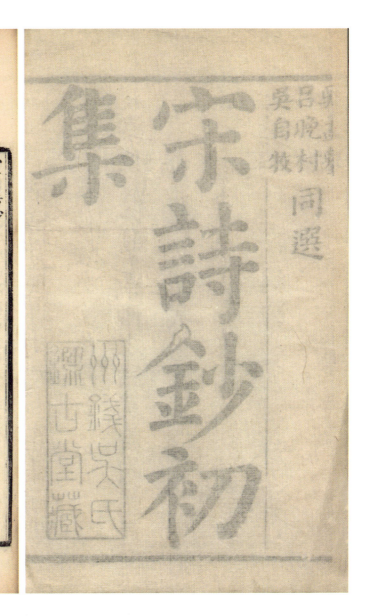

小畜集鈔

王禹偁字元之濟州鉅野人九歲能文大平興國八年
進士授成武主簿徒知長洲縣端拱初召試擢右拾遺
直史館拜左司諫知制誥坐妖尼恥商州團練使量
移解州進拜左正言直弘文館出知單州尋召爲禮部
員外郎再知制誥至道元年入翰林爲學士知審官院
兼通進銀臺封駁司又坐謗訕罷爲工部郎中知滁州
揚州召還知制誥又坐實録直書出知黄州徙蘄州而
卒年四十八今有小畜集六十二卷紹典丁卯沈虞卿
所編也當時元之自編按其序則三十卷宋史言二十
卷脱誤也元之詩學李杜詩學杜故其贈朱嚴詩云誰憐所好
還同我韓柳文章李杜詩學杜而未至故其示子詩云

228　宋詩鈔初集九十四卷　〔清〕吳之振、呂留良、吳爾堯選編

清康熙十年（1671）吳氏鑑古堂刻本
開本 25.1×16.2 厘米，板框 17.4×13 厘米，半葉十二行，行二十二字，粗黑口，
左右雙邊。内封鐫“吳孟舉　呂晚村　吳自牧同選”，有牌記“州錢吳氏鑑古
堂藏”。前有清康熙十年吳之振序，凡例，《初集》一百家目録末鈐“以上十六
家未刻”方印。另有清道光十六年（1836）潘希甫題記一則，末鈐“補之手校”
印。鈐“古吳潘氏三松堂收藏經籍金石書畫記”“志萬敬藏”等印。4 函 32 册。

229 倚雉堂集十二卷 〔清〕竇遴奇著 清康熙十一年（1672）刻本
開本 24.1×16 厘米，板框 18.4×14.1 厘米，半葉八行，行十七字，白口，四
周單邊。前有清康熙十一年賀應旌、陳巽心等序。鈐"閒田張氏閒三藏書"等印。
4 函 16 册。

馮少墟集卷一

長安馮從吾仲好著

語録

辨學録

心學之傳始自虞廷而其言曰人心惟危道心
惟微惟精惟一允執厥中十六字言本體辨析
至精言工夫條理極密萬世道學之宗統於是
矣後世學者寖失其宗不知中之所在而槩以
心當之於是以覺言道而不以所覺之理言道

230　馮少墟集二十二卷續集四卷　〔明〕馮從吾著　清康熙十二年（1673）馮氏刻本

開本 26.9×16.4 厘米，板框 20.1×14.1 厘米，半葉九行，行十八字，白口，單黑魚尾，四周單邊。目録後鐫"康熙癸丑仲秋望日重刻"。2 函 18 冊。

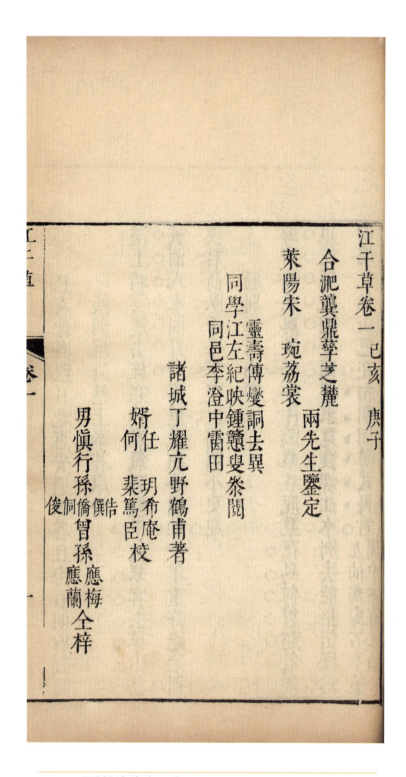

231　丁野鶴遺稿十二卷　〔清〕丁耀亢撰　清康熙十二年（1673）
丁慎行刻本

開本 26.3×16 厘米，板框 17.8×13.5 厘米，半葉九行，行二十一字，白口，單
黑魚尾，四周單邊。分《陸舫詩草》五卷，《江干草》一卷，《歸山詩稿》一
卷，《聽山亭草》一卷，《椒丘詩》二卷，《逍遥游》二卷，共六種。清乾隆時
列爲禁毁書。鈐"永州段氏家藏異書""間田張氏聞三藏書"等印。2函13册。

尺五堂詩删初刻卷之一

茗上嚴我斯存菴著

甲辰傳臚日紀恩

旭日梁恩露色開鴻臚聲徹殿頭來香飄御案初承
詔酒賜天廚正舉杯綵仗氤氳喧鳳吹康衢蹀躞尨
龍媒自慚拜獻無長策敢忘經生舊草萊

三月二十七日　恩榮宴恭紀　家君是日初度

五色晴雲擁帝畿春官列讌敬恩暉九霄湛露當筵
落萬戶花香繞座飛正喜櫻桃蒙　聖澤御敦葵藿
憶親闈曲江酒罷情何限極目南天望翠微

國子監釋奠恭賦

232　尺五堂詩删初刻六卷　〔清〕嚴我斯著　清康熙十五年（1676）
刻本

開本 26.8×17.9 厘米，板框 17.4×13.5 厘米，半葉十一行，行二十字，粗
黑口，雙魚尾，左右雙邊。前有清康熙十五年自序。鈐"欽訓堂書畫記"印。
1 函 6 册。

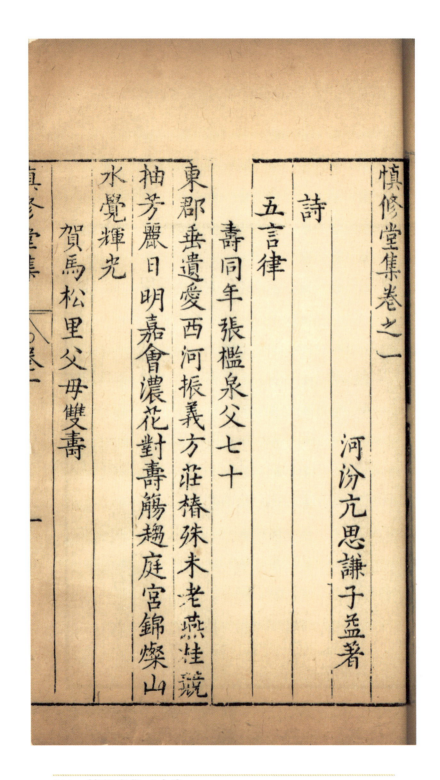

233　慎修堂集二十卷〔明〕亢思謙著　清康熙十五年（1676）臨
汾亢宗瑗刻本

開本 26.2×16.8 厘米，板框 20.1×14.2 厘米，半葉九行，行十八字，白口，
四周單邊。鈐"閒田張氏聞三藏書"印。2 函 10 冊。

沚亭自刪詩 琴譜附

益都孫廷銓伯度纂

撫寧縣衙齋望兔耳山

高館揚清暉澄陰澹將夕 好峯林外明 蕭蕭蔭林席
日入引村煙縱橫交阡陌 儵忽半巖際 風雨送行役
霽景湛夜明 況復沉秋碧松楸起寒音 鶯鶴遺幽迹
誰當慰共語 諒哉寒山石
燕河營謂制使還自鏵子山道中東望羣山

沚亭詩集

一

234　沚亭自刪詩一卷附琴譜指法省文一卷 〔清〕孫廷銓纂
清康熙十六年（1677）刻本
開本 25.3×15.5 厘米，板框 18.8×12.4 厘米，半葉八行，行二十字，白口，
無魚尾，四周單邊。前有清康熙十七年（1678）高珩序，康熙十一年自序及
康熙十六年孫寶仁跋。1函1冊。

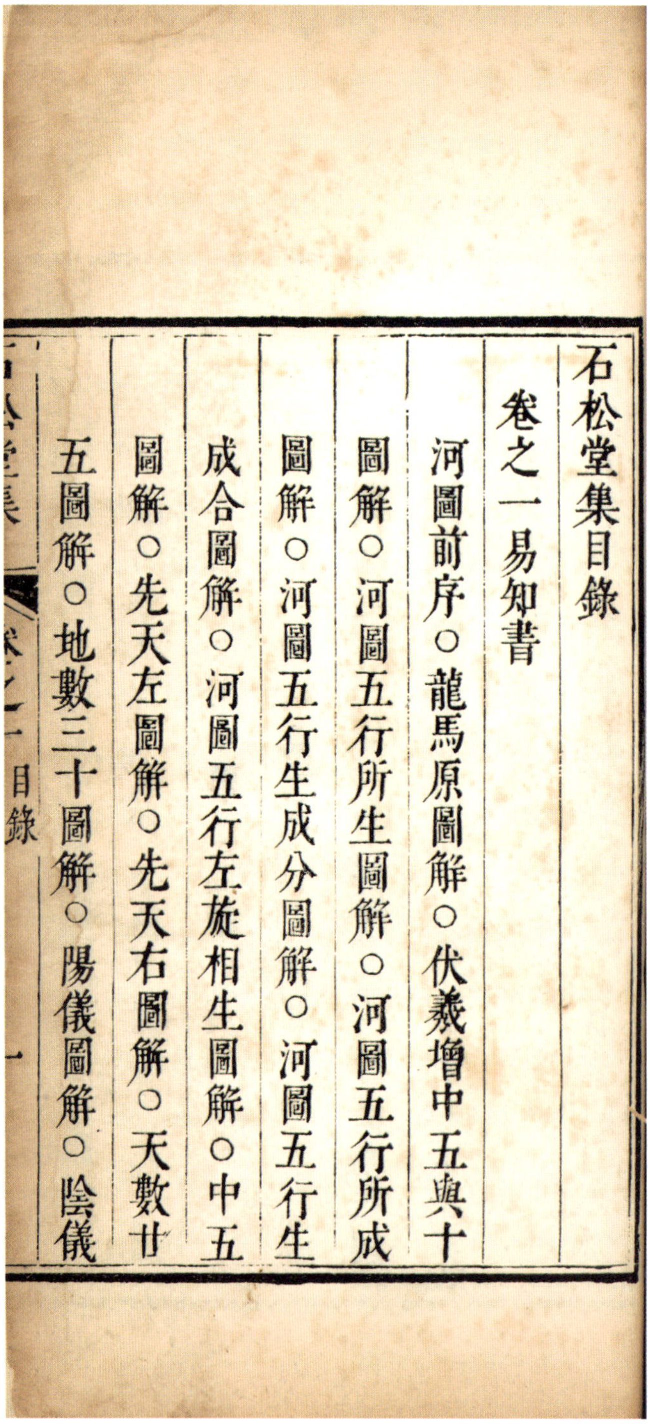
石松堂集目錄
卷之一易知書
河圖前序○龍馬原圖解○伏羲增中五與十
圖解○河圖五行所生圖解○河圖五行所成
圖解○河圖五行生成分圖解○河圖五行生
成合圖解○河圖五行左旋相生圖解○中五
圖解○先天左圖解○先天右圖解○天數廿
五圖解○地數三十圖解○陽儀圖解○陰儀
石松堂集　卷之一　目錄　一

235　石松堂集八卷〔清〕余爲霖撰　清康熙十六年（1677）刻本

開本 26.9×15 厘米，板框 17.8×12 厘米，半葉八行，行二十字，白口，四周雙邊。内封牌記鎸“二集即出　本衙藏版”。前有清康熙十六年余國楷序、劉賡序，羊世澤小言，康熙十五年詹大衢序。每卷前有目録。卷二前有康熙十二年黄文星序，卷末有趙應楫跋。鈐“間田張氏聞三藏書”印。1 函 8 册。

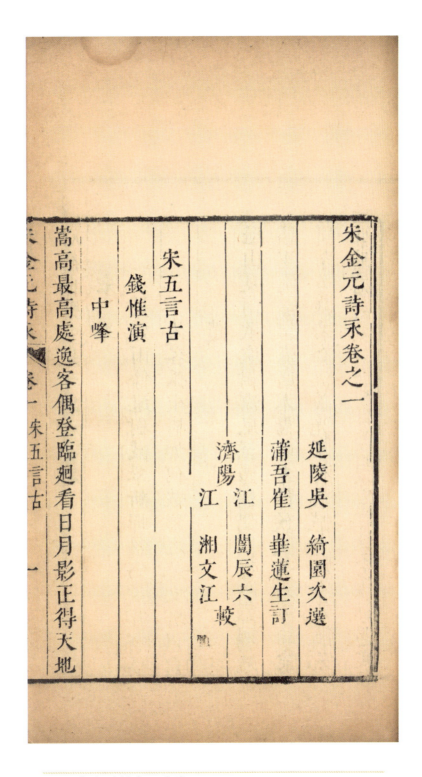

236　宋金元詩永二十卷〔清〕吳綺選　清康熙十七年（1678）濂
溪書屋刻本

開本 26.6×17 厘米，板框 17.4×12.5 厘米，半葉九行，行十九字，白口，左
右雙邊。内封鐫"濂溪書屋梓"。前有清康熙十七年吳綺序，凡例，各卷有
分卷目録。鈐"開田張氏聞三藏書"印。2 函 12 册。

沚亭刪定文集卷上

益都孫廷銓伯度氏纂

讓兵部尚書疏

吏部左侍郎 臣孫廷銓謹

奏爲驚聞　新命揣分難堪謹據實控辭乞回

天鑒以重中樞事 臣本庸材十載之間忝竊佐銓蒙

恩不謂不奇受任不謂不重處非其據久矣難安

兼有狗馬之疾兩目羞明常昏昏不辨每遇寒

237　沚亭删定文集上下卷　〔清〕孫廷銓纂　清康熙十七年（1678）
孫寶仍刻本

開本27×17厘米，板框18.9×12.5厘米，半葉八行，行二十字，白口，四周單邊。前有清康熙十七年慕天顏“孫文定公集序”，末有康熙十七年孫寶仍跋。鈐“開田張氏聞三藏書”印。函套書題籤“楓林藏書”，爲祁縣戴廷栻家藏之書。1函2冊。

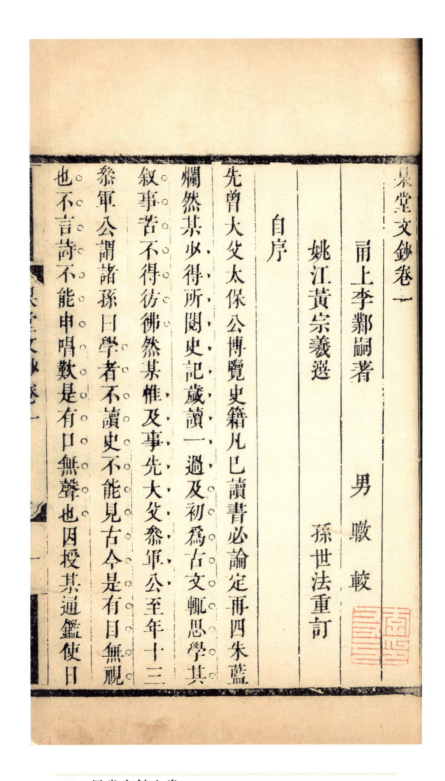

238　杲堂文鈔六卷〔清〕李鄴嗣著　黄宗羲輯　清康熙十七年
（1678）刻本

開本 25×16.5 厘米，板框 19.3×14.5 厘米，半葉九行，行二十二字，粗黑口，
雙魚尾，左右雙邊。前有清康熙十七年徐鳳垣序、黄宗羲序。鈐“紅雨樓藏
書”等印。1 函 6 册。

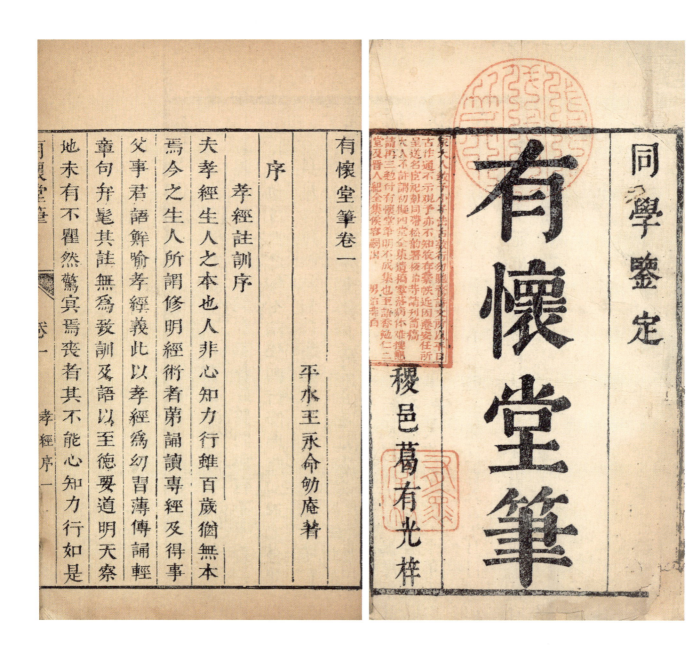

239 有懷堂筆八卷〔清〕王永命著 清康熙十七年（1678）稷山葛
有光刻本

開本 25.9×16.2 厘米，板框 19.9×14 厘米，半葉九行，行二十字，白口，四
周單邊。内封題“稷邑葛有光梓”。前有清康熙十七年趙時可序、范鄗鼎序。
鈐“有懷堂板”“聞田張氏聞三藏書”等印。1 函 8 册。

環谷集卷一

祁門汪克寬德輔著

同族後學懋麟蛟門選輯

喬孫　宗豫武山校梓

賦

夫子之墙賦

敏學主人與博古先生遊於尼山之麓曲阜之墟造孔

林之闕里瞻玄聖之攸居楩楠連雲而薈鬱檜栢參天

而扶疎踸踔巋然而倚空杏壇甍甍而荒蕪列橫序之

層搆峙嶻鉅殿之中巋屹崇門之突兀繚周垣之廻紆主

人喟然而嘆曰端木子所謂數仞之墙其在茲乎吾子

衣蹁躚之逢掖冠崔嵬之章甫塗抹丹鉛摹寫合古行

240　汪氏家集三種十九卷附崇禮堂詩一卷　〔清〕汪克寬著

汪懋麟、汪耀麟選輯　清康熙十八年（1679）汪宗豫刻本

開本 25.8×16.5 厘米，板框 18.6×13 厘米，半葉十一行，行二十一字，粗黑口，四周雙邊。内封鐫“檗菴、環谷、石西三先生合刻　雙芝堂藏板”。有孫枝蔚撰“汪氏家集序”，《環谷集》前有清康熙十八年徐乾學序，《檗菴集》前有康熙十八年胡士著序，《石西集》前有康熙十八年吳綺序。鈐“雪苑宋氏蘭揮藏書記”等印。2 函 12 册。

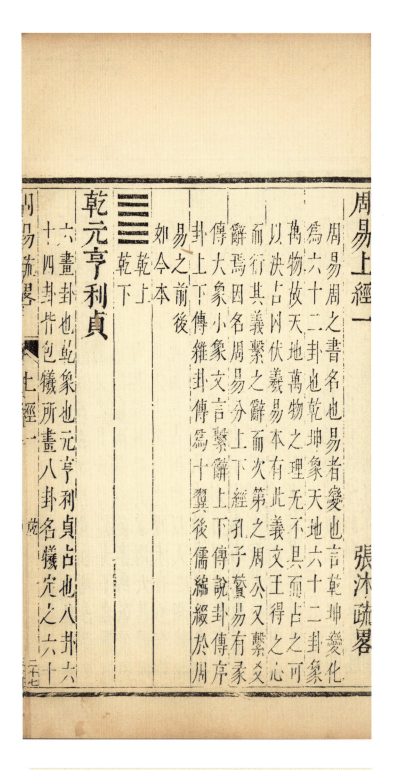

241　周易疏略四卷〔清〕張沐疏略　清康熙十九年（1680）敦臨堂刻本

開本 27.7×15.7 厘米，板框 19.9×14.4 厘米，半葉九行，行十七字，小字雙行同，白口，單黑魚尾，四周雙邊。内封題"康熙十九年鑴　敦臨堂藏板"。前有陳如升序，清康熙十九年趙御衆序，王渭序及自序。1函4册。

虞書

日講書經解義卷之一

虞是帝舜有天下之號書共五篇堯典紀唐

堯之事亦謂之虞書者書本虞史所作以臣

述君也蓋堯舜授受一道紀堯不言唐紀舜

不言夏而總曰虞書者以見舜之上承于堯

而下授于禹也。

堯典

洪荒之世簡樸未備堯以聖神文武之德爲

242　日講書經解義十三卷〔清〕愛新覺羅・玄燁敕撰　庫勒納等
纂　清康熙十九年（1680）内府刻本
開本 26.4×16 厘米，板框 18×13 厘米，半葉九行，行十八字，粗黑口，四
周雙邊。前有清康熙十九年御製序，編纂者職銜姓氏。2 函 8 册。

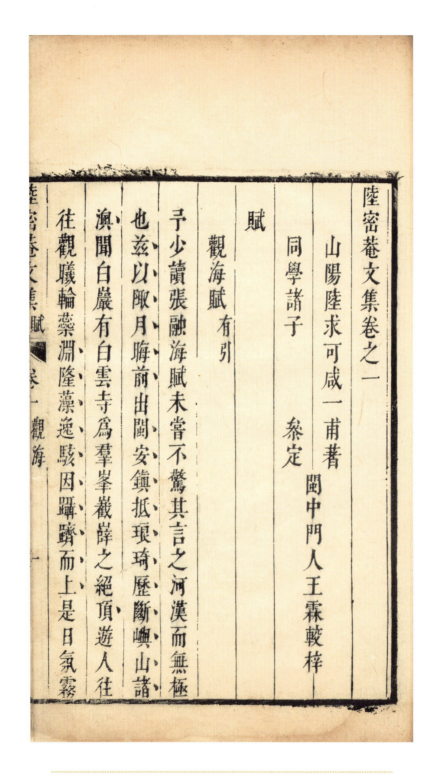

243　陸密菴文集二十卷録餘二卷〔清〕陸求可著　清康熙二十年（1681）刻本

開本 26.7×17 厘米，板框 19.8×14 厘米，半葉九行，行二十字，白口，單黑魚尾，左右雙邊。卷端署“閩中門人王霖較梓”。前有張永祺序，清康熙二十年宋德宜、劉謙吉序。1 函 6 册。

懷麓堂詩稿卷一

明太師文正公西涯李東陽著

三韓仁菴蔡毓榮　　兩憲臺鑒定
蒲坂心康韓世琦

督學政義興蔣永修慎齋先生較正

郡八十一叟陶汝鴹審翁叅閱

學正滬江廖方達昇生較梓

仝弟廖方達靜超纂輯

男豐年姪楂年次編

邑人劉温艮美度互訂

244　懷麓堂集一百卷　〔明〕李東陽著　清康熙二十年（1681）廖方
達刻本

開本 24.8×14.9 厘米，板框 18.3×12 厘米，半葉十行，行二十字，白口，四
周單邊。版心下鎸日、月、天等。內封鎸"茶鐸重梓"。前有清康熙二十年
韓世琦序，蔣永修序，明正德十一年（1516）楊一清序，自序，凡例十一則，
總目。文後稿卷九至卷十爲抄配。鈐"閔田張氏聞三藏書"印。2 函 20 冊。

湛甘泉先生文集卷之一

樵語

鄧生問忠信也禮也敬也就先甘泉子曰昌或先焉
或後焉其一本乎忠信其心也禮其事也莫非敬也故
敬而後有忠信有忠信而後有禮容
陳公贊問禹無間然其無舉也歟曰無舉非以語聖也
禹之聖也其猶諸百鍊之金矣乎渾合無間是之謂盛

德

甘泉子曰大其心然後能全體天地之性故曰盡其心
者知其性也心之廣大也物或蔽之物或偏之烏乎盡

245　湛甘泉先生文集三十二卷 〔明〕湛若水撰　清康熙二十年
（1681）黃楷刻本

開本 26×16.5 厘米，板框 19.5×13 厘米，半葉十行，行二十一字，白口，
四周雙邊。前有清康熙間樊澤達序，康熙二十年黃楷序，明萬曆原序三則。
鈐"立伯馬甲鼎珍藏之印"等印。2 函 10 册。

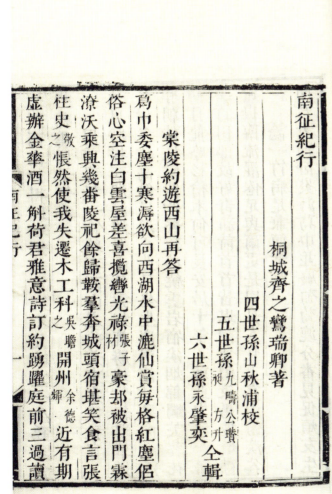

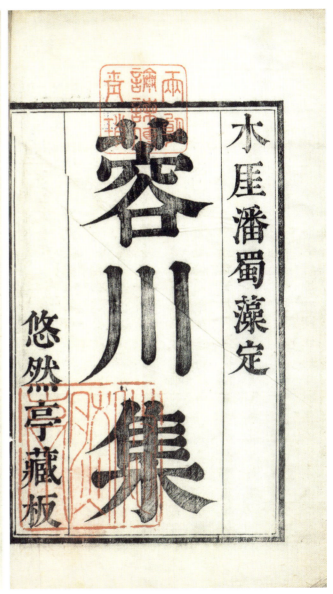

246　蓉川集四卷入夏録三卷贈言一卷贈言附録一卷〔明〕
齊之鸞著　清康熙二十年（1681）齊山刻本
開本 25.1×16.8 厘米，板框 17×13 厘米，半葉十一行，行二十一字，粗黑口，
四周雙邊。內封鐫"悠然亭藏板"，鈐"悠然亭""兩朝論諫傳青瑣"朱文印。
有清康熙二十年潘江序，何永紹序，小傳，行狀，年譜。鈐"四明盧氏抱經
樓藏書印""閒田張氏聞三藏書"等印。1函4册。

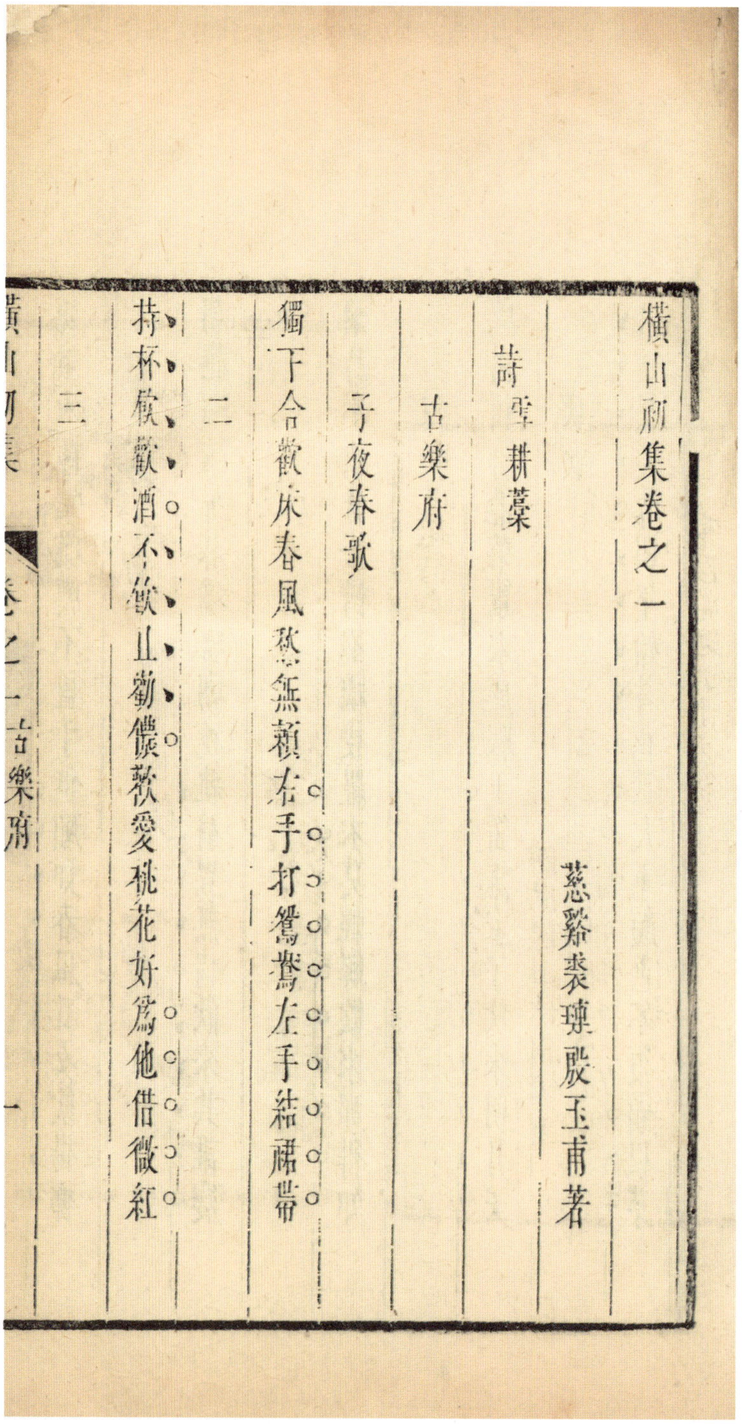

横山前集卷之一

慈谿裘璉殷玉甫著

詩畢耕蕘

古樂府

子夜春歌

獨下含歡床春風慈無賴右手打鴛鴦左手結羅帶

二

持杯戲歡酒不歡山勸儂歡愛桃花好鴛他借微紅

三

247　横山初集十六卷　〔清〕裘璉著　清康熙二十年（1681）刻本
開本 26×15.5 厘米，板框 19×13 厘米，半葉九行，行二十二字，白口，單黑魚尾，左右雙邊。前有清康熙二十年姜宸英序。鈐"閒田張氏聞三藏書"印。1 函 4 册。

于山奏牘卷之一

晉西河于成龍北溟甫著

初蒞廣西柳州府羅城縣自記

粵地僻處南荒與交趾接壤距中國萬里越洞庭之險涉瘴癘之危官茲土者炎炎乎殆哉當事者慰之曰粵地雖苦法綱稍寬臥治三十月以為梯榮藉而事竟有大謬不然者棄墳墓別妻子揮淚長途歷盡艱辛及抵任水土不調疾病日侵僕從死亡相繼言之者傷心聞之者酸鼻瘠晉山立催科勞心親較簿書日無寧晷院司道府督責不

248　于山奏牘七卷詩詞一卷　〔清〕于成龍著　李中素編　清康熙二十二年（1683）劉鼎刻本

開本 24.3×16.1 厘米，板框 18.8×14.2 厘米，半葉九行，行二十二字，白口，左右雙邊。前有清康熙二十二年李中素序、鄭先慶序，後有康熙二十二年劉鼎跋。康熙四十三年（1704）于準刻、康熙四十六年蔡方炳重編《于清端公政書》，即因此本而損益。鈐“得古堂印”“閒田張氏閬三藏書”等印。1 函 4 册。

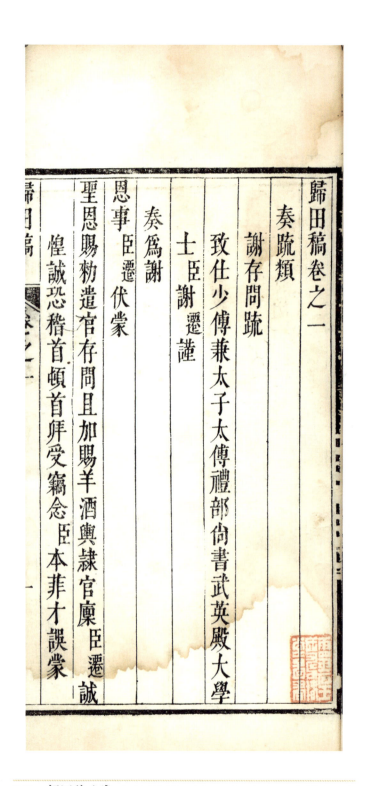

249　歸田稿八卷〔明〕謝遷撰　清康熙二十三年（1684）謝鍾和刻本

開本 26.2×14 厘米，板框 19.5×11.5 厘米，半葉九行，行二十字，白口，四周雙邊。鈐"靖廷""靈石王氏壽椿堂圖書""閒田張氏聞三藏書"等印。1函4冊。

御選
古文淵鑒卷第一

內閣學士兼禮部侍郎教習庶吉士臣徐乾學等奉
旨編注

周
姬姓黃帝苗裔后稷之後武王伐紂面有天下至幽王為犬戎所弒謂之西周平王東遷洛邑謂之東周周卽春秋之始也

左傳
左傳丘明親書孔子將修春秋與左丘明觀書於周史歸而修春秋之經丘明為之傳共為表裏經之所書或發其意或失其旨隨事隨義而發是為春秋內傳

許君子曰善不可失惡不可長其陳桓公之謂乎長惡不悛從自及也雖欲救之其將能乎商書曰惡之易也如火之燎於原不可鄉邇其猶可撲滅言不可周任有言曰為國家者見惡如農夫之務去草焉芟夷蘊崇之絕其本根勿使能殖則善者信矣

鄭伯命大夫百里居許隱公十一年
夏公會鄭伯于郲謀伐許也四岳伯夷之後也蓋授鄭地郲姜姓堯後鄭伯將伐許五月甲辰授兵於大宮大宮祖廟也凡出

250　古文淵鑒六十四卷　〔清〕徐乾學等編　清康熙二十四年（1685）
武英殿五色套印本
開本 29.8×17 厘米，板框 18.8×13.9 厘米，半葉九行，行二十字，雙行小字同，無界行，黑口，雙順黑魚尾，四周單邊。前有清康熙二十四年（1685）御製序。序末鈐有康熙"稽古右文之章"及"體元主人"寶璽各一。每卷前皆有本卷目録。4函40冊。

微泉閣文集卷一

武進董文驥易農著

姪　元愷舜民訂

序一

龔總憲壽序　代

康熙二年秋予自左都御史量移吏部尚書
朝廷起龔公以原官復爲左都御史左都御史之
官漢之御史大夫也漢與數十年代爲是官者自
周苛周昌兄弟以至張蒼申屠嘉碌碌無奇節惟

251　微泉閣文集十六卷　〔清〕董文驥著　清康熙二十五年（1686）
董元起刻本

開本 23.2×16 厘米，板框 18.2×13.6 厘米，半葉九行，行十九字，白口，
單黑魚尾，左右雙邊。前有清康熙二十四年（1685）汪沆、董元愷序，康熙
二十六年錢陸燦序。有朱筆圈點。鈐"閬田張氏閬三藏書"印。1 函 8 册。

讀書堂集卷之一

滏陽張　潛上若著

　　　　　　　男椿端編輯　梛璟

雲聞錢　穀子璧　　　　　橋恆

天雄成　光仲謙　校定

五言古

送堵濂生先生歸錫山

卮首違函丈忽忽二十年兵火梗道塗吳天望逖

然今日復何日執手滏河干憶與先司馬契奸等

252　讀書堂集十卷　〔清〕張潛著　清康熙二十六年（1687）刻本

開本 27.5×17.5 厘米，板框 18.4×13.3 厘米，半葉十行，行十九字，白口，雙魚尾，左右雙邊。前有清康熙二十六年張椿端及成戎等序。鈐"閭田張氏聞三藏書"印。1函6冊。

石湖居士詩集卷一

嗣協迁客
吳郡　顧嗣皐漢魚　重訂
嗣立俠君

行路難

贈君以丹棘忘憂之草青棠合歡之花馬腦遊仙之夢
枕龍綜辟寒之寶紗天河未翻月未落夜長如年引春
酌昔人安在空城郭今夕不飲何時樂

西江有單鵠行

西江有單鵠託身萬里雲猥爲稻粱謀隳此鷗鷺羣朝
遊楓葉杪暮宿蘆花根懷安浦潊暖忘記雲海寬忽有

253　石湖居士詩集三十四卷〔宋〕范成大撰　清康熙二十七年（1688）顧氏依園刻本

開本 26×16.3 厘米，板框 19.7×13.9 厘米，半葉十一行，行二十一字，白口，左右雙邊。內封鐫 "依園藏板"。有宋紹熙五年（1194）楊萬里序。1 函 4 冊。

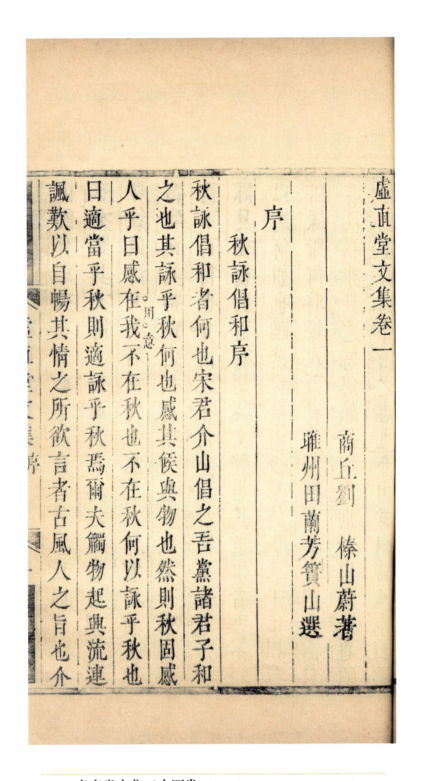

254　虛直堂文集二十四卷　〔清〕劉榛著　清康熙二十七年（1688）
刻本

開本 24×15.9 厘米，板框 17.7×13.3 厘米，半葉十行，行十九字，粗黑口，雙
順黑魚尾，四周單邊。卷端署"商丘劉榛山蔚著　睢州田蘭芳寶山選"，有徐隣、
唐邁黃序，清康熙十八年（1679）徐作肅序、田蘭芳序，康熙二十七年宋犖序，
康熙五年（1666）湯斌序、王嘉生序，康熙二十五年（1686）自序。1 函 6 冊。

馬太史匡菴集卷一

溧陽馬世俊甸臣父著　原字
章民

論

性論

孔子曰性相近也習相遠也而性論已定朱子欲護

孟子性善之說故註云此所謂性指氣質而言吁性

解於是乎不明矣孟子性善與荀子性惡之意一耳

荀子曰人之性皆惡而其所以適於善者皆人之爲

也人何可以不善孟子曰人之性本善而其所以適

於不善者非天之爲也人又何可以不善天未嘗生

人而敎人爲聖賢是以有荀子之說天未嘗生人而

255　馬太史匡菴文集十二卷詩前集六卷詩集六卷〔清〕馬
世俊著　清康熙二十八年（1689）馬容刊本

開本 24.7×16.3 厘米，板框 18.2×13.5 厘米，半葉十一行，行二十字，黑口，
對魚尾，四周雙邊。前有陳廷敬序，吳自肅題辭，清康熙二十八年馬宥、馬
容校刻題識。2 函 12 冊。

檀園集卷之一

嘉定李流芳長蘅甫著

孫　聖芝曾孫　與參　重校

後學陸廷燦扶照重訂

五言古詩　九七十二首

冬夜書懷

懷人不能寐廻行际天末風高夜氣爽空庭貯

寒月落木何蕭瑟縱橫影交列萬籟久逾靜中

懷耿不滅憶我心所歡生平矢相結嬿婉能幾

256　檀園集十二卷　〔明〕李流芳著　清康熙二十八年（1689）陸廷
燦重刻本

開本 25.4×15.9 厘米，板框 18.7×12.9 厘米，半葉九行，行十八字，細黑口，
左右雙邊。前有清康熙二十八年徐秉義重刻序。鈐 "笑竹" "秦氏之書" 等印。
1 函 6 册。

桂山堂文選卷之一

錢塘王嗣槐仲昭撰

婿張弈杲升扶

男王武功雒榮

較輯

序

佳山堂詩集序

余嘗讀益都公佳山堂詩而歎與也或曰子有得於作者之旨而然歟子之歎也何歟也日先生之於學也無所不窺自遍籍以至執政三十餘年公事之餘退朝之暇無他嗜好也日聞所未聞取資博而植體弘

257　桂山堂文選十二卷　〔清〕王嗣槐撰　清康熙二十八年（1689）

刻本

開本 26.8×17.2 厘米，板框 20×14 厘米，半葉九行，行二十字，無界行，白口，單黑魚尾，四周單邊。内封題 "錢唐王仲昭著　桂山堂文集　青筠閣藏板"。前有清康熙二十八年馮溥序、嵇宗孟序、方象瑛序。鈐 "桂山堂" "開田張氏聞三藏書" 等印。2 函 12 册。

田間詩學

詩總論 輯諸儒論略

六藝論曰詩者弦歌諷諭之聲也自書契之與幾略尚質而
稱不爲諷諫君臣之接如朋友然在於懇誠而已於箋
諫誠舜臣使之用詩則用詩規誡勗臯陶與舜相苔爲歌
舜稱羣臣云工以納言時而颺之格戒則乘已庸之否則威之詩
非由情志不通詩有作以相賙其美而譏其過○又云詩
即是詩也虞舜所言雖是舜之命夔而舜承于堯明堯已用
詩矣○陳傅良云春秋之衰諸侯廢朝廷之嚴而后妃夫婦
詩刑政之苟役之重天子諸侯之微皆得以言其事與上
席之啓天下輕君之心然亞諫而不悟顯戮而不戾相與攜
安若而不忍是故湯武之興其民急而不敢去周之衰其
詩哀之而不離益其抑鬱之氣舒而無聊之意不敢去也爲怨於
民持去而不敢作天下怨極矣卒不能勝其起亡秦秦之衰以
是始有匹夫匹婦存亡天下之權焉乎春秋之衰以禮廢秦
之衰以禮廢秦

258　田間詩學　〔清〕錢澄之撰　清康熙二十八年（1689）刻本
開本 25.8×16.7 厘米，板框 17.7×13.5 厘米，半葉十行，行二十三字，白口，單黑魚尾，左右雙邊。內封題"桐城錢飲光先生著　田間詩學　樹雒堂藏板"。前有清康熙二十八年徐元文序、張英序。鈐"宛平王氏家藏""豎慕齋定""玉函山房藏書""閒田張氏聞三藏書"等印。1函5冊。

青箱堂詩集卷之一

宛平王崇簡著

萊陽宋琬定

門人李　炌較

丙寅至辛未

天壇

皇皇厥壇赫赫桓桓惟耳惟目靡懈靡懈繁光氣臨
只肅穆森只虔恭仰只我心起只尚其懼之高明
匪寬尚其凜之志慮依列戴斯履斯下民孔安吁

嗟
皇祇天地之端

青箱堂詩集　卷一

一

259　青箱堂詩集三十三卷文集十二卷遺稿續刻一卷年譜
一卷〔清〕王崇簡著　清康熙二十八年（1689）王燕刻本
開本 25.8×16.6 厘米，板框 18.3×13.7 厘米，半葉十行，行十九字，白口，
單黑魚尾，四周單邊。《文集》前有清康熙十五年（1676）汪琬序、葉方藹序、
周之道序，錢澄之重刻序，《文集》末有康熙二十八年王燕重刻青箱堂詩文
集附識。《詩集》前有宋玫等序。鈐"閻田張氏閻三藏書"等印。2 函 16 冊。

唐近體詩永卷之一

廣陵吳　綺聽翁選

平山崔　峚蓮生全閲

豫章弟于繽繡巖

潯江　闓辰六較

五言律

虞世南　伯施越州餘姚人貞觀中累遷至秘書監以佐命功賜爵永興縣于謚文懿

奉和詠日午

高天淨秋色長漢轉犧車玉樹陰初正桐圭影未

唐詩永　卷之一　林蕙堂

260　唐近體詩永十四卷首一卷〔清〕吳綺輯　清康熙二十八年（1689）林蕙堂刻本

開本 23.8×15.6 厘米，板框 18.5×12.5 厘米，半葉九行，行十九字，白口，左右雙邊。版心下鎸“林蕙堂”，間鎸眉評。内封鎸“林蕙堂藏板　金陵周長年梓”。前有清康熙二十八年崔華序、吳綺序、凡例。鈐“指南”“閒田張氏聞三藏書”等印。1 函 6 冊。

渠亭山人半部藁

安丘　張　貞　起元

駕紀恩錄序

迎

皇帝奉天出治覃大歷服惠懷威醜罔間內外凡

朝

廟典禮稽古按牒次第具舉雖一豫一游亦思爲

天下後世法

帝德廣運其大難各矣而猶兢兢業業惟恐四海

261　渠亭山人半部藁五卷 〔清〕張貞撰　清康熙二十八年至

四十七年（1689—1708）刻本

開本 25×15.9 厘米，《文稿》板框 18.4×14 厘米，半葉九行，行十九字，粗
黑口，雙魚尾，左右雙邊。另四種板框 18×13.3 厘米，半葉九行，行十九字，
白口，左右雙邊。《潛州集》版心鐫"峽雲籠樹樓"，《娛老集》版心鐫"續
夢堂"。有高珩、王士禛、宋犖、李澄中等序及自序。鈐"間田張氏聞三藏書"
印。2 函 9 冊。

羅圭峯先生文集卷之一

明太史建武羅玘景鳴著

同郡後學黄端伯元公訂

清都督八世孫美才仲茂重鐫

序

太子太保兵部尚書馬公榮壽詩序

初鈞之東南隅望氣者以爲有異氣馬鈞令太子

太保兵部尚書馬公之鄉也公以宣德丙午生生

而有異質識者遂以其兆歸公公之爲童也日卧

凡兒百十于地下識者又無不曰是異人也相與

262　羅圭峯先生文集三十卷首一卷　〔明〕羅玘著　清康熙
二十九年（1690）羅美才刻本
開本 25×16.2 厘米，板框 19.8×12.6 厘米，半葉十行，行二十一字，白口，
四周雙邊。前有清康熙二十九年錢三錫、梁佩蘭、黄雲企等序，選刻姓氏。
目録前鐫“大樹齋編次”。鈐“老牧手校”“閒田張氏聞三藏書”等印。2 函
12 册。

些餘集卷之一

澴川熊賜履著　錫山　錢肅潤編輯
　　　　　　　　高菖生叅訂

擬古辭

三百篇而外亡逸者尚多若列國歌謠諺詠
之類雜見諸傳記者風指渾樸皆非後世所
可及茲擬其辭以廣其義亦猶行古之道云

彈歌　二首

投珠抵玉棄鵶取鶬

263　些餘集八卷　〔清〕熊賜履著　清康熙二十九年（1690）刻本
開本 26.4×17.5 厘米，板框 20.2×14.2 厘米，半葉九行，行十九字，白口，
單黑魚尾，左右雙邊。内封題"清涼子著　些餘餘集嗣出　樸園藏板"。前
有清康熙二十六年（1687）自序，康熙二十九年錢肅潤序，康熙二十九年高
菖生書後、張夏書後。鈐"閭田張氏聞三藏書"印。1 函 4 册。

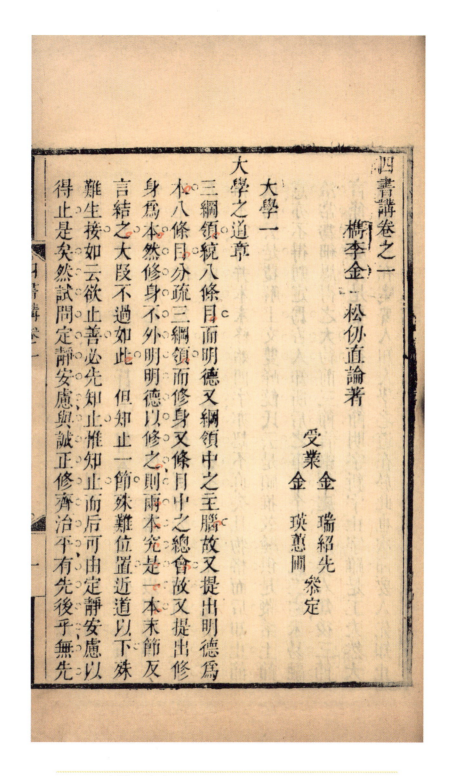

264　四書講四十卷〔清〕金松著　清康熙三十一年（1692）刻本

開本 25.6×16.8 厘米，板框 19×13 厘米，半葉十二行，行二十五字，無界行，粗黑口，左右雙邊。前有清康熙三十一年金松序，康熙五十九年（1720）汪瀠序，例言，看書十則。鈐"閒田張氏聞三藏書"印。2 函 16 册。

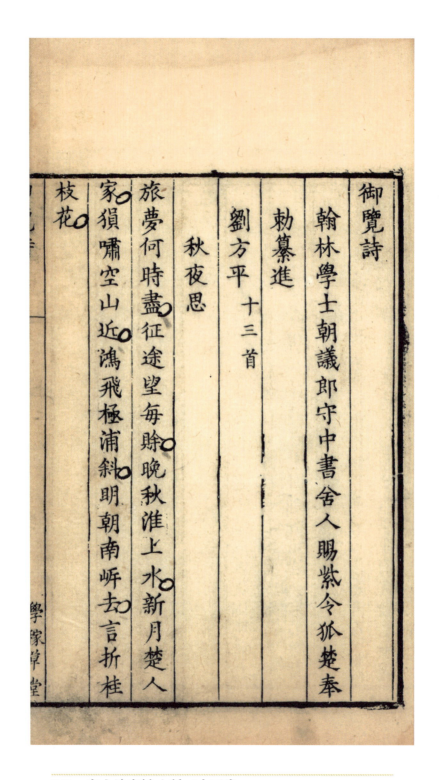

265　唐人选唐詩八種二十三卷〔明〕毛晉編　清康熙三十二年
（1693）黄虞學稼草堂刻本

開本 25.3×16.3 厘米，板框 18.7×12.6 厘米，半葉八行，行十九字，白口，
左右雙邊。版心上鐫分書名，下鐫"學稼草堂"。前有明崇禎元年（1628）
魏浣初序，清康熙三十二年黄虞序。《國秀集》《篋中集》後有毛晉跋。存
《國秀集》《篋中集》《御覽詩》三種。1 函 4 册。

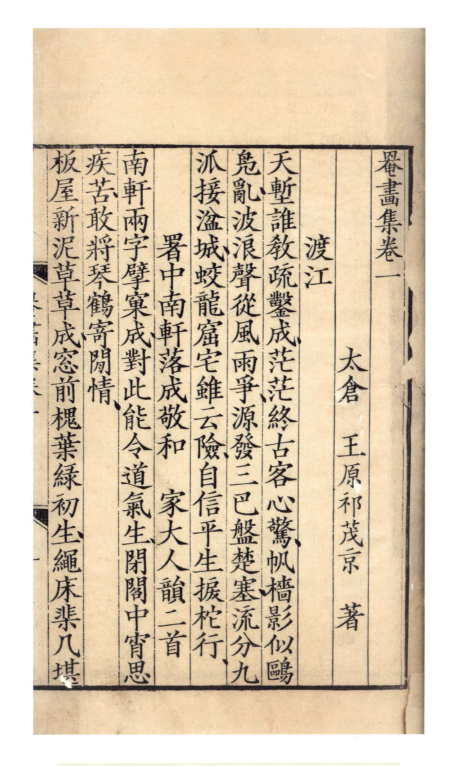

罨畫集卷一

太倉　王原祁茂京　著

渡江

天塹誰教疏鑿成茫茫終古客心驚，帆檣影似鷗
鳧亂波浪聲從風雨爭源發三巴盤楚塞流分九
派接溢城蛟龍窟宅雖云險自信平生援柁行

署中南軒落成敬和　家大人韻二首

南軒兩字擘窠成對此能令道氣生閒閣中宵思
疾苦敢將琴鶴寄閒情，
板屋新泥草草成窗前槐葉綠初生繩床棐几堪

266　罨畫集三卷　〔清〕王原祁著　清康熙三十二年（1693）刻本
開本 27.5×16.6 厘米，板框 18.8×13.6 厘米，半葉十行，行十九字，白口，
雙魚尾，左右雙邊。前有清康熙三十二年王撰序。鈐"閒田張氏聞三藏書"印。
1 函 2 册。

陳定宇先生文集卷之一

族孫嘉基毅軒訂

序

書解折衷自序

周禮外史掌三皇五帝之書楚左史倚相亦能讀此書蓋

伏羲神農黃帝之書是爲三墳此三皇書也少昊顓頊高

辛唐堯虞舜之書是爲五典此五帝書也至孔子始斷自

唐虞以下訖於周去三墳五典所定者二帝三王書凡百

篇爲豈三墳五典簡編脫落而不可遍邪抑孔子所見但

始於唐虞也今不可考矣及秦坑焚禍作百篇之書無敢

267　陳定宇先生文集十六卷別集一卷〔元〕陳櫟撰　清康熙
三十三年（1694）珠溪德馨堂刻本

開本 24.8×17.3 厘米，板框 20×13.3 厘米，半葉十行，行二十二字，黑口，
左右雙邊。內封鐫"珠谿德馨堂藏板"。前有清康熙三十四年（1695）翁叔
元序、戴絨跋、戴有祺序，康熙三十五年吳苑序、習佩璜序，康熙三十三年
陳嘉基序，《元史》本傳、年表、文集記言等。鈐"一字述庵別號蘭泉""青
浦王昶字曰德甫"及一方六十餘字藏書印。1函6册。

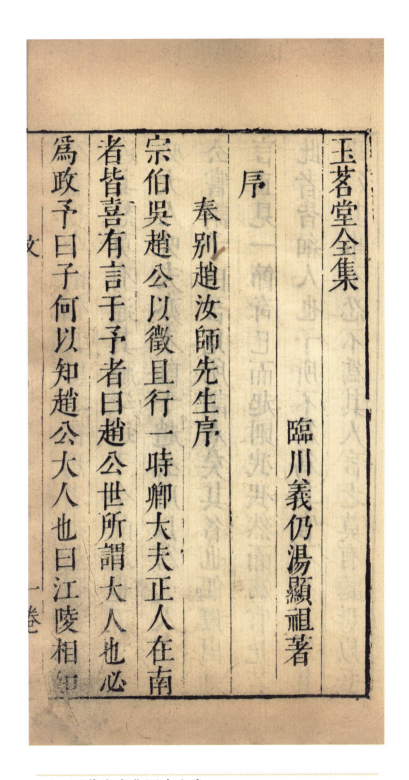

為政予曰子何以知趙公大人也曰江陵相知

者皆喜有言于予者曰趙公世所謂大人也必

宗伯吳趙公以徵且行一時卿大夫正人在南

奉別趙汝師先生序

序

玉茗堂全集

臨川義仍湯顯祖著

268　玉茗堂全集四十六卷 〔明〕湯顯祖著　清康熙三十三年
（1694）阮峴刻本

開本 26.5×16.5 厘米，板框 21.1×12.9 厘米，半葉七行，行十八字，白口，
四周單邊。前有清康熙三十二年（1693）陳石麟序，明天啓元年（1621）韓
敬序，康熙三十三年湯秀琦序、阮峴序、阮嵩序。內封題"竹林堂梓行"。
鈐"閆田張氏聞三藏書"印。4函23册。

元詩選甲集

長洲 顧 嗣立 俠君 集

遺山先生元好問

好問字裕之太原秀容人七歲能詩有神童之目年十
四從陵川郝天挺學六年而業成下太行渡大河為箕
山琴臺等詩禮部趙秉文見之以為近代無此作也于
是名震京師謂之元才子金宣宗興定三年登進士第
不就選往來箕潁者數年除南陽令調內鄉歷尚書省
掾左司都事員外郎天興初入翰林知制誥金亡不仕
元世祖在藩邸聞其名將以館閣處之未用而卒年六
十有八世稱遺山先生天才清贍遒婉高古沈鬱
太和力出意外巧縟而不見斧鑿新麗而絕去浮靡雜
弄金碧綵飾丹素奇芬異彩動蕩心魄以五言為雅正

元詩選遺山集 一

秀野草堂

269　元詩選十集首一卷 〔清〕顧嗣立集　席世臣補　清康熙三十三
年（1694）顧氏秀野草堂刻嘉慶三年（1798）席氏掃葉山房補刻本
開本25.8×17.3厘米，板框19×14厘米，半葉十三行，行二十三字，白口，
《癸集》細黑口，左右雙邊。版心下鐫"秀野草堂"。書前有清康熙三十二
年（1693）宋犖序，凡例，總目録，分卷目録。鈐"閒田張氏聞三藏書"印。
8函52册。

五公山人集卷第一

銀城李興祖編

慶雲鄧　鏻
孫　趙宗校

古詩

遊趙莊石窟

細履出山村一徑隨樵牧溪回古樹叢巖衍峭壁蠢洞
穴如珠連歷歷相掩覆金光大士藏白堊高牖暴開鑒
伊誰氏成此碩人陸既無鷄犬喧復與猿鳥熟惜少高
士岩清風振川谷我來縱俯仰夙懷遂幽獨繞麓漱澄
流臨壑玩珍木渙然塵累空徘徊與造化逐不美彦方髓
豈念汝陽麴安能送長留纍足謝磔磔

五七言古
一

270　五公山人集十六卷〔清〕王餘佑撰　李興祖輯　清康熙
三十四年（1695）刻本
開本 26.5 × 16.9 厘米，板框 18.1 × 14 厘米，半葉十行，行二十一字，粗黑口，
四周雙邊。內封鐫"康熙乙亥鐫　枕釣齋藏板"。前有清康熙三十四年李興
祖序。1函4冊。

太白山人槲葉集卷之一

賦

太白山人李柏雪木著

白燕賦

太極渾以涵三兮陰陽判於鴻濛濁亭物以瀋淆兮清孚

孳而翔空鷗出海乘扶揺兮鸞鳩遊於蒿蓬知鵾鷃之爲

大鳥兮洵鳳雛産於鳬巢之中智哉鵲鵊家於滇東遺邪

肇商入夢誕兮翟不乘雲頭異采翁乘春秋以去來兮唧

泥落花之叢擇珠粱以高栖兮狎主人於簾櫳侶玉京以

終節兮繫紹蘭之詩封同君子之忘機兮類佳人之殊容

271　太白山人槲葉集五卷南游草一卷〔清〕李柏著　清康熙
三十四年（1695）刻本

開本 25×16 厘米，板框 21.5×14 厘米，半葉十行，行二十二字，白口，單
黑魚尾，左右雙邊。有清道光十二年（1832）馮硯農手書題記"雪木先生磊
落自喜，筆下別有一種清氣，蓋鍾靈于太白山之秀氣者，讀其集可以想見其
人于青嵐白石之間"。清乾隆時列爲禁毀書。鈐"壽椿堂王氏家藏""王臣恭
靖廷甫""王靖廷觀"等印。1 函 6 册。

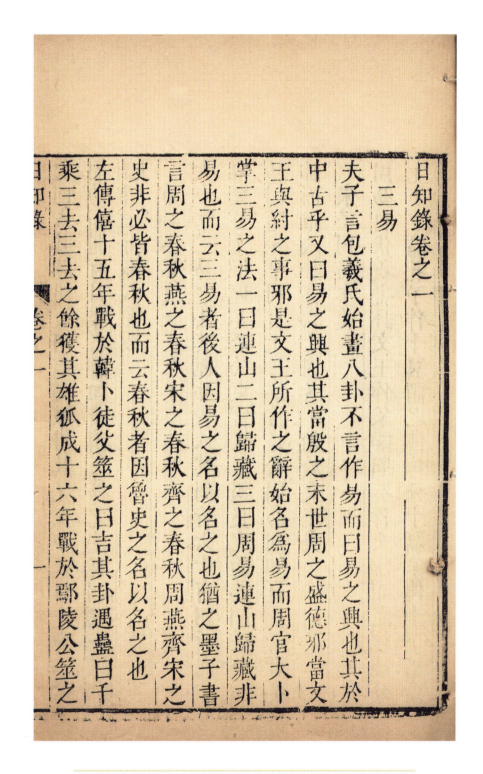

272 日知錄三十二卷〔清〕顧炎武撰　清康熙三十四年（1695）刻本

開本 25.3×15.8 厘米，板框 19.9×15 厘米，半葉十一行，行二十二字，白口，
單黑魚尾，左右雙邊。內容以經義、史學、官方、吏治、財賦、典禮、輿地、
藝文八類編排。2 函 16 冊。

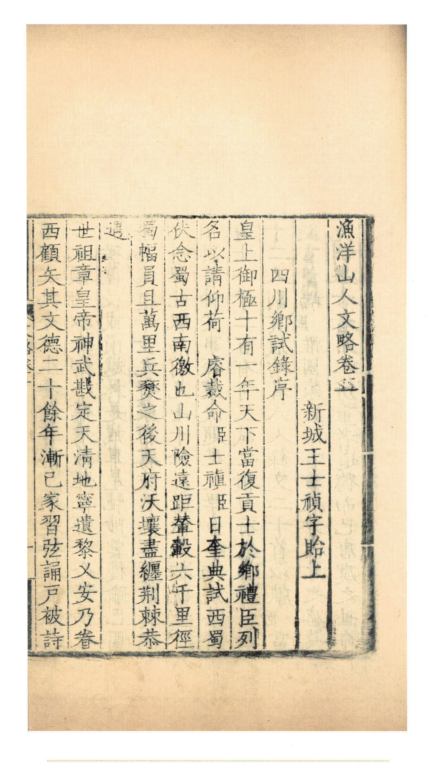

273　漁洋山人文略十四卷　〔清〕王士禎撰　清康熙三十四年
（1695）刻本

開本 26.5×16. 厘米，板框 16.6×13.4 厘米，半葉十行，行十九字，粗黑口，
左右雙邊。前有清康熙三十四年張雲章"新城先生文稿序"，次目録。書中"禎"
字缺末筆，疑爲清雍正時印本。鈐"閒田張氏聞三藏書"印，函套書題籤"乙
丑越岑署于山西大學，時居晉十三藏矣"。1 函 5 册。

溫飛卿詩集卷第一

山陰曾　益　原注

蘇州顧　予咸　小阮補注

男顧　嗣立　重校

雞鳴埭歌〔一作曲〕〔補李延壽南史〕齊武帝車駕數幸琅邪城宮

〔志〕雞鳴埭在青溪西南潮溝之上齊武帝雞始鳴故呼爲雞鳴埭〔金陵〕

〔南齊書武帝數遊幸苑囿載宮〕山射雉至此始聞雞鳴〔許慎說文〕埭水爲堨曰埭

南朝天子射雉時〔嗣立案南史齊武帝永明六年五月左衞殿中將軍邯鄲超表陳射雉書奏賜玖九月壬寅於琅邪城講武

武習水步軍九年九月戊辰幸琅邪城講武觀者傾都普頒酒肉

銀河耿耿星參差〔白帖天河謂之銀漢亦曰銀河〕銀河耿耿

邪城講武觀者傾都普頒酒肉

壺漏斷夢初覺〔張衡渾天儀制以銅爲器實以清水下各開孔以玉虬

吐漏水入兩壺嗣立案南齊武帝數遊幸苑囿載宮

人從後車宮內滾隱不聞端門鼓漏聲置鐘於景陽樓

上宮人聞鐘聲早起裝飾至今此鐘惟應五鼓及三鼓也

知〔補徐陵移齊文庸蜀寶馬臣彌山不窮〕魚濯蓮東蕩宮沼

〔史記李斯傳中廄之寶馬臣得賜之〕寶馬塵高人未

〔吳曾漫錄樂府江南詞魚

秀野艸堂

274　溫飛卿詩集箋注九卷　〔唐〕溫庭筠撰　〔明〕曾益注　〔清〕顧予咸補注　清康熙三十六年（1697）顧氏秀野草堂刻本

開本 25.3×17 厘米，板框 19.5×14.2 厘米，半葉十一行，行二十字，小字雙行三十至三十二字，白口，左右雙邊。版心下鐫"秀野草堂"。內封鐫"康熙丁丑重刻　秀野草堂藏板"。前有《舊唐書》本傳，諸家詩評，清康熙三十六年顧嗣立序。1函4冊。

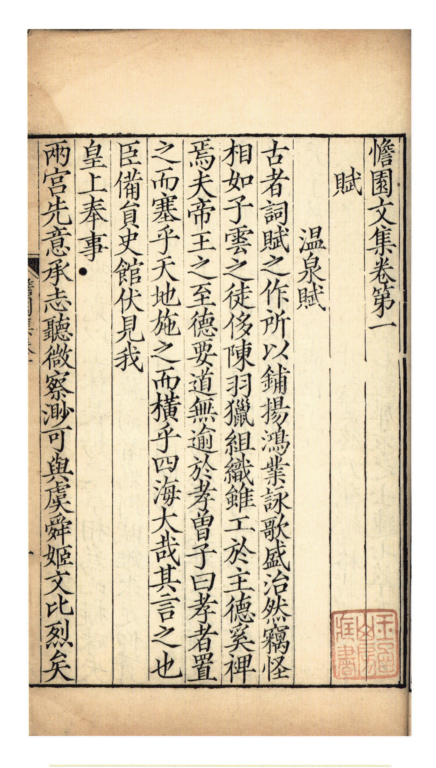

275　憺園文集三十六卷〔清〕徐乾學撰　清康熙三十六年（1697）

冠山堂刻本

開本25.9×17厘米，板框20×14厘米，半葉十行，行十九字，小字雙行
二十八字，白口，左右雙邊。内封鎸"冠山堂藏版"。前有清康熙三十六年
宋犖序。鈐"葉德輝焕彬甫藏圖書記""歡古堂""玉函山房藏書""閒田張
氏聞三藏書"等印。是書經名人收藏，流傳有自。10册。

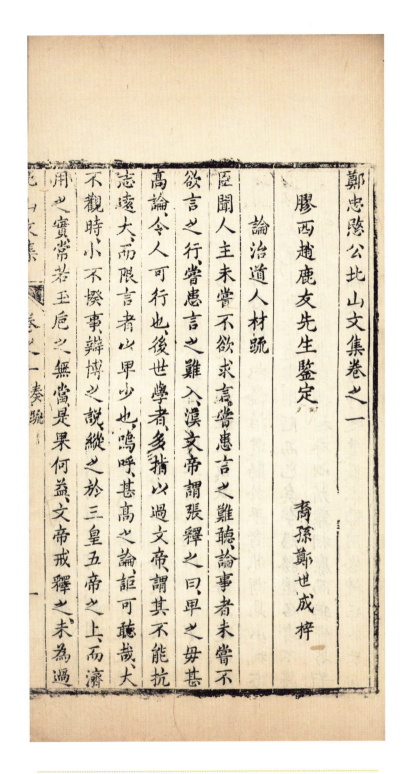

276　鄭忠愍公北山文集三十卷首一卷目錄一卷〔宋〕鄭剛

中撰　清康熙三十六年（1697）鄭世成刻本

開本 26×15.6 厘米，板框 19.4×12 厘米，半葉十行，行二十二字，白口，左右雙邊。卷端署"膠西趙鹿友先生鑒定　裔孫鄭世成梓"。前有清康熙三十四年趙泰姓序，康熙三十六年葉之綱序，康熙三十六年鄭世成小引，康熙三十四年曹定遠凡例，題跋詩贊姓氏。1函8册。

085082

蘇老泉先生本傳

蘇洵字明允眉山人數舉進士賢良不中當至和
嘉祐間偕其子軾轍至京師翰林學士歐陽修得
洵權書衡論策二十二篇大愛其文辭以為雖賈
誼劉向不過也以其書獻得召試而洵不就除秘
書省校書郎會詔集建隆以來禮書乃以為霸州
文安縣主簿與陳州項城令姚闢同編纂為太常
因革禮一百卷書方成奏未報而洵卒實治平三
年戊申四月也享年五十有八上聞而衰之特贈

蘇老泉先生全集卷第一

宋　眉山　蘇洵　著

幾策

審勢

治天下者定所尚所尚一定至於萬千年而不變
使民之耳目純於一而子孫有所守易以為治故
三代聖人其後世遠者至七八百年夫豈惟其民
之不忘其功以至於是蓋其子孫得其祖宗之法
而為據依可以永久夏之〔忠〕商之尚質周之尚

277　蘇老泉先生全集二十卷〔宋〕蘇洵著　附錄二卷〔宋〕
沈斐輯　清康熙三十七年（1698）邵仁泓刻本
開本 24.7×16 厘米，板框 18.2×12.1 厘米，半葉九行，行十九字，白口，左右雙邊。內封鐫"吳門邵滄來校訂　文靖書院藏板"。前有蘇老泉先生本傳，凡例。1函6冊。

蘇學士文集卷第一

感興三首

後寢藏衣冠前廟宅神主吾聞諸禮經此制出中古秦
嬴食先法乃復祭於墓漢衣以月遊於道蓋無取宣帝
尊祖廟失制徧九土孝元酌前文一旦悉除去魏帝樂
銅臺遺令　平置歌舞昏嗣竟從之此事狂夫阻唐制益
紛華諸陵銷嬪御曠女日哀吟於先亦冥補吾朝三聖
人乘雲不可覩威靈已霄漢嗣皇念宗祖繪事移天光
刻象肖神武徧敕舊遊地輸材起宮宇階堿釦以金牆
壁衣之䌽功旣即奉迎法仗叠簫鼓玩好擇珍奇目奪

278　蘇學士文集十六卷　〔宋〕蘇舜欽撰　清康熙三十七年（1698）

徐氏白華書屋刻本

開本 25.5×17.4 厘米，板框 17.2×12.3 厘米，半葉十行，行二十一字，白口，
四周單邊。前有宋歐陽修原序，清康熙三十七年宋犖序、孫岳頒序、徐惇復序，
康熙三十八年徐釚序，《宋史》蘇舜欽本傳，總目。鈐"彭澥詒經堂珍藏""宣
公後裔""蟫隱廬所得善本""聞田張氏聞三藏書"等印。1函6册。

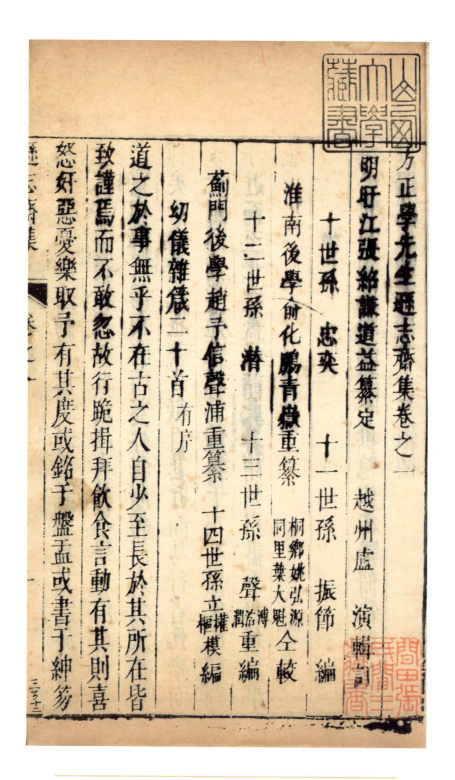

279　方正學先生遜志齋集二十四卷拾補一卷外紀一卷年譜一卷〔明〕方孝孺撰　清康熙三十七年（1698）刻本

開本 25.7×17.2 厘米，板框 20.8×15 厘米，半葉十行，行二十字，白口，四周單邊。前有清康熙三十七年俞化鵬"重輯方正學先生文集序"及原序。鈐"閏田張氏聞三藏書"等印。2 函 16 冊。

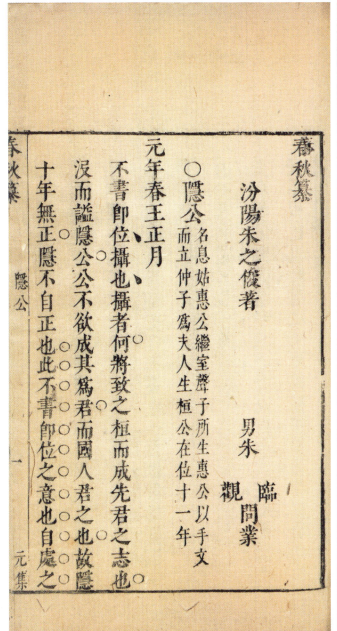

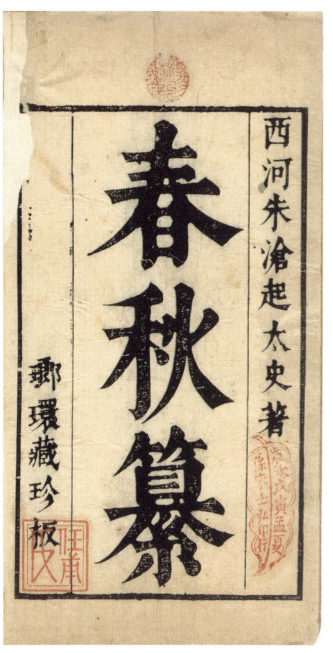

280　春秋纂　〔清〕朱之俊著　清康熙三十七年（1698）刻本

開本 26×15.7 厘米，板框 19.2×13.2 厘米，半葉八行，行二十一字，白口，四周單邊。前有胡世安序、方拱乾序、周士章序及著者自序。卷末有清康熙三十七年（1698）王正心跋。鈐"歲次戊寅孟夏孫朱士弘印行""任甫氏"等印。1 函 4 册。

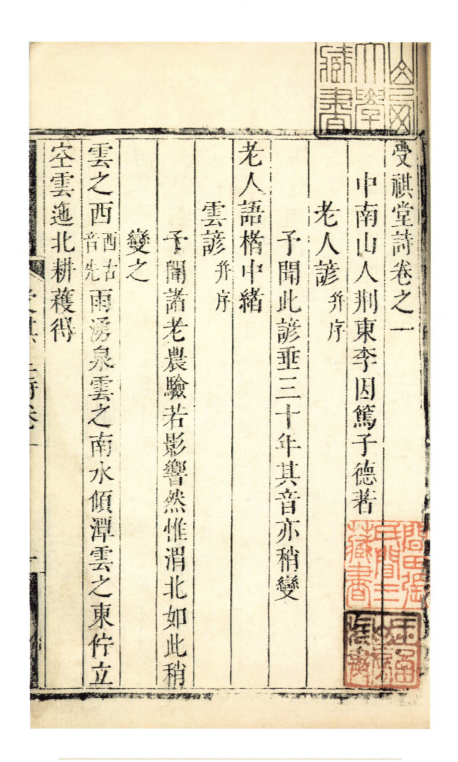

281　受祺堂詩三十五卷　〔清〕李因篤著　清康熙三十八年（1699）
田少華刻本

開本 22.5×15.5 厘米，板框 18.5×13.5 厘米，半葉十行，行十九字，粗黑口，
單黑魚尾，四周雙邊。前有清康熙三十八年吳江潘耒序。卷四及跋爲後配，
内封題識"補佚于庚辰七夕裝入，回憶扶萬持贈于北京虎坊橋富平會館，已
忘却幾經寒暑矣。噫！六十八歲老漢"，下鈐有"敬事"印。鈐"玉函山房
藏書""閏田張氏聞三藏書"等印。2 函 10 册。

大觀堂文集卷一

暨陽余　繡浣公甫著

軍需浩繁疏

奏疏上　時任山西道
　　　　監察御史

題爲軍需之浩繁巳極農戰之古制當脩請復鹽
屯交鈔之法以佐時艱以裕本計事切臣以殘邑
下吏荷蒙　殊恩援置臺員自慚疎陋何克仰報
涓埃顧念初進小臣未諳經　國大計苟言而失
當徒瀆

282　大觀堂文集二十二卷卷首一卷〔清〕余繡著　清康熙
三十八年（1699）余毓澄刻本
開本 27×16.8 厘米，板框 19.8×14.3 厘米，半葉九行，行二十字，白口，單
黑魚尾，左右雙邊。前有清康熙四十三年（1704）張泰交序，卷末有余毓澄
跋。鈐"閒田張氏閒三藏書"印。1 函 6 册。

漁洋山人精華錄卷一

門人侯官林佶編

古體詩

對酒

對酒歌慨慷自我屬有生共得睹太平皇帝陛下惟樂

康宮府治丞相無私人諸諫官彈射姦慝咸有直聲自

中丞刺史良二千石各各有廉名曰南交趾皆我郡縣

蠻夷君長以時稽首殿庭屬國具為令文筍生翠來王

京幸太學三老而五更遂賜民爵一級存問長老遺都

吏循行大酺十日除宮刑美人曼壽百室豐盈

慕容垂歌　三解

慕容初入鄴已有虎狼志前驅丁零部後面鮮卑騎

283　漁洋山人精華錄十卷〔清〕王士禎撰　清康熙三十九年（1700）林佶寫刻本

開本 26.7×17 厘米，板框 18.6×14.5 厘米，半葉十一行，行二十一字，細黑口，左右雙邊。前有清錢謙益序及贈詩一首，次總目，次畫像，卷端下鎸"門人侯官林佶編"。每卷後有校訂人姓名，末有康熙三十九年林佶後序。鈐"晚耘閣藏"等印。1函4冊。

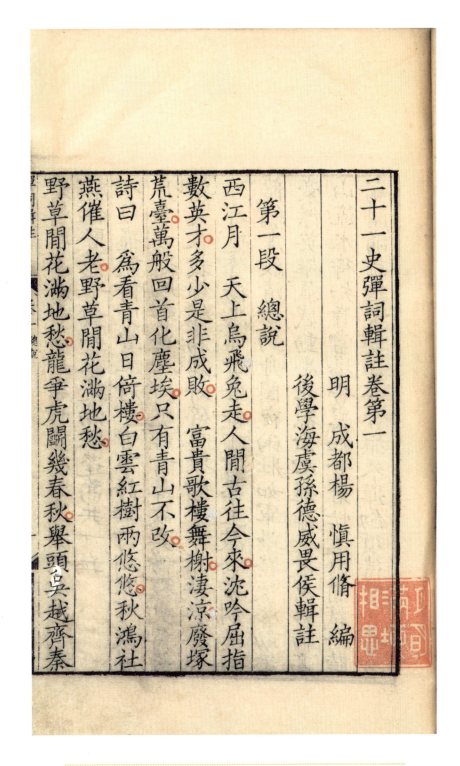

284　二十一史彈詞輯註十卷〔明〕楊慎編〔清〕孫德威輯註

清康熙四十年（1701）刻本

開本 24×16.4 厘米，板框 17×12.8 厘米，半葉十行，行二十字，小字雙行
三十字，粗黑口，左右雙邊。前有清康熙四十年嚴虞惇序。有朱筆圈點。軟
體精刻。鈐"笑雲居士""桂林一支""希任齋秘笈""月明滿地相思""菱華館"
等印。1 函 2 册。

靜觀堂詩集卷一

石門　勞之辨介巖　撰

估客行

大艑何處裝郎言往荆楚既過大隄城亦枉梅根

渚此地易留人隹人舞白紵望郎郎不歸空向門

前佇

烏夜啼

鄂君繡被眠齋閤玉漏沉沉閉金鑰城頭月白啼

老烏妾將斗酒爲郎沽報道郎歸歸竟果莫把烏

啼當鵲墮

285　靜觀堂詩集十九卷〔清〕勞之辨撰　清康熙四十年（1701）
自刻本

開本 25.4×17 厘米，板框 17.5×13.8 厘米，半葉十行，行十九字，粗黑口，
單黑魚尾，左右雙邊。前有清康熙三十五年（1696）尤侗序，康熙四十年自
序。鈐“閏田張氏聞三藏書”等印。1函4冊。

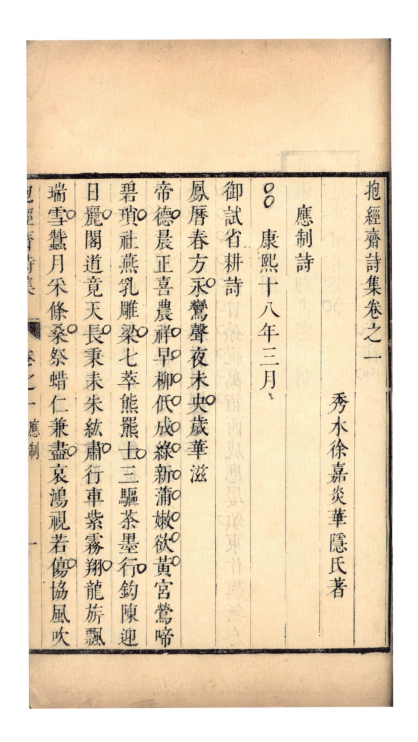

286　抱經齋詩集十四卷文集不分卷〔清〕徐嘉炎著　**附焚餘草一卷**〔清〕徐肇森著　清康熙四十年（1701）刻本

開本 25.2×16 厘米，板框 17.8×14 厘米，半葉十行，行二十字，白口，單黑魚尾，左右雙邊。前有王士禛序，清康熙三十八年（1699）王鴻緒序、李天馥序、吳琠序、韓菼序、田雯序、徐嘉炎自序，康熙四十年宋犖序。《文集》無目録，僅卷一有卷題。版心刻卷次，有二至九、十二及黑釘，甚爲凌亂，但全部文稿編排與《四庫存目》所列次序大體相同。卷末有郭象升題識。鈐“閒田張氏聞三藏書”印。1 函 4 册。

渚山樓詩集卷一

海峽潘廷章梅巖氏著

古樂府

鐃歌十八曲

陸麗京曰鐃歌體製歷代偓作彬匕稱盛而
鼓角橫吹爲軍中凱旋之奏黃帝命岐伯所
作以建威揚德勸士也語本樸靈調協
冘凉罕臻備美梅巖運思搆詞方駕鄒枚如
胡寬之營新豐不
徒弘我以漢京矣

朱彝

朱彝魚以羊鬢振哉彝呪鼓聲咽匕艴其羽醉言歸

287　渚山樓詩集十二卷　〔清〕潘廷章著　清康熙四十年（1701）刻本

開本 25.5×16.8 厘米，板框 19.9×14.4 厘米，半葉九行，行二十字，白口，單黑魚尾，四周單邊。封面鐫"門人王文在手輯"。前有清康熙四十年王廷獻"記事"。鈐"渚山樓"印。海內孤本。1 函 4 冊。

樊桐說詩

刪訂唐詩解卷一　五言古詩一

雲間唐汝詢仲言選釋

同里吳昌祺綬貽評定——同學

查象瑛西載

吳鯤勃飛　叅訂

魏徵　字元成魏州曲城人初爲隱太子洗馬太子敗書監泰嚞朝政封鄭國公又拜特進知門下省事諡文貞

述懷　自蒲山東方擢秘書永驅驛至黎陽　〔左傳〕徵從李密來京師未知名

中原還逐鹿投筆事戎軒縱橫計不就慷慨志猶存　傳〔左〕　後漢班

（眉批）
蹟攀晉宋之英超軼陳隋之俗
之高才疾足者先得焉張晏曰以鹿喻帝位也

288　刪訂唐詩解二十四卷　〔明〕唐汝詢選釋　〔清〕吳昌祺評定

清康熙四十年（1701）誦懿堂刻本

開本 28×17.8 厘米，板框 22.3×13.5 厘米，半葉九行，行二十一字，白口，左右雙邊，上下兩欄，眉欄鐫評語。內封鐫"誦懿堂藏板"。前有清康熙四十年吳昌祺序，原序三篇，例言二十則。鈐"愒閒堂圖書""民國甲子年州陵李滌川藏書""徐氏珍藏"等印。1函8冊。

塵事久謝絕園廬方晏陰鏗然郢中唱伸玩清
　　監郡太博惠酒及詩
竊未遑下
何野林僧忽焉至欲揖頃方罷復有倏上猿驚
頋我丘壑人煩師與之寫北山終日懸風調一
　閣師見寫陋容以詩奉答
五言古詩
林和靖先生詩集卷第一

289　林和靖先生詩集四卷附省心錄一卷〔宋〕林逋撰　清康
熙四十一年（1702）吳調元精刻本

開本 28.4×18.3 厘米，板框 16.4×11.5 厘米，半葉八行，行十八字，白口，左右雙邊。
內封鐫"古香樓藏板"。前有清康熙四十五年（1708）吳調元重刻序，宋皇祐五
年（1053）梅堯臣序，《宋史》林和靖本傳，元葉森撰"林和靖先生墓堂記"，畫像，
林集詩話。鈐"四明遺軒盧氏家藏書籍""閒田張氏聞三藏書"等印。1函4册。

李文襄公奏議卷一

　　　　　　　　　　　　　　　男　鍾麟編次

請革私僉民解疏

廣西道監察御史加一級臣李之芳謹

題為釐革私僉民解以剔蠹窟以信

功令事竊惟裕

國便民必在清奸除弊而弊之大者莫過於錢穀征解

失宜積蠹漏卮罔塞上關

國賦下係民膏若不徹底伤革必至公私交困卽如各

省錢糧奉

李文襄公奏議卷一　請革私僉　一

290　李文襄公奏議二卷奏疏十卷首一卷別録六卷附年譜
〔清〕李之芳撰　李鍾麟編　清康熙四十一年（1702）刻本
開本 26.8×17.7 厘米，板框 20×14.9 厘米，半葉十行，行二十二字，無界行，
白口，四周雙邊。前有康熙救諭兩篇，四周龍紋，側鎸“文華殿大學士李之
芳長男原任鳳廬道副使臣李鍾麟恭紀”。《年譜》前有唐夢賚序。鈐“閒田張
氏聞三藏書”印。1 函 10 册。

部宗兄汗簡見宋史藝文志與佩觿並列自夏英公集古文韻而下凡小學之書止不據熙其書恒不多見名羆氏讀書志直齋書錄解題及崇文書目皆但載佩觿而未有及此者書缺蘭脫在當世藏弄家已如是帷蓋膝囊之割散不足歎也近從秀水潘采堂朱氏獲見竊抄本凡六卷後有序自一卷編次古雅不攺許林重始一終故次序當慨近今兩行說文繡以四聲無復韻本西曰是猶引唐法諫漢獄其不可必有辨者矣是編不沒庶幾古小學之遺焉錢唐汪立名梓諸家鬠兩幟厭緣起於端回其謄寫工善遂用原本鐫版卷末有鄭所南跋尾一篇並仍之康熙歲在昭陽汁洽涂月朒

曰

一隅草堂

汗簡卷上之一第一

一

凡一之屬皆从一

天並尚書　石經　　天畢　庶子碑　麗齣王

上

凡上之屬皆从上

所出裴光遠集字

上　下見說文

上出王　庶子碑　下出葦　岳碑　旁出林罕集字

示

凡示之屬皆从示

帝見尚書　下見說文

神　神　崇　礼　礼　禮

291　汗簡七卷　〔宋〕郭忠恕撰　清康熙四十二年（1703）汪立名一隅草堂刻本

開本28.5×18.5厘米，板框21.1×15.5厘米，半葉八行，行字數不一，白口，左右雙邊。版心下鐫"一隅草堂"。前有清康熙四十二年汪立名序。後有鄭所南跋一篇，宋天禧二年（1018）李直方序。鈐"閨田張氏聞三藏書"等印。1函3冊。

有懷堂詩藁卷一

蹢躅集

詠史六首時將赴京兆試

孤鶴時懊喪病驥復悲鳴

雖太平時懷慨慕賈生羈旅

嗟薄俗筐篋蓋世營願言稽制作聖漢垂鴻名以兹長

太息豈爲前席榮

李廣負才氣勇敢莫不聞彎弓挾大黄射鵰安足云奈

何遭數奇望氣亦虚言生不逢沛公不得策高勲禁中

却拊髀上有聖明君試問誰頗牧何似飛將軍

嘗慨袴下人楚漢兩不識屠沽少年兒見侮寧足責請

次寥窮巷士挾策將遄征今

一少年廷屈漢公卿箕篝

292　有懷堂文藁二十二卷詩藁六卷〔清〕韓菼撰　清康熙
四十二年（1703）刻本

開本 25.9×16.7 厘米，板框 18.5×13.6 厘米，半葉十一行，行二十一字，白
口，單魚尾，四周單邊。内封牌記鎸 "有懷堂詩文集　康熙四十二年鎸　本
衙藏版"。《文稿》《詩稿》前各有清康熙四十二年韓菼自序。鈐 "江陰金氏
粟香室藏" "金氏粟香室珍藏印" 等印。2 函 12 册。

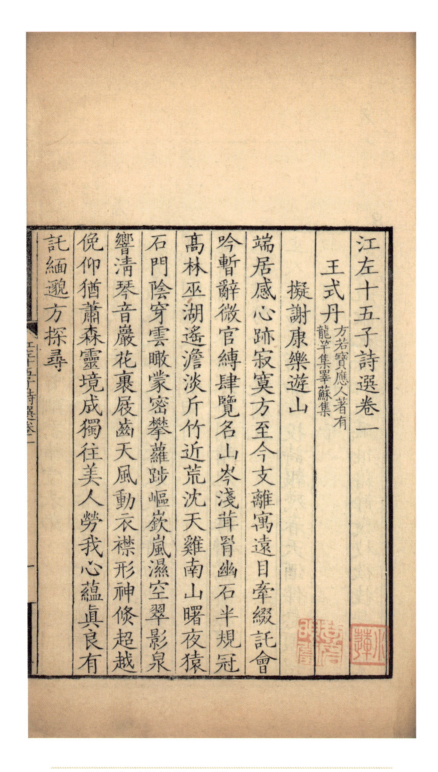

293　江左十五子詩選十五卷　〔清〕宋犖選　清康熙四十二年
（1703）宋氏宛委堂刻本

開本 25.1×16.7 厘米，板框 15.8×12.4 厘米，半葉十行，行十九字，小字雙
行二十八字，黑口，左右雙邊。前有清康熙四十二年宋犖序，總目。各卷前
有目次，署“商丘宋犖牧仲選　毗陵邵長蘅子湘訂”，校者各卷不同。鈐“水蓮”
“閒田張氏聞三藏書”等印。1 函 8 册。

朱子論定文抄卷之一

大戴禮記

武王踐阼

文公曰古之聖賢兢兢業業固無時而不戒謹恐懼然猶
恐其意有所息而忽忘之也是以於其常用之器各因其
事而刻銘以致戒焉欲其常接乎目每儆乎心而不至於
忽忘也成湯有感於沐浴之事而刻銘於盤以自戒焉至
於周武王踐阼之初受師尚父丹書之戒而於几席觴豆
刀劍戶牖盥盤莫不銘焉則亦聞湯之風而興起者皆可

石門吳震方青壇手輯

卷一

劉大開

294　朱子論定文抄二十一卷〔清〕吳震方輯　清康熙四十四年
（1705）刻本

開本 25.5×17 厘米，板框 19.5×13.5 厘米，半葉十行，行二十五字，小字雙行同，
白口，左右雙邊。版心下鐫刻工。有清康熙四十二年陳廷敬序，康熙四十四
年靳讓序，康熙四十二年仇兆鰲序，康熙四十一年吳震方序，凡例。鈐"玉
樹堂""雨田氏""胡震之印""徐石卿印""陶淑精舍收藏"等印。2 函 12 册。

御定歷代賦彙卷第一

經筵日講官起居注詹事府詹事兼翰林院侍讀學士加三級 臣 陳元龍奉

旨編輯

天象

天地賦 有序

晉 成公綏

賦者貴能分賦物理敷演無方天地之盛可以致思矣

歷觀古人未之有賦豈獨以至麗無文難以辭贊不然

何其闕哉遂為天地賦

惟自然之初載兮道虛無而玄清太素紛以澗濟兮始

有物而混成何一元之芒昧兮廓開闢而著形爾乃清

濁剖分玄黃判離太極旣殊是生兩儀星辰煥列日月

295　御定歷代賦彙一百四十卷外集二十卷逸句二卷補遺
二十二卷目錄四卷〔清〕陳元龍輯　清康熙四十五年（1706）內府
刻本

開本 25×16 厘米，板框 18.6×13.5 厘米，半葉十一行，行二十一字，黑口，
左右雙邊。前有清康熙四十五年御製序，進呈表，凡例，總目。10 函 80 冊。

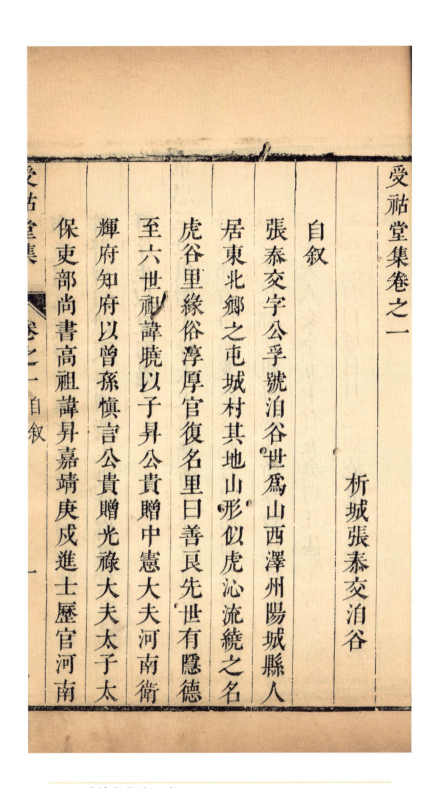

296　受祜堂集十二卷〔清〕張泰交撰　清康熙四十五年（1706）刻本
開本 26×16.6 厘米，板框 20×14.5 厘米，半葉九行，行二十一字，白口，
單黑魚尾，左右雙邊。前有清康熙四十四年程鑾序、康熙四十五年高熊徵序
和高輯跋。張泰交，字公孚，號泊谷，山西陽城人。歷太和知縣、廣西道監
察御史、大理寺卿、刑部左侍郎、浙江巡撫。清乾隆時列爲禁毀書。鈐"素
亭""閒田張氏聞三藏書"等印。1函8册。

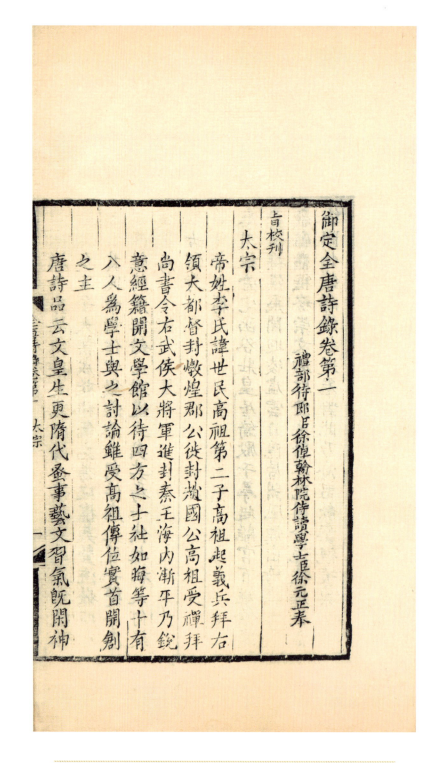

297　御定全唐詩錄一百卷年表一卷〔清〕徐倬輯　清康熙
四十五年（1706）徐倬刻本

開本 25.5×16.6 厘米，板框 16.4×11.2 厘米，半葉十一行，行二十一字，粗
黑口，左右雙邊。卷端署"禮部侍郎臣徐倬翰林院侍讀學士臣徐元正旨校
刊"。前有清康熙四十五年御製序，總目，年表。後有康熙四十五年陳廷敬、
張玉書、張英後序。4 函 32 册。

王文靖公集卷一

　　　　　　　　　　　受業　長山李斯義　校訂
　　　　　　　　　　　　　　華亭張豫章

奏疏

酌復舊章疏

題爲恭請酌復舊章以昭政典事臣伏覩

皇上因天氣亢暘金星晝見兩頒

上諭申飭臣工且以各部院衙門則倒繁多因而

王文靖公集　卷一

一

298　王文靖公集二十四卷年譜一卷附一卷〔清〕王熙撰　清
康熙四十六年（1707）王克昌刻本
開本 26.5×17.2 厘米，板框 18.9×14.2 厘米，半葉八行，行二十字，白口，
單黑魚尾，左右雙邊。前有清康熙四十六年吳震方序。鈐"臣王臣恭""靖廷"
"壽椿堂王氏家藏""閏田張氏聞三藏書"等印。1 函 10 册。

午亭文編卷一

門人候官林佶輯録

樂府

朝會燕饗樂章十四篇并序

詔禮部翰林院議

康熙二十年十二月定饗祀樂章

明年正月尚書臣帥顔保學士臣陳廷敬等集議言

郊廟樂章

世祖章皇帝所親定臣等不敢變易獨朝會燕饗沿習

前明典章未備祈勅下臣等考古樂之原定聲律之

節作爲雅歌用昭盛美詔曰可於是禮臣曰此詞臣

職也以屬臣廷敬臣待皐掌院事乃集諸詞臣謂之曰

廷敬材能淺薄不足以光制述之事樂歌之作無如公

午亭文編卷一

一

299　午亭文編五十卷〔清〕陳廷敬撰〔清〕林佶輯録　清康熙四十七年（1708）林佶寫刻本

開本 25.5×17 厘米，板框 18×14.5 厘米，半葉十一行，行二十一字，單黑魚尾，左右雙邊。前有陳廷敬序，後有林佶跋。鈐"開田張氏閩三藏書"印。2 函 8 册。

范忠貞公文集卷一

男時崇校字

奏議

請紓東南大困疏

具官臣范承謨謹奏臣向在內院恭覩

皇上日理萬幾每見必先

垂問章疏中有報水旱災荒者否有則

披覽不置憂憫見於

天顏無非以民爲邦本所宜加意培養者耳臣自

奉

300　范忠貞公文集五卷首一卷〔清〕范承謨撰　清康熙四十七
年（1708）刻本

開本 24.5×15.3 厘米，板框 16.8×13.3 厘米，半葉十行，行十九字，粗黑口，
單黑魚尾，四周單邊。第五卷《畫壁遺稿》半葉九行，行十八字，白口，左
右雙邊。卷末有清康熙四十七年圖爾泰後序。鈐"尉箴所藏"等印。1 函 4 冊。

讀史亭詩集卷一

南陽彭而述禹峰甫

樂府上

紫金曲　江寧刻集

王瓜園化麥田酸棗根狐兔眠月牙城上榆飛錢紅襖
小兒放風鳶百花洲豬盧水豆婆冢空縈縈天陰夜雨
青火明烏鴉東門罵白起

采桑曲

田家少婦嬾不得茅屋誰憐人傾國兒蠶初起饑欲死
南陌采桑玉顏黑馬頭兒郎機頭妻堂上垂白膝下啼
我聞黃絹一疋值千錢曷不及早組織鬻之納縣官郡

301　讀史亭詩集十六卷文集二十二卷〔清〕彭而述撰　清康熙四十七年（1708）彭始搏刻本

開本 25.2×15.6 厘米，板框 17.2×13.3 厘米，半葉十一行，行二十一字，粗黑口，單黑魚尾，左右雙邊。前有清康熙四十七年毛奇齡等序。2 函 14 冊。

凝翠樓集卷一

太原　王　慧蘭韞

移居茜里舊宅

新塘一水遠街東舊是柴桑五畝宮松菊尚存思
祖德蓬蒿不翦見家風花深雞犬疏籬外潮落魚
蝦小市中却愛堂前雙燕子還尋故壘入簾櫳

送妹入城

弱齡宜聚首何事早分襟百里相牽夢孤舟獨去
心嫩寒春袖薄細雨夜燈深惡説來朝別丁寧淚
不禁

302　凝翠樓集四卷　〔清〕王慧撰　清康熙四十七年（1708）朱氏銀
槎閣精刻光緒二十三年（1897）印本

開本 24.1×15.5 厘米，板框 18.5×13.5 厘米，半葉十行，行十九字，白口，
雙順魚尾，左右雙邊。内封鐫"朱氏銀槎閣藏板"，前有清康熙四十七年唐
孫華序、王吉武跋，光緒二十三年王壽慈誌後。鈐"閒田張氏聞三藏書"印。
1 函 4 册。

303　片石園詩四卷〔清〕孫元衡撰　清康熙四十九年（1710）刻本

開本 24.5×16.5 厘米，板框 17.2×13.8 厘米，半葉十行，行十九字，粗黑口，單黑魚尾，左右雙邊。前有清康熙四十九年黃叔琳序，孫曰注舊序，陳廷敬《題孫湘南片石園集》，康熙四十八年孫曰注後序。紙黑瑩潔，軟體寫刻。1 函 2 册。

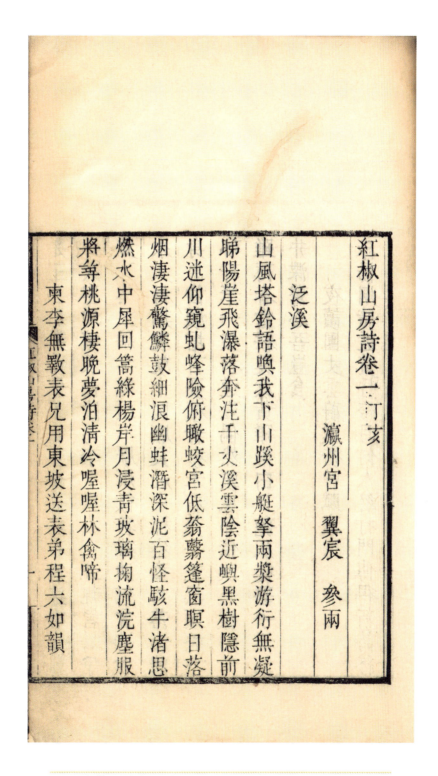

304　紅椒山房詩八卷〔清〕宮翼宸撰　清康熙四十九年（1710）刻本

開本 24.8×16 厘米，板框 15.7×13 厘米，半葉十行，行十九字，大黑口，
單黑魚尾，左右雙邊。前有清康四十九年李烏序。鈐"閒田張氏聞三藏書"印。
1 函 2 冊。

韋齋集卷之一

古詩

新安朱松喬年

睢陽謁雙廟

幽陵□□殘中原列城束手天子奔天留巨蘗
毒梁宋賊壘環堞如雲屯凶波淊天不可過塞
以束薪何足論力憑孤墉阻其怒不爾荐食無
黎元堂堂許張勇且仁指揮羸卒氣愈振上書
行在論賊勢想見憤色含妖氛人間貧賤容力

305　韋齋集十二卷 〔宋〕朱松撰　**附玉瀾集一卷** 〔宋〕朱槔撰　**蜀中草一卷** 〔清〕朱昇撰　清康熙四十九年（1710）朱昌辰刻本

開本 25.9×17.7 厘米，板框 17×12 厘米，半葉九行，行十八字，粗黑口，四周單邊。內封鐫"本府藏版"，鈐"北宋大儒""理學巨宗"朱印。有宋代誥文兩則，宋淳熙七年（1180）傅自得序，元至元三年（1337）劉性序，肖像，玉樥府君行狀。卷末有朱昌辰清康熙四十九年題記，每卷末鐫"廿世孫昌辰景辰謹訂"，間有刻工名。鈐"德種書壽""愛日軒""郭允叔藏書""閒田張氏聞三藏書"等印。4冊。

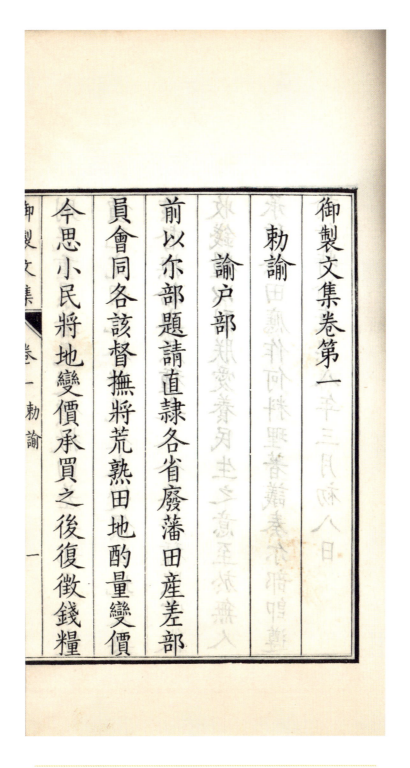

306　御製文集四十卷目録五卷　〔清〕愛新覺羅·玄燁撰　張玉
書等輯　清康熙五十年（1711）內府刻本

開本 28.1×17.8 厘米，板框 18.4×12.5 厘米，半葉六行，行十六字，白口，
四周雙邊。每卷後有牌記"巡撫山東等處地方督理營田兼理軍務都察院右副
都御史臣蔣陳錫、翰林院編修臣蔣漣謹校刊"，目録後有編録諸臣名銜。原裝，
黃綾書皮，灑金扉頁，黃綾雙龍函套。2 函 22 册。

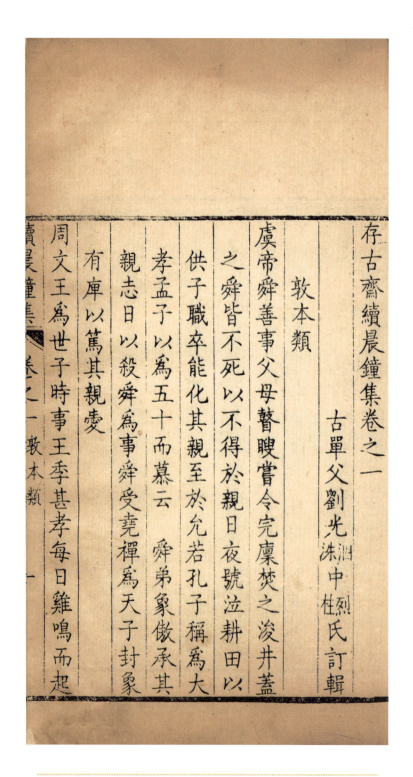

307　續晨鐘集二十卷　〔清〕劉光泗、劉光洙輯　清康熙五十一年
（1712）劉氏存古齋刻本

開本 26.5×16.8 厘米，板框 18×14.2 厘米，半葉十行，行十八字，白口，單
黑魚尾，左右雙邊。内封鎸"存古齋藏板　孫莪山先生鑒定"。前有清康熙
四十四年（1705）劉光泗、劉光洙序紀及康熙五十一年盧錫晉跋。鈐"顯謨
文烈披閱"等印。2 函 12 册。

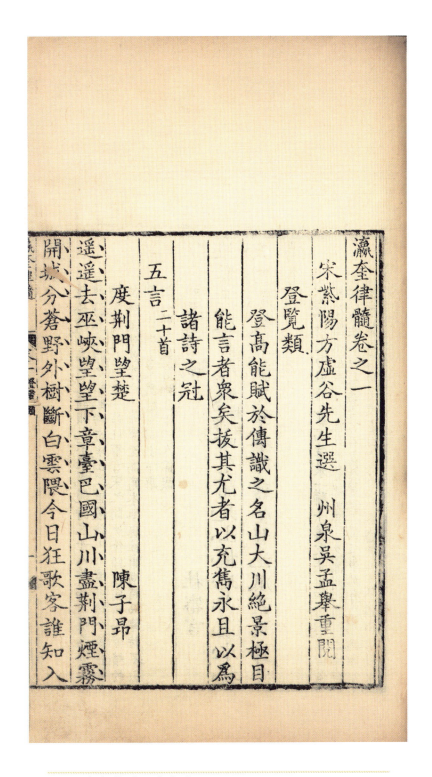

308　瀛奎律髓四十九卷　〔元〕方回選　清康熙五十一年（1712）

吴寶芝黄葉村莊刻本

開本 425.5×15.8 厘米，板框 16.4×12.3 厘米，半葉十行，行十九字，小字
雙行二十八字，細黑口，左右雙邊。内封鎸"黄葉村莊重校"。前有清康熙
五十一年吴之振序，康熙五十二年沈邦貞序，吴寶芝重刻記言八則，原序二
篇，康熙五十二年宋至序。1 函 8 册。

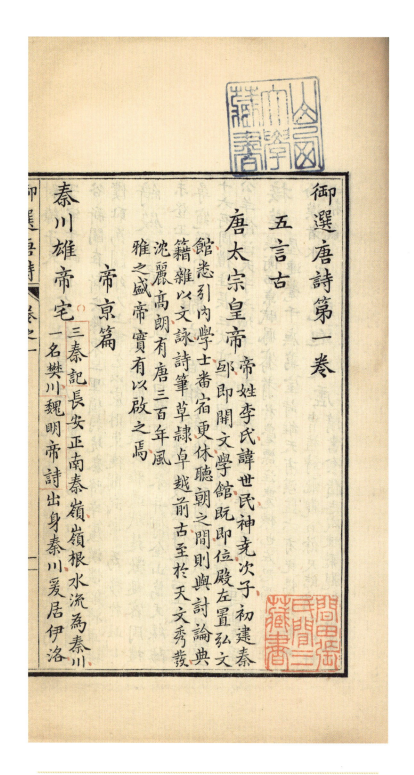

309　御選唐詩三十二卷目録三卷〔清〕陳廷敬等輯註　清康熙
五十二年（1713）内府刻朱墨套印本
開本 26.9×16.4 厘米，板框 18.8×12 厘米，半葉七行，行十七字，小字雙
行二十三字，無界行，白口，四周雙邊。前有清康熙五十二年御選序，參修
官員職名。第三十二卷有補編。鈐“閬田張氏聞三藏書”等印。4 函 16 册。

清閟閣全集卷之一

四言詩

　　　　　　　梁溪　　倪　瓚　元鎮　著
　　　　　　海上後學曹培廉　敬三　校

南山畫巳因畫說偈

至正十年十月廿三日余以事來荆溪重居寺主
邀余寓其寺之東院凡四閱月待遇如一日余
將歸廼命大覺懺除垢業使悉清淨乃爲寫寺

我行域中求理勝最遺其處憎出乎內外去來作〔一作止〕〔住〕
夫豈有礙依桑或宿御風亦邁雲行水流遊戲自在乃
幻爔居現於室內照舊中山歷歷不昧如波底月光燭

310　清閟閣全集十二卷　〔元〕倪瓚著　清康熙五十二年（1713）
城書室刻本
開本 28.2×16.6 厘米，板框 17.5×13 厘米，半葉十一行，行二十一字，白口，
四周單邊。版心下鎸"城書室"。內封鎸"城書室藏板"。前有明人舊序四篇，
清康熙五十二年曹培廉跋，凡例。鈐"閒田張氏聞三藏書"印。1 函 6 册。

◀ 315 ▶

樸村文集卷一
雜著
箴　銘　贊
心箴

心乎至眇森然者萬舒之六合斂之方寸所恃惟何性則皆善天
德有四應事無欠彼昏不知物欲驚眩亦有賢者欲與理戰爲是
爲非執貴執賤一返厥初昭昭著見明鏡止水光瑩如電感而遂
通權衡萬變操之使存不離一閒作聖之基洞不在遠背是而馳
攖攖日困天叙冏勅五品不遜人獸之分豈待酖蔡爲彼爲此斷
自角吶開邪不嚴恒懼滋蔓吾今告汝一念之惡去以利劍火然
泉達善端乃偏盂之擴克程之涵養彼何人哉柰何乎徒言景仰

身箴

凡人之身草木同敝聖人之身參兩天地五殊二寶稟此一氣氣
有厚薄性則均畀其究懸殊不可數計聖也何□肇修人紀衆也

311　樸村文集二十四卷　〔清〕張云章撰　清康熙五十三年（1714）刻本

開本 25×15.5 厘米，板框 18×13.4 厘米，半葉十三行，行二十五字，粗黑口，單黑魚尾，左右雙邊。前有清康熙四十九年（1710）陳鵬年序，康熙五十三年張云章自序。鈐"閒田張氏聞三藏書"印。1函4冊。

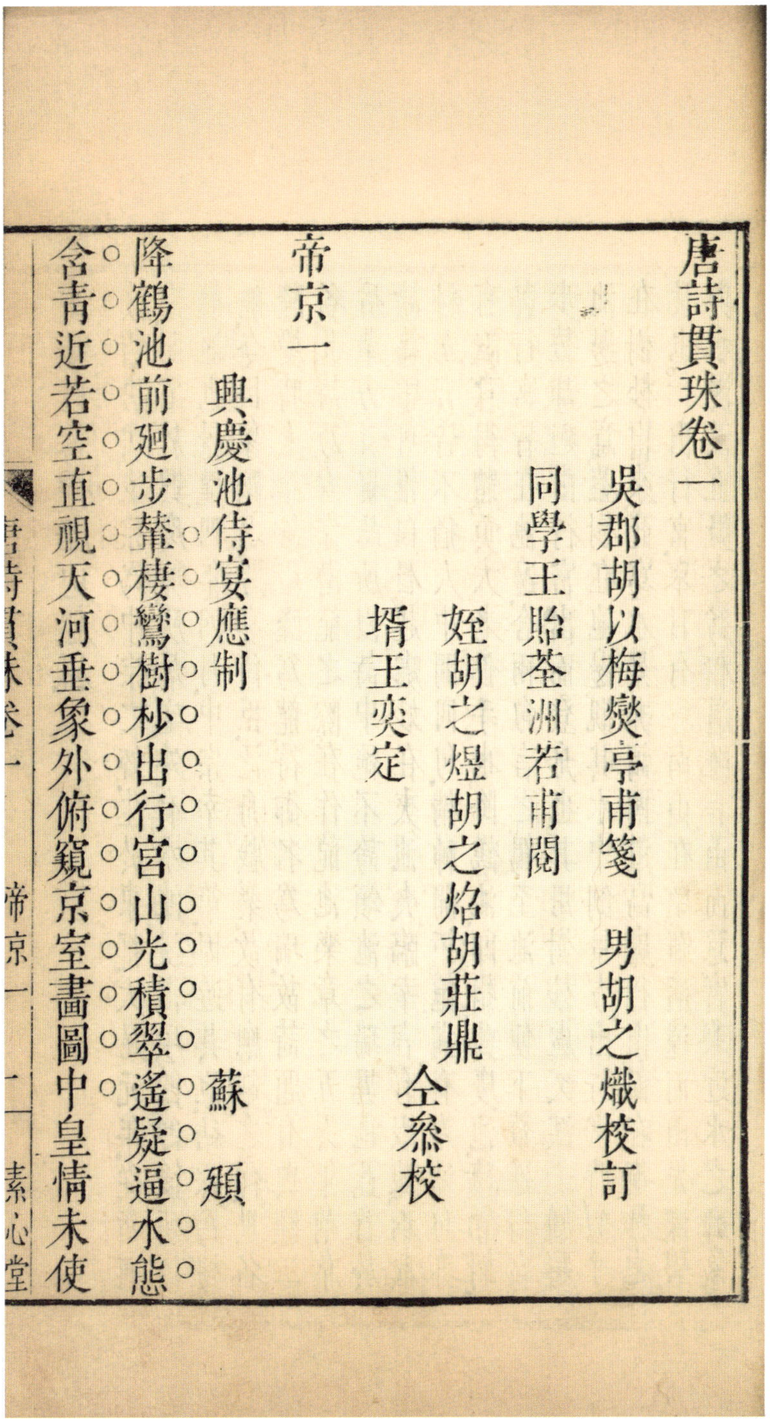
唐詩貫珠卷一
吳郡胡以梅燮亭甫箋　男胡之熾校訂
同學王貽荃洲若甫閱
姪胡之煜胡之焰胡莊鼎仝叅校
壻王奕定
帝京一
興慶池侍宴應制　蘇頲
降鶴池前廻步輦棲鸞樹杪出行宮山光積翠遥疑逼水態
含青近若空直視天河垂象外俯窺京室畫圖中皇情未使
唐詩貫珠卷一　帝京一　二　素心堂

312　唐詩貫珠六十卷〔清〕胡以梅輯并箋　清康熙五十四年（1715）蘇州胡氏素心堂刻本

開本26.2×17.3厘米，板框20×13.4厘米，半葉九行，行二十三字，小字雙行同，黑口，左右雙邊。版心下鎸"素心堂"。有陶彝序，未署年月，清康熙五十四年胡以梅自序，凡例，總目録，引用書目。鈐"閒田張氏聞三藏書"印。2函12册。

豐川全集卷之一

存省稿

豐川王心敬爾緝甫著　　愚男㷍勱謹錄

同學諸子叅閲　及門諸子校

語錄一

千古道脈學脈只以全體大用真體實功。一貫不偏
為正宗故舉千聖百王之道六經四子之言無一
不會歸于此而惟大學一書則合下包括更無滲
漏蓋孔子生千聖百王之後折衷千聖百王之道
術學術。而融會貫通以示萬世也故學術必束于

313　豐川全集二十八卷　〔清〕王心敬著　清康熙五十五年（1716）
二曲書院刻本

開本 28.6×19.1 厘米，板框 21.2×17.1 厘米，半葉十行，行二十字，無界行，
白口，單黑魚尾，四周雙邊。前有清康熙五十五年額倫特序，凡例。鈐"開
田張氏聞三藏書"印。1函8冊。

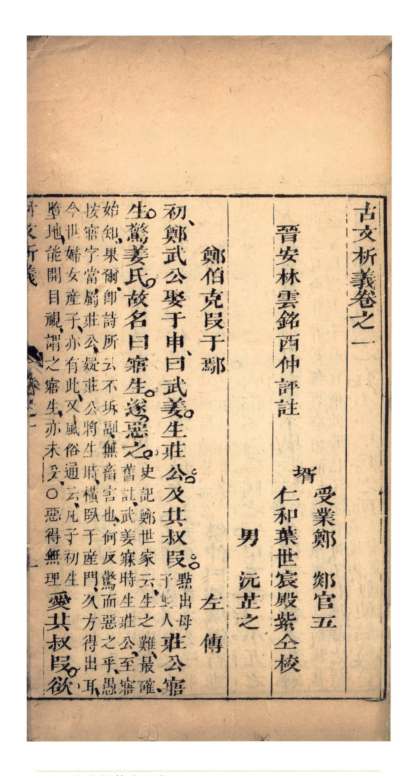

314　古文析義十六卷 〔清〕林雲銘評註　清康熙五十五年（1716）
寶文堂刻本

開本 27×16 厘米，板框 18.9×13 厘米，半葉九行，行二十三字，白口，左
右雙邊。前有清康熙二十一年（1682）、康熙二十六年（1687）林雲銘二序，
康熙五十五年林沅跋，凡例十六則，目次。卷端署"晉安林雲銘西仲評註"，
下爲校者名氏，各卷校者不同。2函16册。

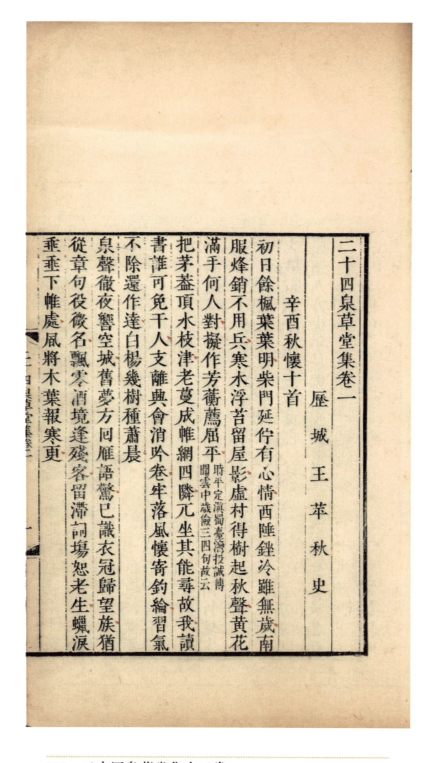

二十四泉草堂集卷一

歷城 王苹 秋史

辛酉秋懷十首

初日餘楓葉葉明柴門延佇有心情西陲鉦冷雖無歲南
服烽銷不用兵寒水浮苔留屋影虛村得樹起秋聲黃花
滿手何人對擬作芳蕕薦屈平
　時平定滇蜀臺灣投誠傳
　聞雲中藏儼三四句故云
把茅蓋頂水枝津老蔓成帷網四隣兀坐其能尋故我讀
書誰可免干人支離與會消吟卷牢落風懷寄釣綸習氣
不除還作達白楊幾樹種蕭晨
泉聲徹夜響空城舊夢方回雁語驚巳識衣冠歸望族猶
從章句役微名飄零酒境逢殘客留滯祠場恕老生蠟淚
垂垂下帷處凮將木葉報寒更

315 二十四泉草堂集十二卷 〔清〕王苹撰 清康熙五十六年
（1717）于熙學刻本
開本 28×18.1 厘米，板框 16.6×13.8 厘米，半葉十二行，行二十二字，白口，
雙魚尾，左右雙邊。前有王士禎等人序及于熙學“刻二十四泉草堂集緣起”。
鈐“閏田張氏聞三藏書”印。1 函 2 册。

東江詩鈔卷第一

太倉唐孫華實君豪 —— 受業陸 —— 師巢雲編

偕同年吳元朗遊西涇次友人韻

東山多市塵往往背山麓武山洵清曠羈客誰能速懷
苦事著書頭白困汗竹分曹日課功嚴若巡執扑扣門
聞嘉招快似猱升木佯謝未敢前欲往意所蓄一葦泛
湖光舟平如在屋澳樹發幽香疑入子真谷遠籬花未
稀登場稻初熟延客開松扉書堂散誦讀清風扇坐隅
雲起未成族小閣展遲眺一山圍眾綠清言雜詼嘲勝
引異徵逐塞簾出紅妝衣香襻芬郁妍唱發朱唇何必

316　東江詩鈔十二卷　〔清〕唐孫華撰　清康熙五十六年（1717）刻本

開本 26.1×17 厘米，板框 18.9×13.9 厘米，半葉十一行，行二十一字，白口，單黑魚尾，左右雙邊。卷首四葉爲抄配。前有清康熙五十六年王吉武序，康熙三十三年（1694）沈受宏序。鈐"開田張氏聞三藏書""無竟先生獨志堂物"等印。1函6册。

三藩紀事本末卷一

青浦楊陸榮采南氏編

三藩僭號

福王名由崧神宗孫福王常洵之子洛陽陷王避亂
南下次淮安值甲申三月國變南中府部等官會議
監國鳳督馬士英穆書史可法及兵部侍郎呂大器
請奉福王可法大器以潞王稍有賢譽持未決而士
英密與操江誠意伯劉孔昭摠兵劉澤清高傑黃得
功劉良佐擁兵迎王於江上王至南京以內守備

317　三藩紀事本末四卷　〔清〕楊陸榮編　清康熙五十六年（1717）
刻本

開本 24.5×15.7 厘米，板框 18.3×13.9 厘米，半葉九行，行二十字，白口，
單黑魚尾，左右雙邊。前有清康熙五十六年自序。清乾隆時列爲禁毀書。1
函 4 册。

紡授堂文集卷之一　序

晉江曾異撰弗人著

送屯鹽使者申青門公入　賀序代

今上御極四年　天子萬壽之期姑蘇青門申公以

入　賀行里中二三子衿屬不佞執筆爲贈公蓋以

屯政鹽法監司吾閩地者也而能旁及於教誨子弟

之事且公建節三山能使海濱人士不遠數百里擔

簦執經于公之門余於是歎公之清靜爲理而政有

紡授堂文集　卷之一

一

318　紡授堂文集八卷二集十卷　〔明〕曾異撰著　清康熙五十七年（1718）曾天采刻本

開本 25.3×15.6 厘米，板框 20×13.9 厘米，半葉八行，行二十字，白口，單黑魚尾，四周單邊。内封鐫"益友齋藏板"。前有清康熙五十七年曾天采跋。1 函 10 册。

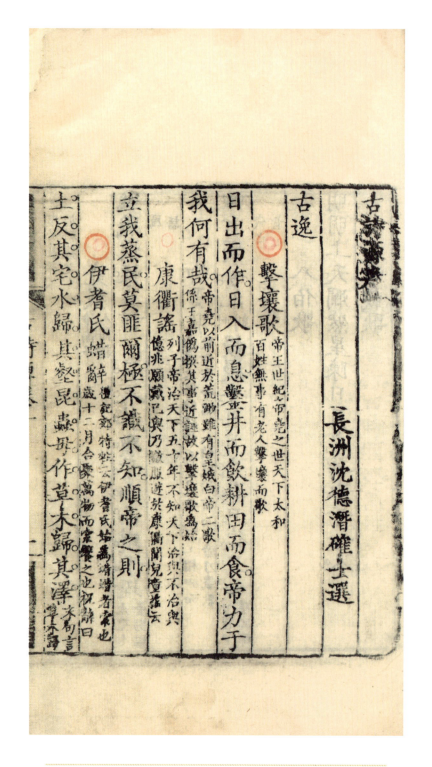

319　古詩源十四卷　〔清〕沈德潛輯　清康熙五十八年（1719）竹嘯
軒刻本

開本 26.1×16.5 厘米，板框 16.7×12.6 厘米，半葉十行，行十九字，小字
雙行二十九字，粗黑口，左右雙邊。内封鎸"竹嘯軒藏板"。前有清康熙
五十八年沈德潛自序，例言，參訂姓氏。1 函 4 册。

左繡

錢塘　馮李驊天閑
定海　陸　浩大瀛　評輯
同學　錢塘范允斌右文
　　　仁和沈乃文羲武蔡訏
同懷　杭州陸　偲頭首
男　馮張孫近廣
　　翼孫念諳
　　六孫思蔭　校輯
男　陸麟曾泰爻

春秋左傳集解

晉　杜預元凱原本
宋林堯叟唐翁附註
唐陸元朗德明音釋
後馮李驊天閑增訂
學

隱公第一

公名息姑魯惠公子母聲子姬姓侯
爵自周公子伯禽受封傳世十三至
公攝國謚法不尸其位
曰隱○在位十一年

傳惠公元妃孟子
孟子宋姓○適丁歷反
○言元妃明始適夫人也孟子卒不
繼室以聲子生隱公○聲子亦蓋
孟子之姪

夫死不得從大謚
夫不成喪也無論先
薨不成喪也無論先

320　左繡三十卷首一卷　〔清〕馮李驊、陸浩評輯　清康熙五十九年（1720）刻本

開本 24.5×15.4 厘米，板框 21×14 厘米，半葉八行，行二十四字，白口，單黑魚尾，四周單邊。版分上下兩欄，上欄爲評語，下欄爲正文。有清康熙五十九年朱軾序。清乾隆時列爲禁毀書。2 函 16 冊。

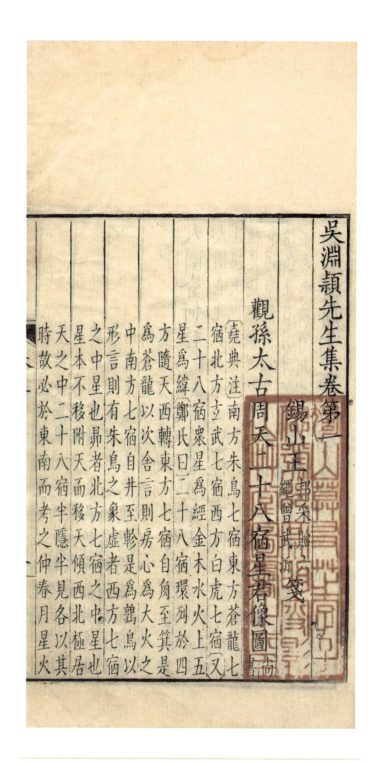

321　吳淵穎先生集十二卷　〔元〕吳萊撰　〔清〕王邦采、王繩曾箋

清康熙六十年（1721）刻本

開本 24.9×15.9 厘米，板框 16.8×11.4 厘米，半葉九行，行十八字，細黑口，四周單邊。内封鐫 "林養堂藏板"，鈐 "林養堂" 印。有清康熙六十年王邦采序及原序。鈐 "莫繩孫" "莫彝孫" "同治初元獨山莫友芝皖江軍次收書印" "獨山莫友芝字子偲號邵亭眲叟影山草堂圖書之印" "閒田張氏聞三藏書" 等印。

1函2册。

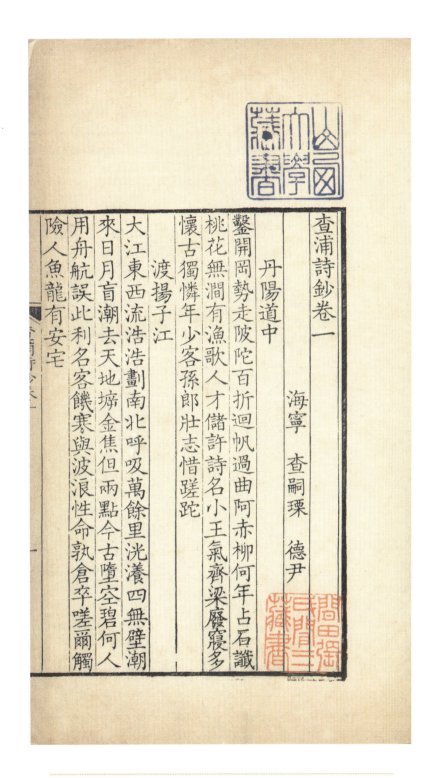

322　查浦詩鈔十二卷　〔清〕查嗣瑮撰　清康熙六十一年（1722）查
慎行精刻本

開本 26×17 厘米，板框 17×12 厘米，半葉十一行，行二十一字，白口，單魚尾，
左右雙邊。前有皖城錢澄之序，清康熙六十一年查嗣瑮之兄查慎行刻書序，
目録一卷。鈐"忠州李花仙隨身書卷""閒田張氏聞三藏書"等印。精刻精印，
書品完好。1 函 8 册。

思綺堂文集卷一

服伯大兄傳

大兄諱戡功字服伯浙江錢塘人也昔者釣璜渭水姬典

呂佐之年〔水經注渭水之右磻溪水注之〕公釣於磻溪得玉璜刻曰姬受命呂佐之〔尚書中医〕太賜

履營丘〔左傳周太君履〕〔德開國承家之日〕〔易師大君有〕〔史周紀封功臣〕太公封於營丘乃在於郭〔王十朋章氏宗〕命姓有由以命姓受

封功無數而師尚父為首封〔周語唯有嘉功遂去其邑見〕命姓有由以命姓受祀序齊太公支

誰泊乎全城於唐末繁本支者十五人〔章氏世譜明成祖〕〔皇帝御製夫人〕國鳥氏去邑鳥章

練氏全城爲善陰騶書章氏太傅妻練氏素有賢德章得

象之高祖母也太傅公建州人仕王氏爲刺史練氏智識

過人太傅出兵有二人得罪欲斬之練氏密使二人亡去

後二人俱奔南唐爲將攻建州州破之時太傅已死矣練

323　思綺堂文集十卷　〔清〕章藻功撰　清康熙六十一年（1722）刻本
開本 24.4×16.4 厘米，板框 20.1×14.5 厘米，半葉十行，行二十二字，小字雙行同，白口，單黑魚尾，四周單邊。內封牌記鑴"錢塘章豈績著　註釋思綺堂四六全集　康熙再壬寅竣工　本衙藏板，現書發兌"，前有禮部尚書許汝霖序，友人傳作楫序，凡例，作者畫像及題詞。各卷前有目錄。鈐"閒田張氏聞三藏書"印。1函10冊。

重刊校正笠澤叢書

叢書甲

陸魯望文集序

唐賢陸龜蒙字魯望三吳人也幼而聰悟通六
籍尤長於春秋常體江謝賦事名振江右與顏
蒐皮日休羅隱吳融爲友性高潔家貧親老屈
與張搏爲湖藩二郡佐嘗至饒州三月無所詣
刺史率官屬就見之龜蒙不樂拂衣去居松江
甫里多呀論誤著吳興實録四十卷松陵集十

324　重刊校正笠澤叢書四卷補遺詩一卷續補遺一卷〔唐〕
陸龜蒙撰　清顧氏碧筠草堂刻本
開本 28.9×18.5 厘米，板框 19.9×12.6 厘米，半葉九行，行十八字，白口，四周雙邊。書以甲乙丙丁分卷，内封鐫"碧筠草堂重雕"。末有元至元五年（1339）陸德原跋。鈐"中吳顧樨手校重刊""閭田張氏聞三藏書"等印。1函 2 册。

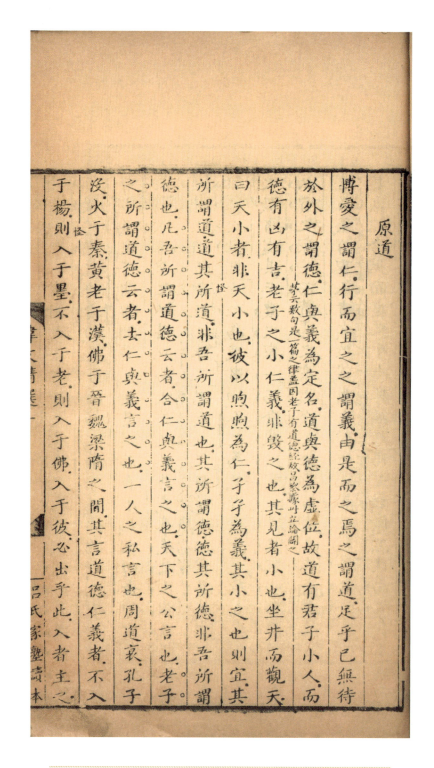

325　晚邨先生八家古文精選不分卷〔清〕呂留良評　清康熙間
（1662—1722）呂氏家塾刻本

開本25.7×16厘米，板框19.7×14.1厘米，半葉十行，行二十五字，綫黑口，
雙魚尾，左右雙邊。軟體寫刻，刻印俱佳。清雍正間呂留良牽涉文字獄中，
其著作遭禁毀，其藏書亦蕩然無存，是書即爲禁毀書之一種。鈐“閒田張氏
聞三藏書”印。1函8册。

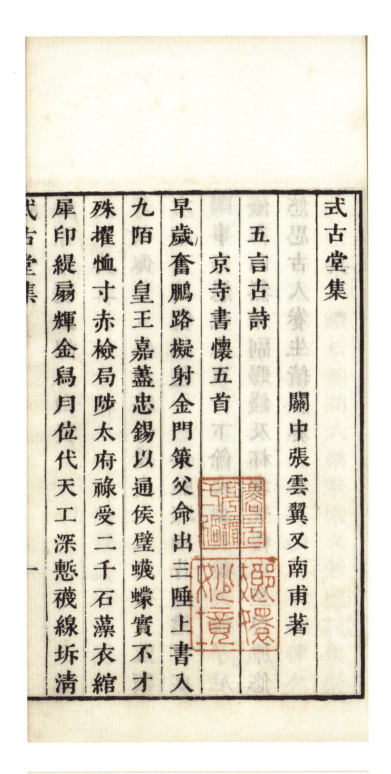

326　式古堂集不分卷 〔清〕張雲翼著　清康熙間（1662—1722）刻本

開本 27.4×15.6 厘米，板框 19.5×13.2 厘米，半葉八行，行十八字，白口，左右雙邊。前有清康熙五十一年（1712）王熙序、張玉書序、李天馥序、鄭重序、王弘序，卷末有康熙五十一年李建跋。鈐"嬾嬛妙境""麟見亭讀一過"等印。1 函 6 册。

願學堂文集卷之一

臨潼周　燦星公著

賦

西湖雪賦

乙巳冬客武林寓荷花池上主人詹允諧倜
儻風流洒善文章余樂與之遊一日天寒雨雪
余携榼邀詹子偕二三同人冐雪泛舟飲湖
心亭上憑欄四望曠然有懷酒酣援筆而爲
之賦曰

327　願學堂集二十卷附使交紀事一卷使交吟一卷安南世系略一卷南交好音一卷　〔清〕周燦著　清康熙間（1662—1722）刻本

開本 26×16.4 厘米，板框 19.3×13.9 厘米，半葉九行，行二十字，白口，單黑魚尾，四周雙邊。有清康熙二十四年（1685）湯來賀序，康熙二十一年（1682）黃興堅序。鈐"徐石卿印"等印。1函6册。

閑存堂文集卷之一

序

古秋堂詩集序

云間張永銓賓門甫著

古秋堂詩集序

余與江上馬雪航年逾五十而始定交交最晚知最
深夫雪航未易才也昔鮑叔乎知管夷吾之才以天
下稱之余於雪航亦云然昔之人負天下之才即爲
天下用今之人負天下之才未嘗不見用于天下而
卒未嘗顯爲天下用嗚呼何遇之阨也雪航幼工舉

閑存堂文集　卷二一　古秋　一

328　閑存堂文集十四卷詩集九卷　〔清〕張永銓著　清康熙間
（1662—1722）刻本

開本 26 × 17.4 厘米，板框 18.3 × 13 厘米，半葉九行，行二十字，白口，單黑魚尾，
左右雙邊。前有清康熙二十一年（1682）毛奇齡序。鈐"閑田張氏聞三藏書"
印。1 函 6 冊。

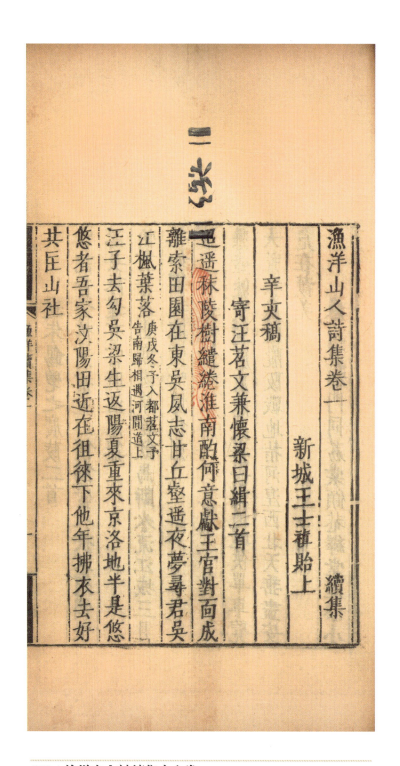

329　漁洋山人詩續集十六卷　〔清〕王士禛撰　清康熙間（1662—1722）自刻本

開本 27.2×16.6 厘米，板框 16.4×13.4 厘米，半葉十行，行十八字，粗黑口，左右雙邊。前有施閏章、徐乾學、陸嘉淑三序，不署年月，次清康熙二十年（1681）門人曹禾序，康熙二十一年汪懋麟序，康熙二十三年金居敬序、萬言序，盛符昇"南海集序"，不署年月，次計東題後及王士禛自記一則。鈐"閒田張氏聞三藏書"印，函套書題籤"歲在乙丑越岑署籤"。1函4册。

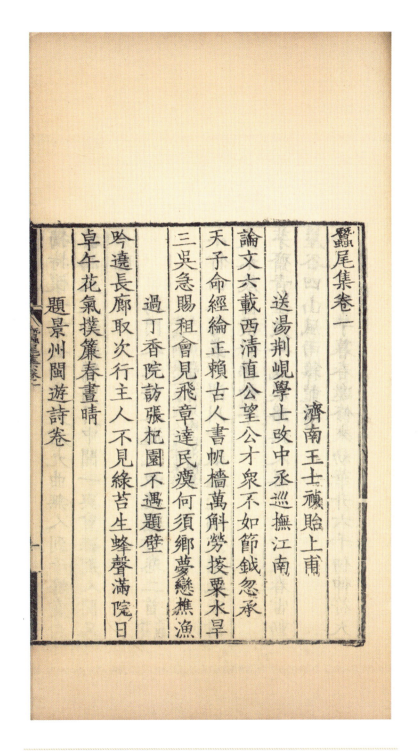

330 蠶尾集十卷續集三卷後集二卷南海集上下卷雍益集一卷

〔清〕王士禎撰　清康熙間（1662—1722）刻本

開本 27×16.9 厘米，板框 16×13 厘米，半葉十行，行十九字，粗黑口，左右雙邊。《續集》板框略大，15.8×13.3 厘米。《後集》字體明顯不同。《蠶尾集》前有康熙三十五年（1696）宋犖序，康熙二十三年（1684）自序。《續集》前有康熙四十三年（1704）陳琰序。《後集》前有康熙四十七年（1708）後自序。《南海集》前有金居敬序，《雍益集》前有盛符昇序，俱不署年月。鈐"閭田張氏聞三藏書"印。1 函 8 冊。

臨野堂詩集卷一

吳江鈕　琇玉樵著

笠釣初吟

咏史

平居傷側陋弱冠游京師獻策金馬門陪輦昆明
池金張若比肩許史同追隨城南賜甲第繡栱珠
枲恩綺袖充下陳華軒交中逵側聞羽檄至候騎
日夜馳擐甲拜明詔指揮收燕支紫塞奏捷獲丹
山樹豐碑雄名載麟閣元績紀鼎彝顧酬夙昔志
俱羨遇合奇富貴會有盡卷舒須及時敝屣棄妻

331　臨野堂詩集十三卷文集十卷詩餘二卷尺牘四卷　〔清〕

鈕琇著　清康熙間（1662—1722）刻本

開本 22×13 厘米，板框 16.7×13.5 厘米，半葉十行，行十九字，白口，單魚尾，左右雙邊。版心鐫"臨野堂集"。前有清康熙二十九年（1690）李因篤序，康熙二十七年姜宸英題辭。各卷有分書名。《尺牘》前有康熙三十二年（1693）後學康乃心序。鈐"董氏藏書""存耕堂""閒田張氏聞三藏書"等印。金鑲玉裝，館藏僅存《詩集》和《尺牘》。1函7冊。

空明子詩集卷之一

練川兄樸村先生選

華亭張　榮景桓著

出門行

男兒豈合一無成擔簦躡屩酬平生禹跡茫茫未易偏
搔首問天天不應丈夫出門無所戀出門未肯淚如霰
縱有好花付東風怨粉愁紅顏色變人生自有真樂處
豈羨雙樓梁上燕北走漁陽南走越非是飄零類花片
開襟清風拂我懷賦成不勞狗監薦江海縱能當墨池
五岳只堪磨作硯奇文何必六書外但恨古人不我見
嗚呼出門酹酒向空奠出門不與羣雄戰願逢世外學
道人時對青山好顏面

332　空明子詩集十卷又八卷又八卷文集六卷又二卷又二卷雜錄一卷又一卷詩餘二卷附葺城賦註崇川節孝錄 〔清〕
張榮著　清康熙間（1662—1722）謙益堂精寫刻本
開本 21.7×14 厘米，板框 16.7×11.5 厘米，半葉十一行，行二十一字，粗黑口，雙魚尾，左右雙邊。内封鎸"謙益堂藏板"。前有清康熙五十七年（1718）季駿序。鈐"開田張氏聞三藏書"印。1函12册。

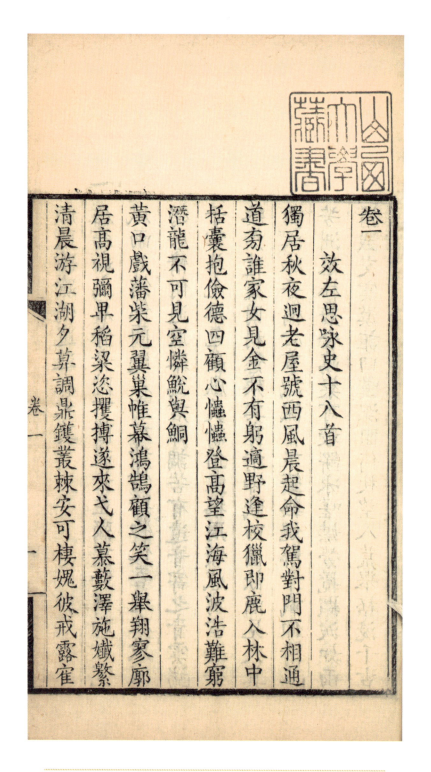

333　後村詩集七卷附吴越遊草一卷〔清〕王文治撰　清康熙間
（1662—1722）刻本

開本 24.4×15.4 厘米，板框 17×13 厘米，半葉九行，行二十字，粗黑口，
單魚尾，左右雙邊。卷前有清康熙四十九年（1710）朱著、朱元英等序，《吴
越遊草》前有陳塏題記，康熙四十五年（1706）王文治自序。函套書題籤"王
後村集"。1 函 6 册。

後村雜著　卷上

五言古詩鈔序

文治鈔五言古詩彙爲一冊於晉宋取陶潛氏謝朓氏

於唐取張九齡氏儲光羲氏王維氏孟浩然氏常建氏

王昌齡氏韋應物氏柳宗元氏凡十家共詩若干首既

卒業或過而覽焉曰子之鈔五言古詩而所取者只十

家何也曰其爲詩也清故竊有取焉耳曰此殆鍾譚之

旨歟曰非也天地之氣貴清而賤濁故清者爲人濁者

爲物而人之中固有爲聖賢者此得其氣之純乎清者

334　後村雜著三卷　〔清〕王文治撰　清康熙間（1662—1722）刻本
開本 22.5×14 厘米，板框 17.3×12.8 厘米，半葉九行，行二十一字，粗黑口，
單黑魚尾，左右雙邊。內封鐫"己卯新鐫　王文治集　古墨齋梓行"。卷前
有清康熙四十七年（1708）王文治自序。鈐"徐石卿""閒田張氏聞三藏書"
"陶淑精舍收藏"等印。1 函 2 冊。

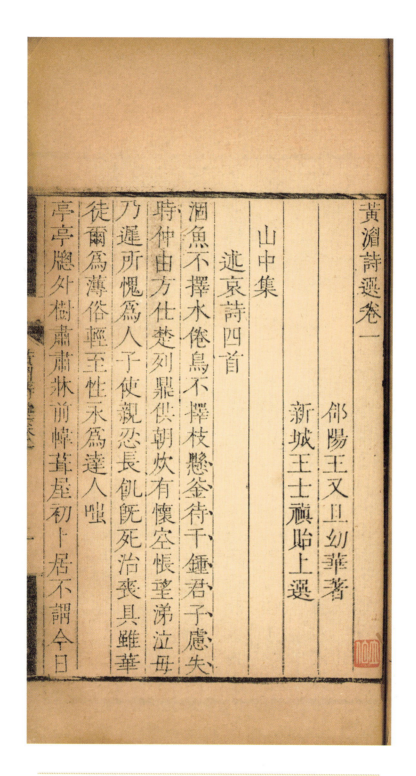

黃湄詩選卷一

郤陽王又旦幼華著

新城王士禛貽上選

山中集

述泉詩四首

涸魚不擇水倦鳥不擇枝懸釜待千鍾君子慮失

時仲由方仕楚列鼎供朝炊有懷空帳望涕泣毋

乃遽所愧爲人子使親忍長飢旣死治喪具雖華

徒爾爲薄俗輕至性永爲達人嗤

亭亭牕外樹肅肅林前幃茸屋初卜居不謂今日

335　黃湄詩選十卷〔清〕王又旦著　王士禛選　清康熙間（1662—
1722）刻本

開本 26×15.5 厘米，板框 17.7×13.5 厘米，半葉十行，行十九字，粗黑口，
單黑魚尾，四周單邊。前有王士禛序，黃州顧景星序，清康熙二十年（1681）
揚州汪懋麟序，陸嘉淑序，姜宸英序。卷末鐫"旌邑湯復旦刻"。鈐"補庵
六十已後所得書畫""立伯"等印。1 函 4 册。

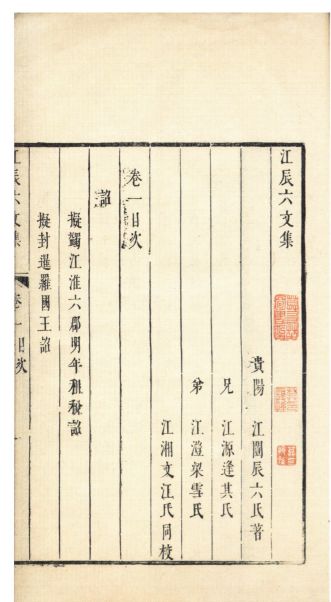

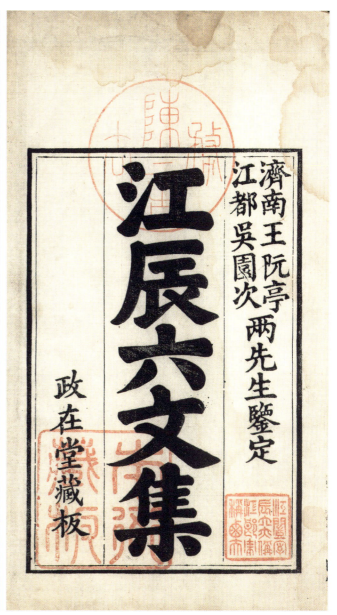

336　江辰六文集二十四卷首一卷〔清〕江闓著　清康熙間（1662—1722）政在堂刻本

開本 26.8×16.2 厘米，板框 19.6×13.8 厘米，半葉九行，行二十字，白口，單黑魚尾，四周單邊。内封題 “濟南王阮亭、江都吳園次兩先生鑒定　江辰六文集　政在堂藏板”，版心下鐫 “政在堂”，詩詞集則鐫集名。前有清康熙十一年（1672）吳綺序，康熙四年（1665）陳敱永序，康熙二十三年（1684）姚淳燾序，羅秉倫跋。鈐 “莫彝孫印” “莫繩孫印” “莫友芝圖書印” “閏田張氏閏三藏書” 等印。2 函 12 册。

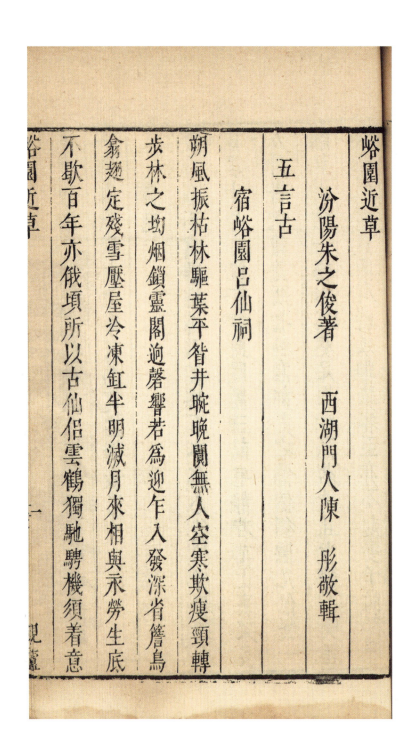

峪園近草

汾陽朱之俊著　　西湖門人陳　彤敬輯

五言古

宿峪園吕仙祠

朔風振枯林驅葉平旹井䆫曉闢無人空寒欺瘦頭轉

戈林之坳烟鎖靈閣逈蓊響若為迎乍入發深省簷鳥

翁趐定殘雪壓屋冷凍缸半明滅月來相與永勞生底

不歇百年亦俄頃所以古仙侣雲鶴獨馳騁機須着意

337　朱擢秀先生遺著四種　〔清〕朱之俊著　清康熙間（1662—1722）刻本
開本 24×15.1 厘米。《硯廬詩》一卷，板框 19.5×13.5 厘米，半葉八行，行十八字，白口，無魚尾，四周單邊。前有李明叡、文翔鳳等序，卷末有清康熙三十七年（1698）王正心跋。《排青樓》一卷、《賦》一卷，板框 19.5×14 厘米，半葉八行，行二十一字，白口，單黑魚尾。前有康熙二年（1663）陸光旭序。《峪園近草》一卷，板框 19.8×13.5 厘米，半葉八行，行二十一字，白口，無魚尾，四周單邊。前有李明叡序。《歸田尺牘》一卷，板框 19.5×13.7 厘米，半葉八行，行二十字，白口，單黑魚尾，四周單邊。前有自叙。卷末鈐“徐石卿”印。1 函 4 册。

世德堂文集卷之一

古琅邪王　鉽任庵氏著　男沛憍校孫闕

恒

樫

思

怕

相

獅子賦

於維　皇清聖哲代生　祖功旣懋　宗德莫京伊世

廟之混一軼三五而上升至於　帝皇遂濟美而烝烝文

教優洽武羲肅寧訏國美於故牒攷方載乎前踪昔有虞

陟位白環斯應后姬膺籙旅贄待命漢道昌而白麟呈祥

338　世德堂文集四卷〔清〕王鉽著　清康熙間（1662—1722）刻本

開本 26.5×17.3 厘米，板框 18.7×13.5 厘米，半葉十行，行二十二字，白口，單黑魚尾，左右雙邊。序存殘葉，書避"玄"字諱。鈐"閒田張氏聞三藏書"印。1 函 4 册。

居易堂集卷之一

書

答蘇松兵備王之晉書附來書

待罪名邦託居仙圃敬仰先賢大節遙挹主人高風儗直造墓廬一
申瞻企自愧塵鞿碌碌逡致策之不前兹者投勍以去又復刺促逾
歸晤對光儀竟欠萬事矣惟是久託萬間之芘而未獻一芹慚悚盈
襟無可自逭聊具衰衰少展寸忱非敢云賣庸之資也統惟笑茹焉
荷偶有鶴一隻欲將去不知肯相隨否如其
不羈或當畜爲山池之玩也臨啟不盡瞻依

孤哀子徐枋稽顙拜痛自先人束身殉節捐棄藐孤
而藐孤不肖不能從死偷生苟活致毀體辱親誠爲
兩間之罪人抑亦名教之罪人矣病毀交摧生理已
絶呻吟苦塊跧伏隴丘如是者半年於茲而卒未能
一刻强起致人間世事一枕都廢昨者小伻自城至

339　居易堂集二十卷 〔清〕徐枋撰　清康熙間（1662—1722）刻本
開本 25.1×16.3 厘米，板框 19.3×14.5 厘米，半葉十一行，行二十字，白口，單黑魚尾，左右雙邊。前有清康熙二十三年（1684）自序，凡例十一則，目録。鈐"遂初堂""間田張氏閒三藏書"等印。1函6册。

小方壺存槀卷一

　　　　　休陽汪　森　晉賢

古體詩

雜詩四首

天池變鯤鵬　小鳥搶榆枋適意非有殊立志固難量君
子重名義細人感豆觴豈其勢使然實以貴自彊傅巖
不求夢莘野非干湯主臣適相遇勳庸孰輕嘗助哉古
人風永爲後世防

少小弄翰墨所思希古人古人渺何許去日如車輪四
始有正變二京未湮淪夢寐得其意作者皆等倫柰何

340　小方壺存槀十八卷　〔清〕汪森撰　清康熙間（1662—1722）

精刻本

開本 26×17.2 厘米，板框 17×12.7 厘米，半葉十行，行二十一字，粗黑口，
單黑魚尾，左右雙邊。前有朱彝尊、朱鶴齡、陸嘉淑、徐之瑞、姜宸英、汪
琬、程世英、賀國璘、沈進、盛遠、吳綺、錢德震、黃宗炎、沈進序。是書
軟體寫刻，字體俊美，刻印俱佳。鈐"閏田張氏閏三藏書"印。1函2冊。

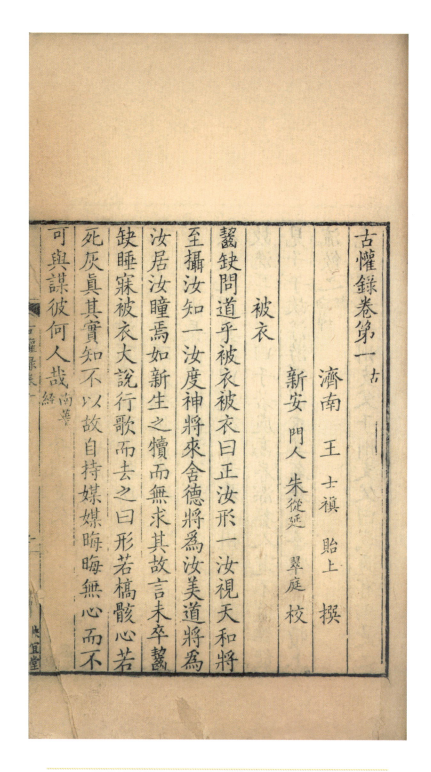

341　古懽録八卷〔清〕王士禛撰　清康熙間（1662—1722）快宜堂刻本

開本 26.5×15.5 厘米，板框 16.2×13.1 厘米，半葉十行，行十九字，白口，單黑魚尾，左右雙邊。卷端署"濟南王士禛貽上撰　新安門人朱從延翠庭校"。版心下鐫"快宜堂"，有刻工"有恒""鄧欽明""曾先""尔仁"等。前有宋犖序，清康熙三十九年（1700）王士禛序、朱從延序。鈐"間田張氏聞三藏書"印。1函2册。

東村集卷一

霑邑李呈祥吉津甫著

邸中彙

吉津先生早貴工詩思沉力厚每值一境凡有所

作即手自較集冠以小序如使程詩刪木齋彙班

班可考獨詹事翰學時雄長辭壇筆落吟成或驚

風雨或泣鬼神膽炙同人交相酬和玉立梁公詩

云俱是狂吟客揮毫媿不如益實語也忽遷遼瀋

變出倉猝狼狽東行遺稿散落又八年感動

聖思賜歸田里引松風以落帽爆簹日而翻書顧瞻

342　東村集十卷附刊一卷　〔清〕李呈祥著　清康熙間（1662—
1722）李氏儀一堂精刻本

開本 26.4×17 厘米，板框 18.9×14.5 厘米，半葉十行，行二十一字，白口，
單黑魚尾，左右雙邊。內封題"儀一堂藏板"。前有清康熙五十八年（1719）
許汝霖序。1 函 4 册。

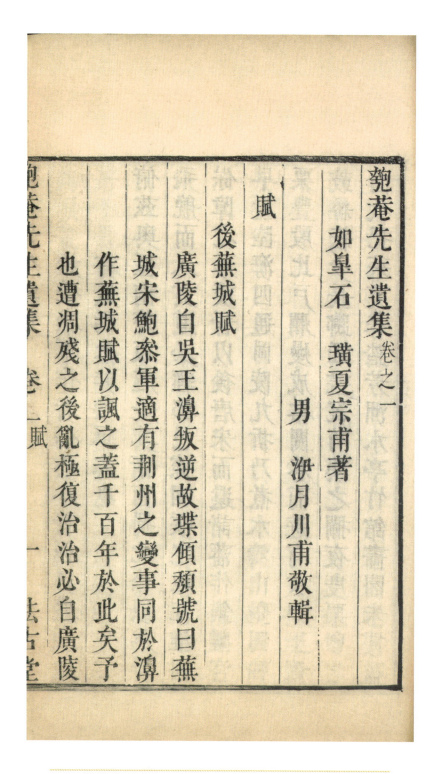

343　匏菴先生遺集五卷 〔清〕石璜著　**石月川遺集三卷** 〔清〕
石沆撰　清康熙間（1662—1722）陳君仲刻本
開本 26×16.5 厘米，板框 19.6×14.3 厘米，半葉九行，行十八字，白口，四
周單邊。版心下鐫"法古堂"，內封鐫"金陵陳君仲梓"。前有清康熙八年
（1669）陳瑚序。1 函 6 册。

誠正齋文集卷一

翼城上官鉉松石甫著

同學和鳴喈爾音甫評

子姪上官源崑澎甫編次

上官澤霖蕃甫

上官澍霖生甫

先師廟碑

吾嘗觀孔子刪詩而泮水閟宮之章載在魯頌乃

知宗廟以祀其祖宗學校以崇其道德兩者蓋有

國者所並重云是以奚斯董役史克揚休而僖公

344　誠正齋文集八卷　〔清〕上官鉉著　清康熙間（1662—1722）
刻本
開本 26.5×16.5 厘米，板框 20.2×14.3 厘米，半葉十行，行十九字，無界行，
白口，單黑魚尾，四周雙邊。前有清康熙二十二年（1683）自序。1 函 8 冊。

東舍集卷一

宜興蔣景祁字京少

五言詩共二百六十首聯句一首

煙波里四首

朝投煙波灣夕宿煙波里江寒落木稀帆檣去不已

家住煙波裏不知江上愁三更好京月商女彈箜篌

千尋白練明一道晴霞紫漁舟向曉開蕩摇煙波起

湖海同爲客偶集煙波灣相逢不相識各道鄉關

還次黃陂感賦

鹿鹿車塵度凄然感此身黃陂一爲別白雲又先春孤

345　東舍集二卷〔清〕蔣景祁撰　清康熙間（1662—1722）蔣開泰刻本

開本 26.3×17.3 厘米，板框 18.8×14 厘米，半葉十行，行二十一字，粗黑口，單黑魚尾，左右雙邊。前有清康熙四十一年（1702）儲欣序。鈐"東舍家藏"等印。1 函 1 册。

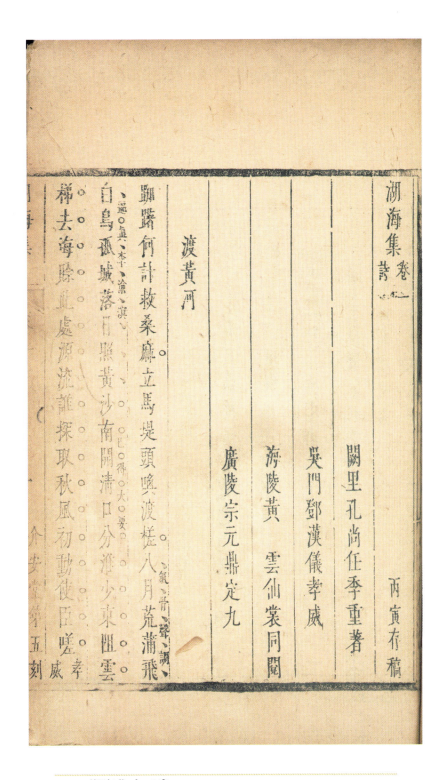

346　湖海集十三卷〔清〕孔尚任著　清康熙間（1662—1722）介安堂刻本

開本 24.1×15.5 厘米，板框 17.7×13.8 厘米，半葉九行，行十九字，白口，單黑魚尾，左右雙邊。版心下鐫"介安堂第五刻"。前有清康熙二十六年（1687）鄧漢儀序，康熙二十七年宗元鼎及黃雲序。1 函 6 册。

347　葉忠節公遺藁十三卷　〔清〕葉映榴撰　清康熙間（1662—1722）刻本

開本27.4×17.8厘米，板框18.1×13.5厘米，半葉十行，行十九字，白口，單黑魚尾，四周單邊。前有朱彝尊序。鈐"中牟倉氏珍藏書印""閿田張氏聞三藏書"等印。1函6冊。

黃山詩罶卷之一

膠東法若眞黃山父著男橒校孫宗爌閱

檉　宗燇

枚　光祖

　輝祖

丙戌

傳鑪武進士恭紀館試

大風天子試秋卿十二星門列紫城赤土繞磨浸露蚤

紫驪乍蔫獵花輕當軒遠畧三書策海上誰談一夜兵

聞道明堂恩貤劒諸生莫沒請長纓

348　黃山詩罶十六卷　〔清〕法若真著　清康熙間（1662—1722）刻本

開本 23.1×14.5 厘米，板框 18.3×13 厘米，半葉十行，行二十一字，白口，單黑魚尾，左右雙邊。前有魏象樞序，清康熙三十四年（1695）唐夢賚序，康熙三十八年（1699）安致遠序、丘宗聖序，康熙三十七年張謙宜序。2 函 16 册。

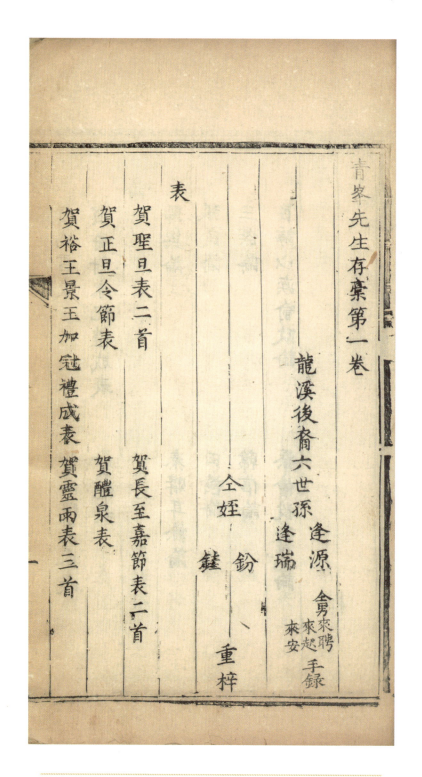

349　青峯先生存槀八卷〔明〕江柏撰　清康熙間（1662—1722）
江逢源等刻本
開本 27×16.2 厘米，板框 21.1×14 厘米，半葉九行，行二十二字，白口，
單黑魚尾，四周雙邊。内封鐫"竹裡亭藏板"。前有清康熙四十年（1701）
金樟序，康熙三十六年（1697）江逢源、鄭仙梓跋。鈐"閒田張氏聞三藏書"
印。海内孤本。1 函 4 册。

古愚心言

閩中莆田彭　鵬無山自編

第一冊目次

自序

古愚心言自序一

古愚心言自序二

誓

無山拒僞召自誓 甲寅

甲子辭墓心誓 甲子

古愚心言

第一冊目次一頁

350　古愚心言八卷附拒伪歷案白語一卷中藏集二卷〔清〕

彭鵬編　清康熙間（1662—1722）愚齋刻本

開本 27.5×17.3 厘米，板框 19.3×13.9 厘米，半葉九行，行二十二字，細黑口，單黑魚尾，四周單邊。有清康熙三十四年（1695）自序，各卷封面鐫"心言初集第 × 冊，愚齋藏板"。鈐"閩田張氏聞三藏書"印。4 函 20 冊。

春浮園文集 卷上

明 西昌蕭士瑋

序

楞伽接響序

　經如般若華嚴涅槃等部雖卷帙繁多然如清
　秋滿月處空顯露清淨無翳人皆觀見楞伽僅
　四卷而文指仄奧千尺斷巖人獸迹絕見之未
　有不褁足者然此亦爲不善讀者言耳善讀者

351 春浮園文集二卷詩集一卷偶録二卷附録一卷〔明〕蕭
士瑋撰　清康熙間（1662—1722）刻本
開本 27.5×16.8 厘米，板框 16.6×13.5 厘米，半葉八行，行十八字，綫黑口，
單白魚尾，左右雙邊。前有錢謙益、趙進美、李元鼎、陳家禎序。鈐"閒田
張氏聞三藏書"印。1 函 5 册。

松皋文集卷之一

遂安毛際可會侯著

高陽李坦園先生　　楚黃張希良師石　評

甬東史立菴先生　選　兄先舒釋黃

序

願息齋文集序

歲戊戌余與徐子竹逸同舉進士高第例得官清

曹而天子謂諸臣由文學進當試以民事故悉

以司法爲筮仕之階徐子謁選得滇之永昌度盤

松皋文集　卷之一　　一

352　松皋文集十卷　〔清〕毛際可著　清康熙間（1662—1722）刻本

開本 25.5×16.3 厘米，板框 19.6×14.1 厘米，半葉九行，行十九字，白口，
四周單邊。前有清康熙十五年（1676）李霨序。鈐"閒田張氏聞三藏書"印。
1 函 4 册。

353　學古緒言二十五卷〔明〕婁堅著　清康熙間（1662—1722）
陸廷燦重刻本
開本 26.3×16.5 厘米，板框 19.3×13.1 厘米，半葉九行，行十八字，細黑口，
左右雙邊。卷端署"嘉定後學陸廷燦扶照重校"。鈐"閒田張氏聞三藏書"等印。
2 函 12 册。

石門文字禪卷第一

宋江西筠溪石門寺沙門釋德洪覺範著

門人覺慈編録　西眉東巖旋善堂校

古詩

謁狄梁公廟

九江浪粘天氣勢必東下萬山勒回之到此竟傾瀉

如公廷諍時一快那顧籍君看洗日光正色甚開眼

使唐不敢周誰復如公者古祠蒼煙根碧草上屋无

我來春雨餘瞻歎香火罷一讀老范碑頓塵看奔馬

斯文如貫珠字字光照夜整帆更遲留風正不忍掛

354　石門文字禪三十卷　〔宋〕釋德洪撰　釋覺慈編録　清康熙間
（1662—1722）和（日本）刻本

開本27.2×19.3厘米，板框23.2×15.5厘米，半葉十行，行二十字，下黑口，
四周雙邊。前有明萬曆二十五年（1597）釋達觀序。2函15冊。

元芝館詩集卷一

梅田　江禹奠　玉標

香士

古體詩

乘潮

歸途渺無際舟傍晚潮行沙渚不見影唯聞嘯
怒聲恍惚蛟螭鬪相持不肯平翻波勢洶湧旋
躍何研砰我任一帆去飛飛破浪輕風雲起蓬
牖足底秋雷鳴瞬息百餘里開牖見峻城我欲
扳砥柱憑高望玉京禹門物已化尾之偕上升

355　元芝館詩集四卷〔明〕江禹奠撰　清康熙間（1662—1722）

精刻本

開本 25.3×17.2 厘米，板框 16.7×12.7 厘米，半葉九行，行十八字，白口，
單黑魚尾，四周雙邊。前有明萬曆舊序一篇，書内"玄"字缺筆。卷二、卷
三末署"玄孫紳樹圃恭校"。1 函 2 冊。

溉堂前集卷之一

焦穫孫枝蔚豹人著

樂府

善哉行癸未

歲暮苦寒饑以爲端河冰三尺枉用垂竿一解薄衾裂
幅胺骨盤桓望見百神奔走在天二解租吏至門口燥
唇乾以何相謝清酒爲歡三解貧日寡交稱貸艱難平
原諸賔飽不能餐四解買酒一石賣却馬鞍馬不得騎
涕下洮瀾五解傷人王喬奉鶴相迎我雖未報不敢同

築城曲

行六解〇施愚山曰俱奇語
栢窮酸却露英雄本色也
怨抽丁也

356　溉堂集二十八卷（前集九卷後集六卷續集六卷詩餘
二卷文集五卷）　〔清〕孫枝蔚撰　清康熙間（1662—1722）刻本
開本 24×16.6 厘米，板框 18.5×13.7 厘米，半葉十一行，行二十一字，白口，
單黑魚尾，四周雙邊。前集前有李天馥、陳維崧序；後集前有康熙二十三年
（1684）王澤弘序，康熙六十年（1721）孫匡序，方象瑛序；續集前有魏禧、
施閏章序。2 函 16 册。

秋錦山房集卷一

古今體詩共四十七首

送友尋廬山

我聞匡廬秀九疊開屏風此地昔乘與千春懷謝公一
從躡屐遠坐使青山空君去幾時到登臨惜未同

春日傚庚信體

江上年光改樓中曉色舒青蛾工作畫錦字笑裁書探
篋披明鏡當窗照舞裾低花映新沐緩屧下前除袖約
攀條候衣香引扇初傾城袵獨立游子見躊躇抹霞弓
樣襪滴雪耳邊珠凝睇簾微隔迴身婵半扶水妒文鴛
並風憐綵蜺俱河陽從此後不願果盈車

357 秋錦山房集二十二卷外集三卷 〔清〕李良年撰 **附尋壑外言五卷**
〔清〕李繩遠撰 **香草居集七卷** 〔清〕李符撰 **青蓮館集六卷** 〔清〕李旦華撰
清康熙間（1662—1722）刻乾隆間（1736—1795）續刻本
開本 25×16 厘米，板框 18.1×13.5 厘米，半葉十一行，行二十一字，粗黑口，四周單
邊或左右雙邊。《秋錦山房集》後有清乾隆二十四年（1759）李菊房跋，《青蓮館集》前
有乾隆三十七年（1772）吳省欽序。鈐"韻園藏書畫記""汪氏傳書樓珍藏書畫記"等印。
2 函 12 冊。

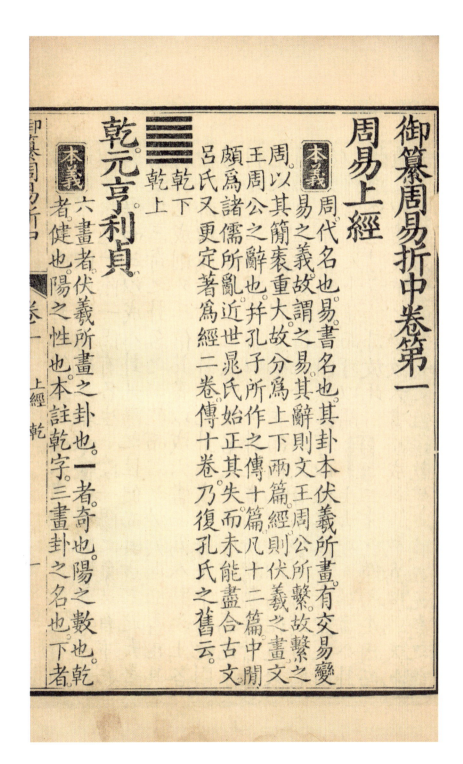

358　御纂七經二百九十四卷　清康熙至乾隆間（1662—1795）內
府刻本

開本 27.8×17.9 厘米，板框 21.8×16 厘米，半葉八行，行二十一字，小字
雙行，白口，單黑魚尾，四周雙邊。前有清康熙五十四年（1715）御製序。
32 函 248 册。

田間易學

桐城錢澄之飲光氏述

周易上經

乾下
乾上

乾元亨利貞

程傳　乾天也天者天之形體乾者天之性情乾健也健

而无息之謂乾○本義　六畫者伏羲所畫之卦也一者

奇也陽之數也乾者健也陽之性也本註乾字三畫卦之

名下者内卦也上者外卦也經文乾字六畫卦之名也○

元亨利貞文王所繫之辭以斷一卦之吉凶所謂象辭者

359　田間易學不分卷〔清〕錢澄之撰　清康熙間（1662—1722）
斠雉堂刻本
開本 23×15 厘米，板框 18×13.3 厘米，半葉十行，行二十三字，小字雙行同，
白口，左右雙邊。内封牌記鐫"斠雉堂藏版"。前有清康熙二十三年（1684）
崑山徐秉義序，《易學》凡例。鈐"閒田張氏聞三藏書"等印。1 函 6 冊。

360　**大雲樓集不分卷**　〔清〕張韜著　清康熙間（1662—1722）刻本

開本25×17厘米，板框17.8×12.7厘米，半葉九行，行十九字，粗黑口，花魚尾，左右雙邊。版心分別鐫"大雲樓集""大雲樓詩集""吳興倡和詩""響臻堂偶參"等。前有清康熙二十三年（1684）徐倬序，韓純玉序，未署年月，康熙二十五年（1686）洪圖光序、毛際可跋、嚴允肇等序。鈐"閒田張氏閎三藏書"印。1函6册。

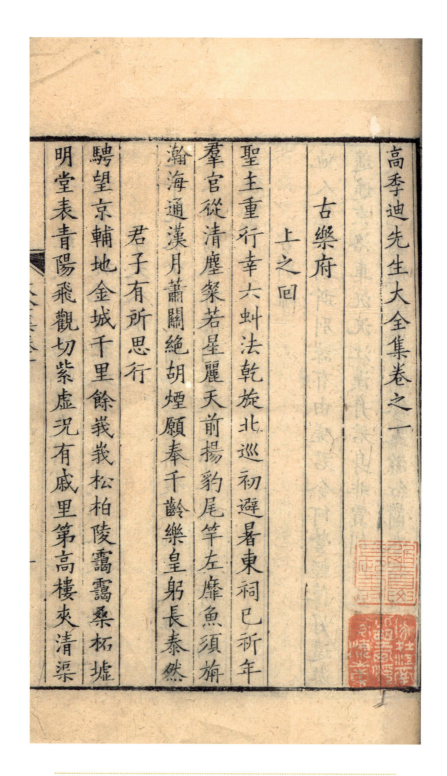

361　高季迪先生大全集十八卷〔明〕高啓撰　清康熙間（1662—
1722）許氏竹素園刻本

開本 25.4×16.4 厘米，板框 19.6×13.5 厘米，半葉十行，行二十字，白口，
左右雙邊。前有明景泰元年（1450）吳劉昌序，目録後有竹素園主人刻書題
識，高太史史傳。鈐"養雲山館""從吾好齋""甄夏長壽""甄夏翰墨""高蹈
獨往蕭然自得"等印。1 函 6 册。

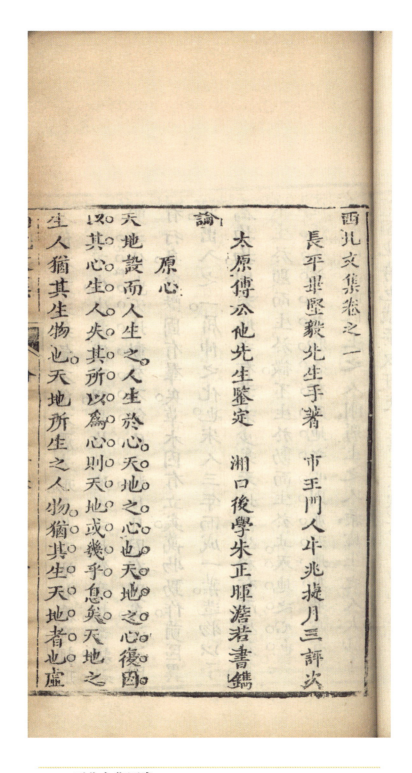

362　西北文集四卷　〔清〕畢振姬著　清康熙間（1662—1722）朱正暉刻本

開本 27.9×15.5 厘米，板框 19×13.5 厘米，半葉九行，行二十二字，無界行，四周單邊。前有門人牛兆捷所作傳記及傅山序，未署刻書年月，書中不避雍正諱。1 函 2 册。

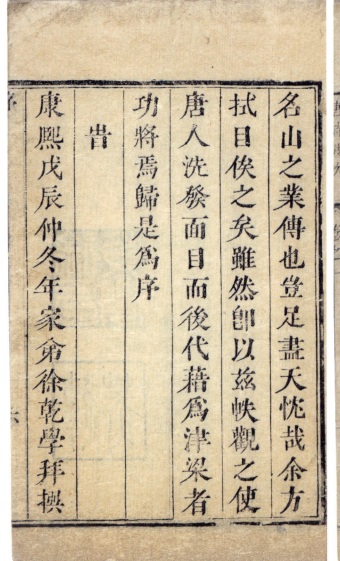
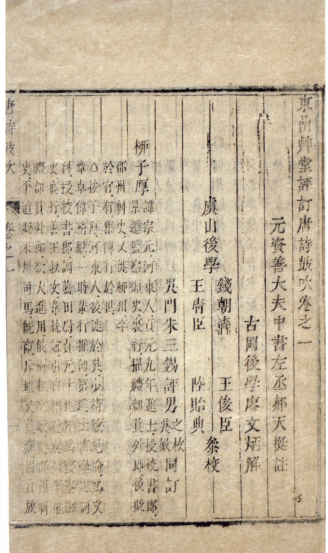

363　東晶草堂評訂唐詩鼓吹十卷　〔金〕元好問選　〔元〕郝天挺註　〔明〕廖文炳解　〔清〕朱三錫評　清康熙間（1662—1722）刻本

開本 24.9×15.6 厘米，板框 18.8×14.4 厘米，半葉十一行，行二十一字，小字雙行同，白口，單黑魚尾，四周雙邊。前有清康熙二十七年（1688）徐乾學序。1 函 8 册。

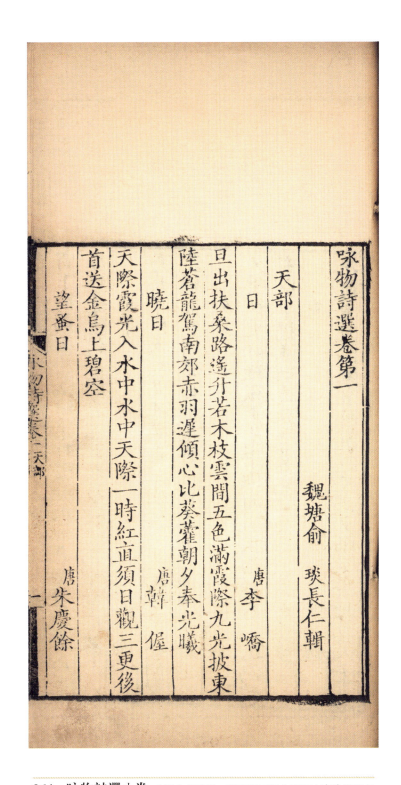

364 咏物詩選八卷 〔清〕俞琰輯　清雍正二年（1724）寧儉堂刻本

開本 24.5×13.8 厘米，板框 15.4×11 厘米，半葉十行，行二十一字，黑口，左右雙邊。内封牌記鐫"歷朝詠物詩選　寧儉堂藏板"。前有錢鑾序，清雍正二年俞琰自序，凡例，總目和分卷目録。鈐"閒田張氏聞三藏書"印。1函 8 册。

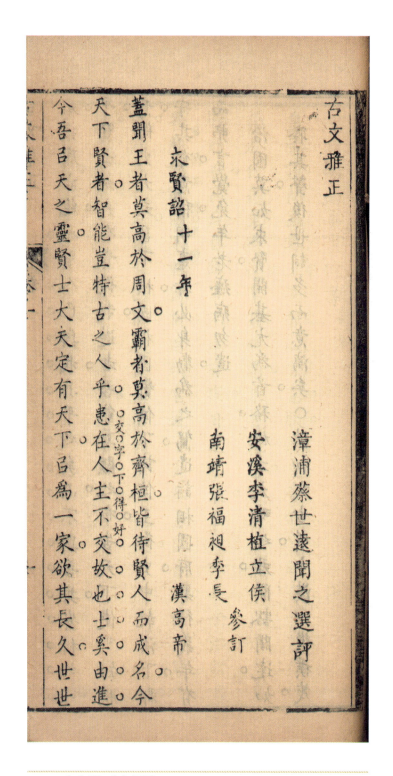

365　古文雅正十四卷〔清〕蔡世遠選評　清雍正三年（1725）念
修堂精刻本

開本 23×13 厘米，板框 20×11.5 厘米，半葉八行，行二十四字，白口，單
黑魚尾，左右雙邊。軟體寫刻，字體舒展圓秀。清乾隆時列爲禁毀書。鈐"開
田張氏聞三藏書"印。2 函 12 册。

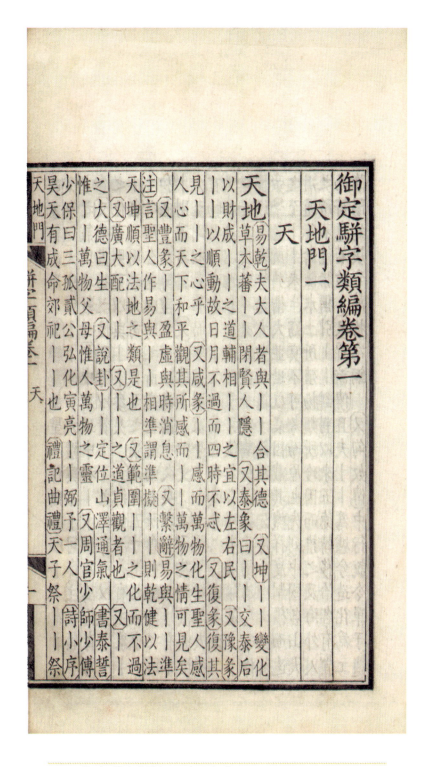

366　御定駢字類編二百四十卷〔清〕愛新覺羅・胤禛敕編　張
廷玉等纂　清雍正四年（1726）武英殿刻本
開本 23.8×15 厘米，板框 17×11 厘米，半葉十行，行二十一字，小字雙行同，
黑口，四周雙邊。前有清雍正四年御製序，凡例六條，編纂者職銜姓氏。鈐
"粹芬閣"印。130 册。

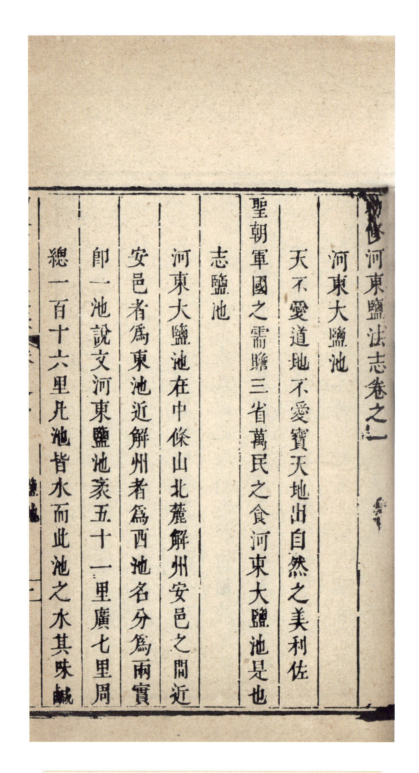

367　勅修河東鹽法志十二卷〔清〕覺羅石麟等修　朱一鳳等纂
清雍正五年（1727）河東陝西都轉運鹽使司刻本
開本 26.6×15.9 厘米，板框 19.5×14 厘米，半葉九行，行二十字，白口，四
周雙邊。有圖。前有清雍正五年覺羅石麟序。1 函 8 册。

方壺先生集卷之一

族後學　棟　峻堂　重訂

古詩長句

水天月歌

朝立寒溪東暮立寒溪西一到神頓領熟視眼更迷

水光不見水但見青天無表裏天光不見天但見一

片清烟涵無邊水中有天天不濕天中有水水不入

天耶水耶隆渺茫只見天光與水光月來水天中水

天裏月如不裏月去水天中水天鎖月如不鎖明月

不來不去時琉璃泡中珠一顆　自水天莫分別更

368　方壺先生集四卷　〔宋〕汪莘撰　清雍正九年（1731）汪棟刻本
開本 26×17 厘米，板框 18.9×12.5 厘米，半葉十行，行二十字，粗黑口，
左右雙邊。有原序三則，小傳，肖像。鈐"間田張氏聞三藏書"印。1 函 2 冊。

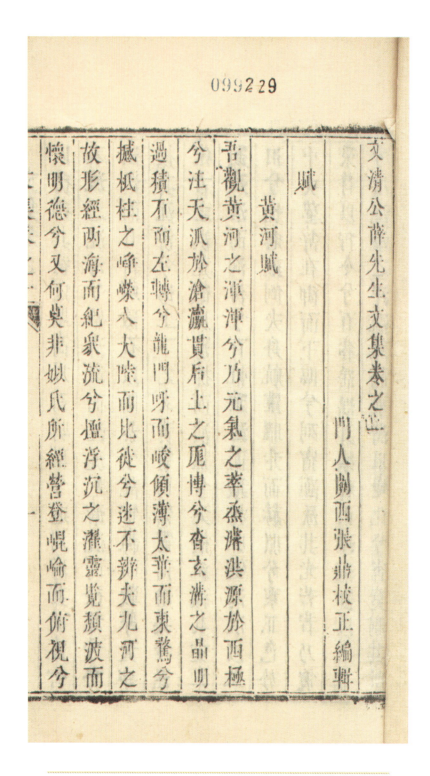

099229

文清公薛先生文集卷之一

門人關西張鼎校正編輯

賦

黃河賦

吾觀黃河之渾渾兮乃元氣之萃焉洪源於西極

分注天派於滄瀛貫后土之厄博兮杳玄溟之晶明

過積石而左轉兮龍門呀而峻傾薄太華而東驚兮

撼砥柱之崢嶸入大陸而比徙兮迷不辨夫九河之

故形經兩海而紀衆流兮摶浮沈之灌靈覽頹波而

懷明德兮又何莫非姒氏所經營登崑崙而俯視兮

369　文清公薛先生文集二十四卷 〔明〕薛瑄撰　張鼎編輯　清
雍正十二年（1734）河津薛氏重刻本
開本 26.6×15 厘米，板框 22×13.5 厘米，半葉十行，行二十字，白口，四周雙
邊。前有明弘治二年（1489）張鼎序，薛文清公像，萬曆四十二年（1614）
薛士弘刻記一行，雍正十二年重刊人姓名及刻工姓名，萬曆十二年薛士弘跋。
書中不避清諱。2 函 12 册。

御錄經海一滴卷之一

大方廣圓覺修多羅了義經

如是我聞一時婆伽婆入於神通大光明藏三昧正
受一切如來光嚴住持是諸眾生清淨覺地身心寂
滅平等本際圓滿十方不二隨順於不二境現諸淨
土

爾時世尊告文殊師利菩薩言善男子無上法王有
大陀羅尼門名為圓覺流出一切清淨真如菩提涅
槃及波羅密教授菩薩一切如來本起因地皆依圓
照清淨覺相永斷無明方成佛道云何無明善男子

御錄經海一滴　卷一圓覺經　一

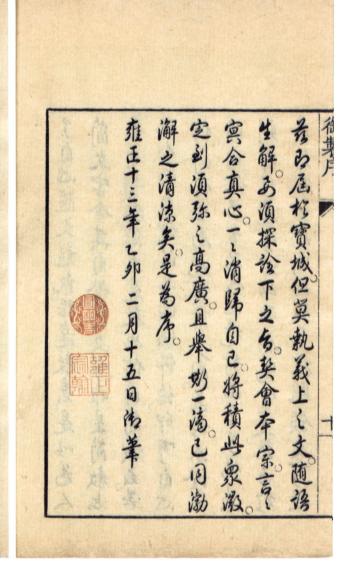

370　御錄經海一滴六卷 〔清〕愛新覺羅·胤禎選　清雍正十三年（1735）武英殿刻本

開本 24.2×17 厘米，板框 17.5×12.4 厘米，半葉十行，行二十字，單黑魚尾，四周單邊。前有清雍正十三年（1735）御筆序，卷末有《御製〈大般涅槃經〉跋》。鈐"閒田張氏聞三藏書"等印。1 函 6 冊。

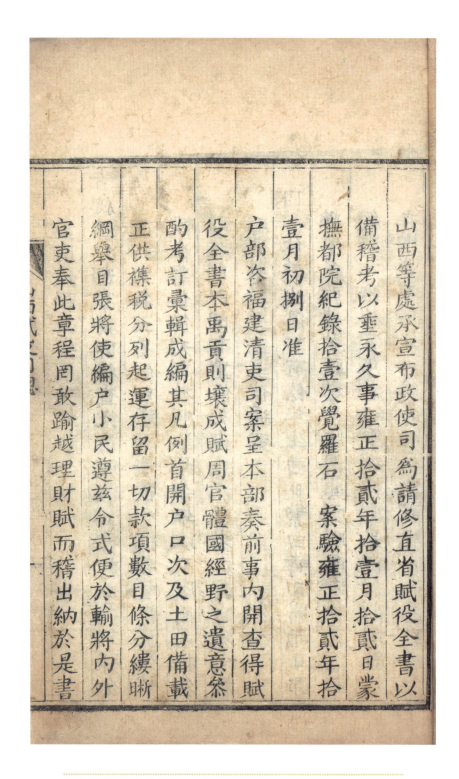

371　（雍正）山西賦役全書不分卷　〔清〕覺羅石麟等纂修　清
雍正十三年（1735）山西布政使司刻本

開本 28.5×19 厘米，板框 21.7×16.8 厘米，半葉十行，行二十二字，白口，
四周雙邊。前有清雍正十二年（1734）纂修説明，纂修、經刊人員姓名。内
容以全省、各府、州及所屬縣賦税區分，後人據此著録爲一百二十五卷。是
書流傳較少，館藏爲海内唯一内容完全之本。6 函 42 册。

王右丞集卷之首

弁言十九條

　　　　　　　　仁和趙殿成松谷輯録

王縉進王右丞集表

臣縉言中使王承華奉宣進此令臣進亡兄故尚書
右丞維文章恩命忽臨以驚以喜退囚編録又竊感
傷臣兄文詞立身行之餘力當官堅正秉操孤直縱
居要劇不忘清淨實見時輩許以高流至于眈年彌
加進道端坐虛室念兹無生乘興爲文未嘗廢業或
散朋友之上或留篋笥之中臣近搜求尚慮零落詩

荒矣是皆讀右丞集者所當知也近日浙西撰述之
盛莫先趙氏松谷之弟谷林意士谷林之子
誠夫並博綜文史著書當家而其家園林竹木之勝
爲湖山生色亦幾幾藍田輞水寒村遠火犬吠如豹
一門班管互相疏證如此著書豈有不傳松谷子是
篋之成悵然于其之行久之多所伙助而今不及見
也嗟乎公休壯興能于其先人身後理史局之緒言
而元澤之解三經卒不永年大化修短寧可究詰但
使有可傳者其又奚悲焉乾隆二年丁巳十月之望
潚山學弟全祖望拜手戆于雙韭寓寮

五

372　王右丞集二十八卷首一卷末一卷〔唐〕王維撰〔清〕趙
殿成輯録　清乾隆二年（1737）刻本
開本28.5×17.5厘米，板框17.5×13.2厘米，半葉十行，行二十字，小字雙行同，
單黑魚尾，左右雙邊。前有清乾隆元年（1736）趙殿成序、乾隆二年（1737）
全祖望序、李紱序等五篇序。鈐"閭田張氏聞三藏書"等印。4函24册。

韓忠定公集

明關中喬先生因羽編

　　　　　曾孫景復
　　　立孫纘祖
九代孫宗蕃較輯重鐫
　　　　全校訂

奏議上

戶部尚書臣韓　謹

題爲追冒濫以正

國法事臣惟異端之害而佛老爲尤甚洪範之政

而食貨所當先是以古昔帝王於佛老之徒必

373　韓忠定公集四卷　〔明〕韓文撰　喬因羽編　清乾隆三年（1738）
刻乾隆十七年（1752）補刻本

開本 26×17 厘米，板框 20×14.7 厘米，半葉十行，行二十字，白口，四周雙邊。
内封牌記鐫"乾隆十七年重鐫　本衙藏版"。前有清乾隆二年（1737）彭人瑛、
謝濟世重刻序，明萬曆二十二年（1594）王嗣美原序，韓嗣祖識語、作者像、
傳及自傳，清乾隆三年韓宗蕃重刻跋。紙張顏色不一。1 函 6 册。

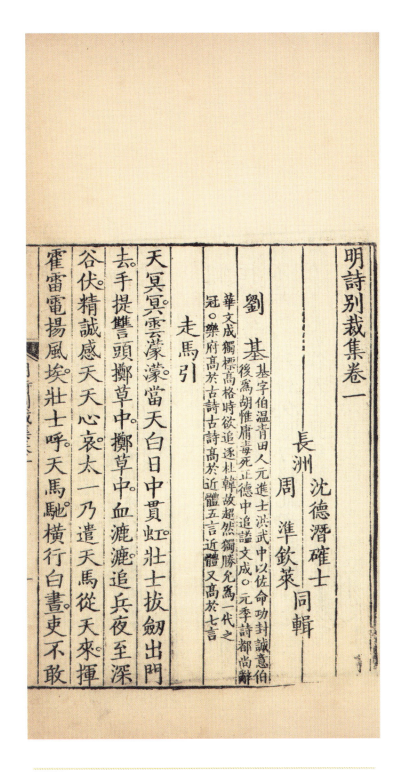

374 明詩別裁集十二卷〔清〕沈德潛、周準輯 清乾隆四年（1739）
刻本

開本 28×17.4 厘米，板框 16.7×12.8 厘米，半葉十行，行十九字，小字雙
行二十八字，白口，左右雙邊。前有清乾隆三年沈德潛序，乾隆四年蔣重光
序。鈐"閒田張氏聞三藏書"印。1 函 6 册。

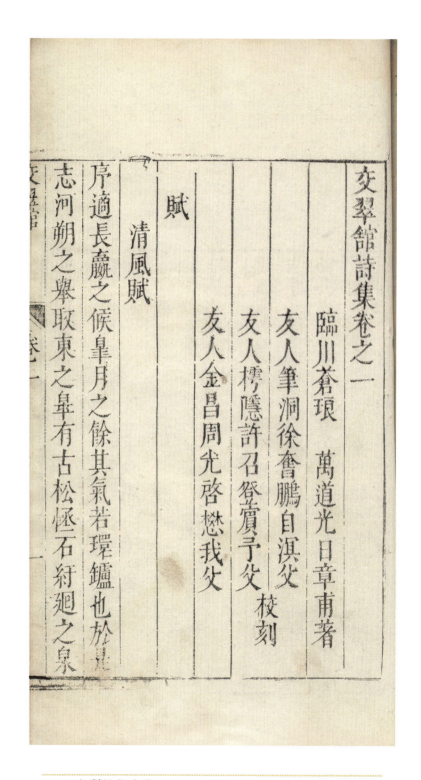

375　交翠館集十卷〔明〕萬道光著　清乾隆四年（1739）志學軒刻本

開本 27×17.1 厘米，板框 19.8×13 厘米，半葉九行，行十八字，白口，四周單邊。内封鐫"乾隆四年重刊　志學軒藏板"。前有清乾隆四年何桂序，明萬曆間徐奮鵬、湯顯祖、徐朝元等人序及自序。卷末有萬道光曾孫萬從訓跋。1 函 4 册。

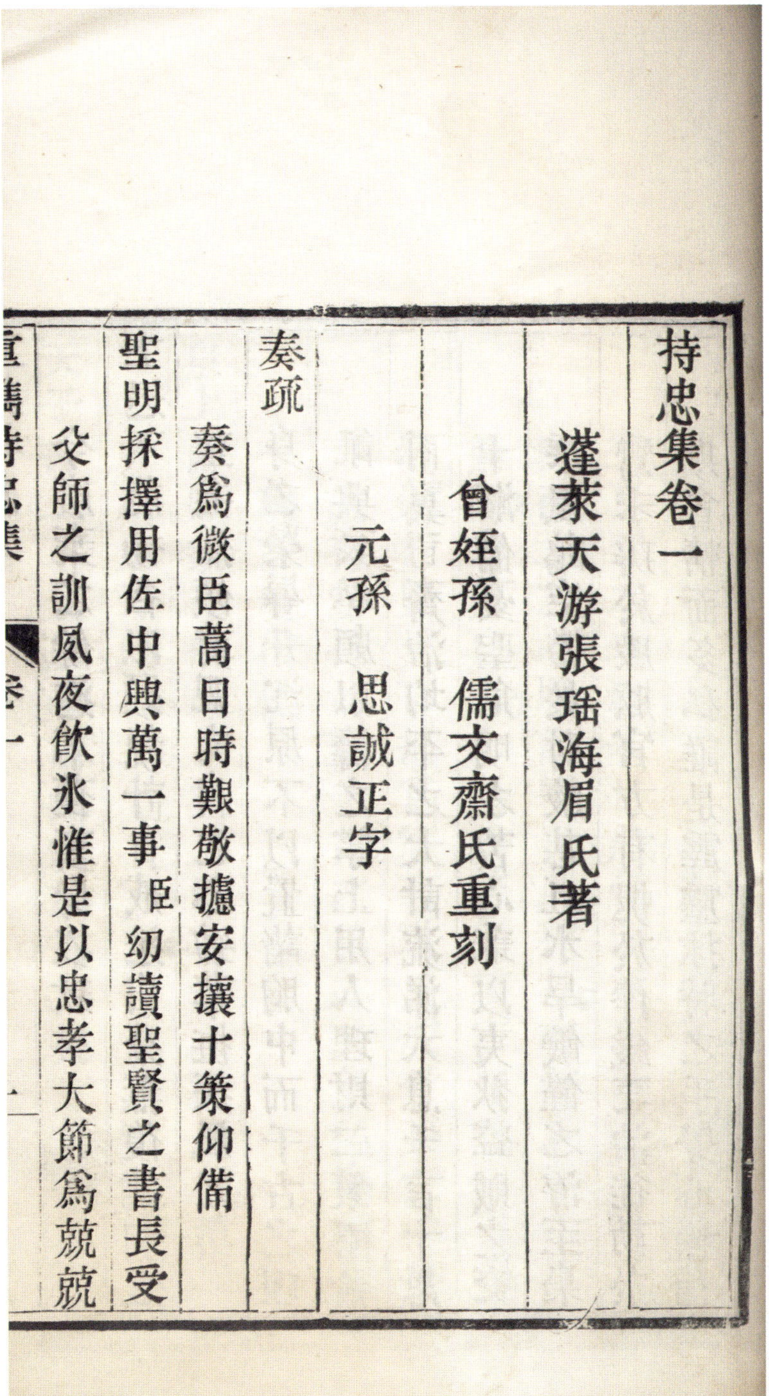

持忠集卷一

蓬萊天游張瑤海眉氏著

曾姪孫　儒文齋氏重刻

元孫　思誠正字

奏疏

奏爲微臣蒿目時艱敬擬安攘十策仰備

聖明採擇用佐中興萬一事　臣幼讀聖賢之書長受

炎師之訓夙夜飲冰惟是以忠孝大節爲兢兢

376　持忠集二卷〔明〕張瑤著　清乾隆五年（1740）張儒刻本
開本 25.2×15.3 厘米，板框 18×13.5 厘米，半葉十行，行二十字，白口，單黑魚尾，四周雙邊。卷末有清乾隆五年張儒重刻《持忠集》跋。海內孤本。1 函 2 冊。

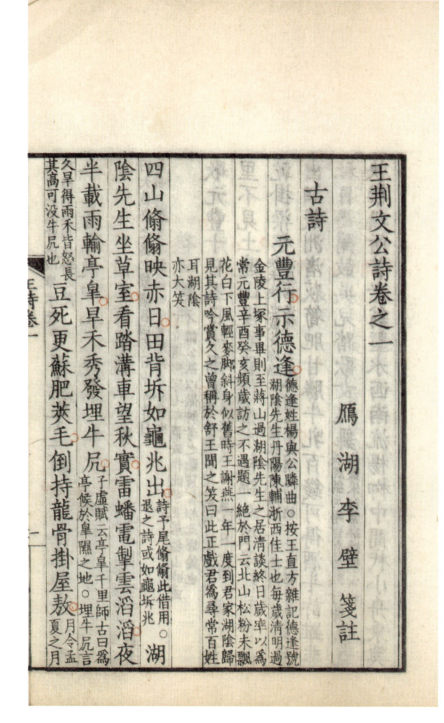

377 王荆文公詩五十卷 〔宋〕王安石撰　李壁箋註　清乾隆六年
（1741）張宗松清綺齋刻本

開本 26×18.6 厘米，板框 19×13.2 厘米，半葉十一行，行二十一字，小字
雙行三十一字，細黑口，左右雙邊。前有清乾隆六年張宗松序，略例十二則，
《宋史》王安石本傳。鈐“閒田張氏聞三藏書”印。2 函 8 册。

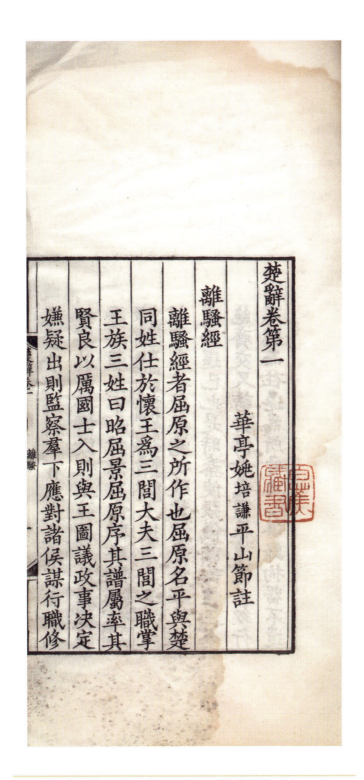

378 楚辭節註六卷 〔清〕姚培謙撰 楚辭葉音一卷 〔清〕劉維
謙撰 清乾隆六年（1741）刻本

開本 18.2×15.7 厘米，板框 15×10 厘米，半葉八行，行十八字，小字雙行
二十八字，黑口，左右雙邊。内封鎸"乾隆辛酉春鎸 鑪香居士讀本"。前
有清乾隆二十年（1755）張弈樞序，例言八則。鈐"柳谿""壬申生""陳范
之印""白蕉藏書"等印。1函2册。

往在京師見介休梁君深山詩清麗綿芊時露
新警多中晚人佳句時深山年甫壯盛魁岸奇
偉意氣豪邁似未可僅以詩人目之者而深山
性之所好尤注力於是得一詩友則朝夕推敲
唱酬不少倦吾鄉丁子雎采陳子季方皆其相
為切劘者也余外舅秀野先生亦亟稱其詩曾
為之序未幾深山出都門余亦奉諱歸里久不
相見近深山嗣君文川持雎采書來以深山遺
藁屬為讎訂乃知深山之没幾二十年矣嗟乎

非水舟遺集卷上

　　　　　　　　定陽梁錫珩楚
　　　　　　　　　　　　　　男潃校編

梅花

幽姿偏向雪中新不受人間半點塵獨發寒香
山水畔笑他桃李一時春

述懷

共道文章千古事名山絕業自流名愧無曼倩
三冬足安望相如一座傾曲度陽春霏白雪詞
成楚些攬秋英閣中但得群書校精進遠須太

379　非水舟遺集二卷　〔清〕梁錫珩撰　清乾隆六年（1741）定陽
梁氏劍虹齋刻本
開本 25.6×15.7 厘米，板框 16.4×11.9 厘米，半葉九行，行十八字，白口，
單黑魚尾，左右雙邊。前有清康熙五十四年（1715）顧嗣立序，乾隆四年
（1739）楊繩武、吳門韓騏序，俞兆晟作墓誌銘。卷末有清張充美、王佑、陳
璲、子潃等所作跋。鈐"間田張氏閬三藏書"等印。1冊。

旭華堂文集卷一

奏議

請發候選人員赴遠省候缺署事以待部
選之員

爲雲貴廣西三省缺官敬陳末議以酌人
情而收實效事竊　臣山右小儒庸陋寡學
儌員銓曹八載有餘力不勝任愸尤日積
感蒙
皇上洪恩寬其罪罰拔置臺班分雖疎賤心切
報稱況在言路敢不自勉　臣竊見原任貴

旭華堂文集卷一

380　旭華堂文集十四卷補遺一卷〔清〕王奐曾撰　清乾隆十二
年（1747）太平趙熟典刻本
開本 28.8×19.4 厘米，板框 19×13.6 厘米，半葉十行，行十八字，白口，四
周雙邊。前有清乾隆十六年（1751）閣廷玠序，乾隆五年（1740）張若坒序。
後附清郭爲觀撰墓誌銘，乾隆十二年趙熟典題後，王士顯、王士敏附識。鈐
"玉元堂"等印。早期印本。1 函 6 册。

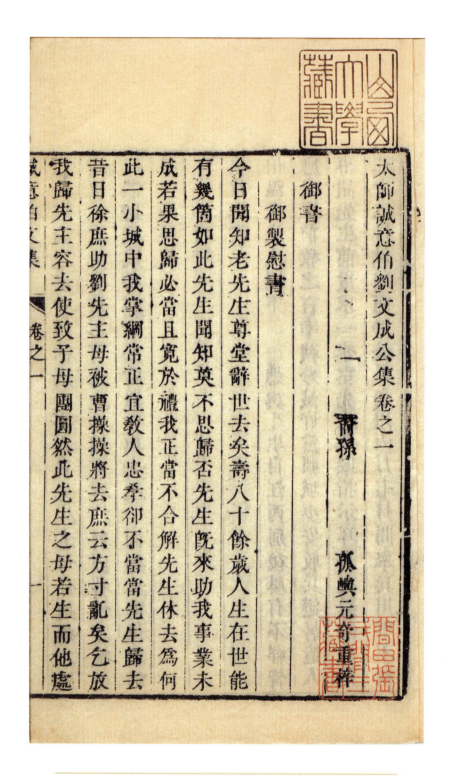

381　太師誠意伯劉文成公集二十卷首一卷〔明〕劉基撰　清
乾隆十一年（1746）栝芝南田果青堂刻本

開本 24.3×15.4 厘米，板框 19.5×13 厘米，半葉十行，行二十三字，單黑魚尾，
左右雙邊。前有明洪武十三年（1320）葉蕃序、清雍正八年（1730）浙江青
田知縣序、清乾隆十一年（1746）浙江青田知縣序。鈐"閒田張氏聞三藏書"
印。2 函 12 冊。

改亭集卷一

吳江計　東甫草著

　　　　　從孫　瑮　仝姪嘉禾重編

孝經大全序

敬讀河南新安故大司馬贈太傅謚忠節呂公諱維祺兵部尚書崇禎末殉洛陽之難所著進呈孝經大全卒業歎曰至矣哉以東所見前賢註釋箋記孝經凡百數十家未有若忠節公之詳切明備使人悚然改觀者也孝弟之道雖曰孩提之童無不知愛知敬可以不學不慮自然合於要道此以論率性則然若以語乎修道則孝經亦但舉其大綱而已其曲折纖

382　改亭文集十六卷詩集六卷 〔清〕計東著　清乾隆十三年（1748）計瑮刻本

開本28×17.5厘米，板框18×13.6厘米，半葉十行，行十九字，黑口，單黑魚尾，左右雙邊。封面鐫"讀書樂園藏板"。《文集》目後有計瑮校刻記。1函6册。

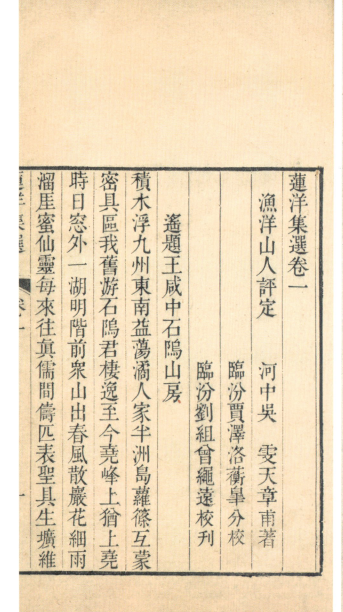

383　蓮洋集選十二卷　〔清〕吳雯著　清乾隆十五年（1750）臨汾
劉組曾刻本

開本 26.2×16.2 厘米，板框 16.5×12.9 厘米，半葉九行，行十九字，白口，
左右雙邊。内封鐫"乾隆庚午年鐫　夢鶴草堂藏板"，鈐"河聲嶽色"白文朱印。
前有王士禎、陳維崧、湯右曾原序，王士禎所作墓誌銘及挽詞，次例言八條，
次總目。總目下鈐"黔山李氏藏書""芸樓"等印。2函16册。

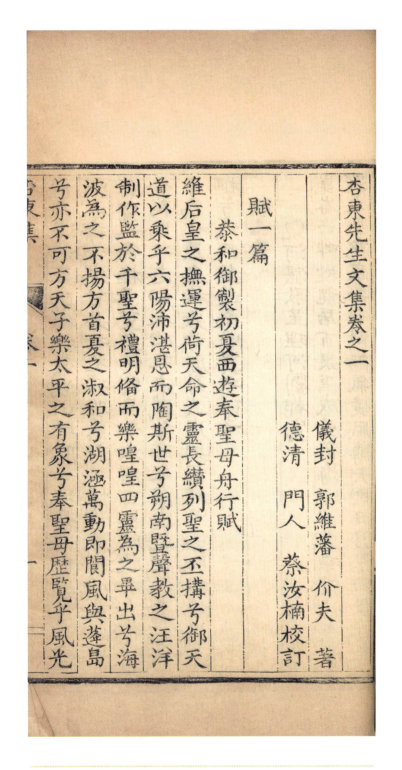

384 杏東先生文集十卷 〔明〕郭維藩著 清乾隆十五年（1750）
郭方康刻本

開本 27.5×16.2 厘米，板框 19.5×13 厘米，半葉十行，行二十二字，白口，
四周雙邊。内封鎸"十筍齋藏版"。海内孤本。1 函 4 册。

易經揆一卷一

周易上經

臣梁錫璵集傳

周代名易書名夫成於代者以代名故書分屬於虞
夏商周而禮作於周者專屬之周蓋書以紀事禮以
定制固皆一代之事易以明理豈一代之事乎故繫
傳屢言易而不著周卽論易之興而言殷周之際亦
因興而推其時非以時而繫夫易况興非創也犧先
之矣象爻因畫而繫耳特周禮因連山歸藏而於易
著周以別後遂沿以爲名云爾易從日從月取坎離
之象乎繫傳曰易有大極大極者易之原也又曰易

385　易經揆一十四卷易學啓蒙補二卷 〔清〕梁錫璵撰　清乾隆
十六年（1751）武英殿寫刻本
開本 26.2×16 厘米，板框 19.2×13.6 厘米。半葉十行，行二十一字，白口，
單黑魚尾，四周雙邊。鈐"開田張氏聞三藏書"印。1 函 10 册。

感舊集卷一

錢謙益　二十二首補遺十五首

漁洋山人選

德州盧見曾補傳

謙益字受之號牧齋一號蒙叟晚自稱東澗遺
老江南常熟人萬歷庚戌進士及第官禮部尚
書有初學有學等集　先生時年二十有八其詩皆丙申後少
作也先生〔見欣然為之序又贈長句驥驥舊蹈萬馬喑不驕勿以
獨角麟儷彼萬牛毛蓋用宋文憲語也又朵其詩入所撰吾
炙集所以題沸而揚謝之者無所不至余嘗有詩云不薄今人愛古人
龍門登處最嶙峋山中柯爛蓬萊淺又見先生著作新白首文章老鉅
公未遺許友八閩風如何百代論騷雅也許鄰才到阿蒙今將五十年
回思往事真平生第一知己也吳駿公偉業梅村集致復社諸子書
舟州先生專主盛唐力運大雅其詩學之雄乎雲開諸子繼舟州而作
者也龍眠西陵繼雲開而作者也風雅一道舍開元大歷其誰歸至
古文辭則規先泰而規先者失之墓擬學六朝者失之〔輕靡震川昆陵扶衰起
敬崇尚八家而鹿門分條晰委闡示後學若集衆長而掩前哲其在虞

386　感舊集十六卷　〔清〕王士禛選　盧見曾補傳　清乾隆十七年
（1752）盧氏雅雨堂精刻本

開本 28×17.6 厘米，板框 18.1×14.1 厘米，半葉十一行，行二十一字，白口，
左右雙邊。前有清乾隆十七年盧見曾序，朱彝尊原序，康熙十三年（1674）自序，
凡例。末有乾隆十七年張元後序，小傳補遺六條。卷端鈐"長宜""大昕""古
歡"等印。1 函 10 冊。

同安林次崖先生文集卷一

奏疏

同里後學

陳臚聲鴻亭重

鍾攀龍願艮仝校

新政八要疏

臣林希元奏爲應詔陳言以禆新政事臣聞冬寒之極必有陽春大亂之後必有大治天下事壞於權奸之手至正德十五年極矣陛下以親藩入繼大統一舉而更之使十七年天翻地覆之世道一旦轉而爲乾清坤寧之治此湯武以後所未見而年方出幼德已夙成則湯武之所未有

387　同安林次崖先生文集十八卷　〔明〕林希元撰　清乾隆十八年（1753）陳臚聲詒燕堂刻本

開本 27.7×16.5 厘米，板框 19.2×12.7 厘米，半葉十一行，行二十二字，白口，左右雙邊。版心下鐫“詒燕堂”。有清乾隆十八年沈德潛序、雷鋐序，乾隆十七年（1752）陳臚聲序，明萬曆原序、小傳。鈐“定武楊氏素園藏書印”等印。1 函 10 冊。

朱子儀禮經傳通解卷第一

東雍梁萬方廣庵甫考訂
男開宗啟後甫參訂
金陵翁　荃止園甫　校正
古絳李世牧武安甫

士冠禮第一　凡二十四章

家禮一之上　鄭玄目錄曰童子任職居士位年二十而冠主人玄冠朝服則是仕於諸侯天子之士朝服皮弁素積古者四民世事士之子恒為士冠於五禮屬嘉禮大小戴及劉向別錄皆爲第一今仍舊次而於其文顏有所釐析云〇疏曰童子居士位者據下曲禮相見禮皆士身所行故知此是士身也又據曲禮云二十曰所釐析故知年二十而冠也孔穎達云按略說云古人冒而句領世本云弱冠故知年二十而冠也孔穎達三皇時以冒覆頭句領繞項世本

儀禮經傳通解〔卷一士冠禮〕
一

388　**朱子儀禮經傳通解六十九卷**　〔清〕梁萬方考訂　翁荃、李世牧校正　清乾隆十八年（1753）梁萬方刻本

開本25.7×16.4厘米，板框21.8×15.3厘米，半葉十行，行二十五字，白口，單黑魚尾，左右雙邊。鈐"閒田張氏聞三藏書"等印。4函39冊。

御纂詩義折中卷之二

召南一之二

召地名召公奭之采邑也文王之時周公爲政

於國中召公宣布於諸侯而南國皆從化焉其

自文王之國而被於諸侯者則謂之周南其因

方伯所布而及於四方者則謂之召南

維鵲有巢維鳩居之之子于歸百兩御之

興也鵲鳩皆鳥名鳩性拙毎居鵲之成巢如男有

詩義折中　　卷之二　　　　二

389　御纂詩義折中二十卷〔清〕愛新覺羅·弘曆敕撰　汪由敦

等纂　清乾隆二十年（1755）刻本

開本 26.6×18 厘米，板框 21.6×15 厘米，半葉八行，行二十字，白口，四

周雙邊。前有清乾隆二十年御製序，編纂者職銜姓名。鈐"閒田張氏閒三藏書"

印。2 函 10 册。

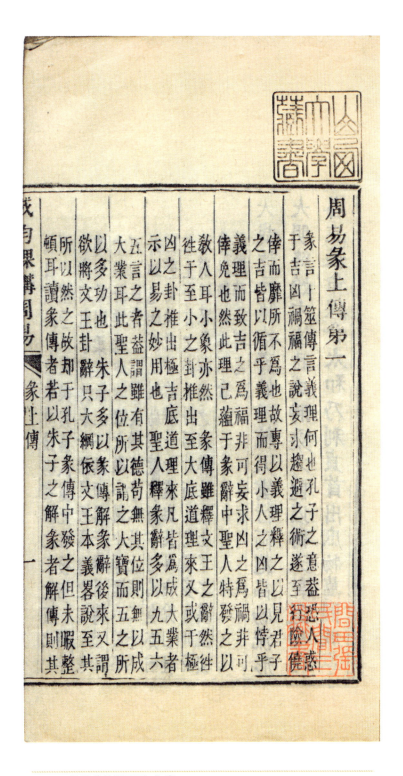

390　成均課講周易十卷　〔清〕崔紀撰　清乾隆二十年（1755）安
邑宋氏刻本

開本 28×17 厘米，板框 19.5×13.8 厘米，半葉九行，行十九字，白口，單黑魚
尾，四周單邊。卷末有清乾隆二十年（1755）宋鑒跋。鈐"閒田張氏聞三藏
書"印。1 函 4 册。

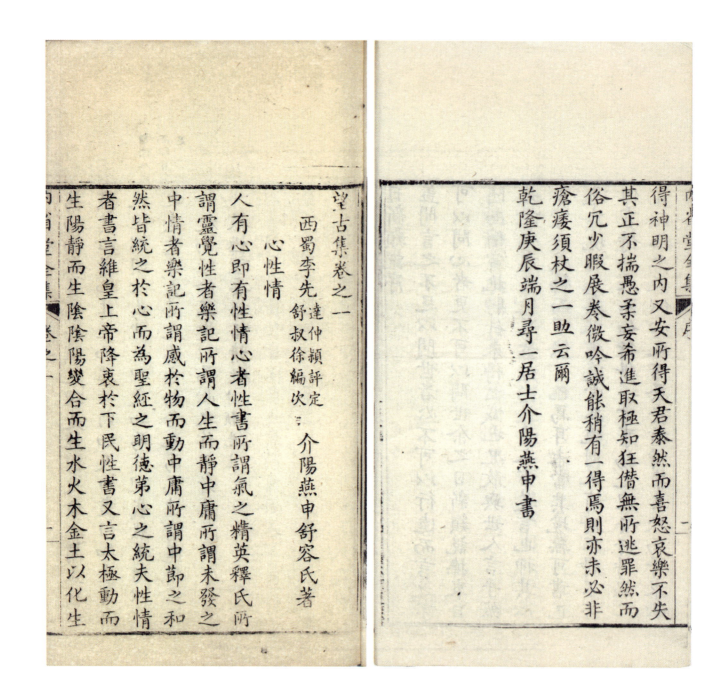

391　内省堂全集四卷續六卷三續四卷〔清〕燕申撰　清乾隆
二十五年至五十三年（1760—1788）刻本
開本 27×15.6 厘米，板框 19.1×14.5 厘米，半葉九行，行二十字，白口，單
黑魚尾，左右雙邊。前有劉贊序、李先達序、李先舒序、自序、張體升序等
七篇序，續集前有武廷瑜序、牛仲虛序，三續前有燕申序。1 函 2 册。

東坡先生編年詩卷一

後學查慎行補註　姪男開校刊

古今體詩四十二首　仁宗嘉祐四年己亥冬侍
　老蘇公自蜀至荊州作

慎按南行集叙略云已亥之歲侍行適楚舟
中無事凡與耳目所接者雜然有觸於中而
發於咏歎蓋家君之作與弟轍之文皆在凡
一百篇謂之南行集十二月十八日江陵驛
書又按子由詩云初來寄荊渚魚雁賤宜客
楚人重歲時爆竹聲礫礫新春始涉五田凍
未生麥相攜歷唐許花柳漸芽坼盞已亥十

蘇詩補註卷一

392　東坡先生編年詩五十卷目錄一卷采輯書目一卷〔宋〕

蘇軾撰　〔清〕查慎行補註　清乾隆二十六年（1761）香雨齋刻本

開本 25×16.4 厘米，板框 18×13 厘米，半葉十行，行二十一字，白口，左
右雙邊。版心下鐫"香雨齋"。卷端署"後學查慎行補註　佺男開校刊"，末
有清乾隆二十六年查開跋。2 函 16 册。

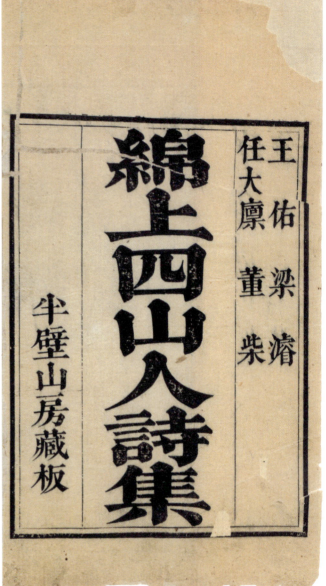

擬古草堂詩鈔卷上

勝水王佑天孚

秋日過鴈門關

層崖數十里天削奇峯起壁立千丈高矗然無所
倚虎踞長城界猊奔桑乾水九秋防牧馬萬里驅
突豕云是中原咙幽幷爲唇齒我本定陽客秋風
吹到此揚鞭控馬過郄嶷山亦駛四顧一慨然何
如見獵喜轉憶投筆人輒懷請纓子匣中劍欲鳴
囊裏書可憫浩氣與高峯相峙肩欲比從古覺封
侯莫先事邊鄙躊躇重躊躇此身安可委伊昔從

393　綿上四山人詩集（擬古草堂詩鈔二卷）〔清〕王佑撰
半壁山房詩集四卷〔清〕董柴撰　**言志山房詩稿二卷**〔清〕梁
濬撰　**愛餘書屋二卷**〔清〕任大廩撰　清乾隆二十四年（1759）刻本
開本25×15.5厘米，板框17.7×14厘米，半葉十行，行十九字，白口，單黑魚尾，
左右雙邊。總集前有清乾隆二十四年（1759）沈心序、題辭、詩集總目。鈐
"壽椿堂藏書""閒田張氏聞三藏書""馬甲鼎"等印。1函5冊。

文獻通考詳節卷一

宋鄱陽馬貴與先生著

後學常熟嚴虞惇録

田賦考

序曰古之帝王未嘗以天下自私也故天子之地千里公侯皆方百里伯七十里子男五十里而王畿之內復有公卿大夫采地禄邑各私其土子具人而子孫世守之其土壤之肥磽生齒之登耗視之如其家不煩考覈而姦僞無所容故其時天下之田悉屬於官民仰給於官者也故受田於官食其力而輸其賦仰事俯育一視同仁而無慮貧甚富之民此三代之制也秦始以字内自私一人獨運於其上而守宰之任驟更數易視其地如傳舍而間里之情僞雖賢且智者不能周知也守宰之遷除

394　文獻通考詳節二十四卷 〔元〕馬端臨著 〔清〕嚴虞惇録

清乾隆二十九年（1764）嚴有禧繩武堂刻本

開本 24.5×15.7 厘米，板框 17×13 厘米，半葉十一行，行二十四字，白口，左右雙邊。内封牌記鐫“乾隆甲申重鐫　繩武堂藏版”。前有自序，後有清乾隆二十九年嚴有禧跋。鈐“閒田張氏聞三藏書”等印。1 函 10 册。

明況太守龍岡公治蘇政績全集卷之一

奉祀生應浚叅訂

孫庠生延秀纂輯

十一世孫太學生延文敊梓

太守列傳編年卷上
洪武十六年至宣德六年凡四十
九年事

列傳

本貫江西南昌府靖安縣富仁都龍岡崖口

曾祖懋建　祖淵　父仲謙贈中議大夫贊治尹

先公名鐘字伯律號龍岡又號卯愚按靖邑況氏自始遷

395　明況太守龍岡公治蘇政績全集十六卷卷首一卷續集
十二卷〔明〕況鐘撰　清乾隆二十九年（1764）況氏承恩坊刻本
開本 24×15.4 厘米，板框 18.3×13.4 厘米，半葉九行，行二十二字，白口，
單黑魚尾，左右雙邊。封面鐫"乾隆甲申歲春刻　本家承恩坊藏板"。有清
乾隆二十九年諸序跋。鈐"開田張氏聞三藏書"印。1函6冊。

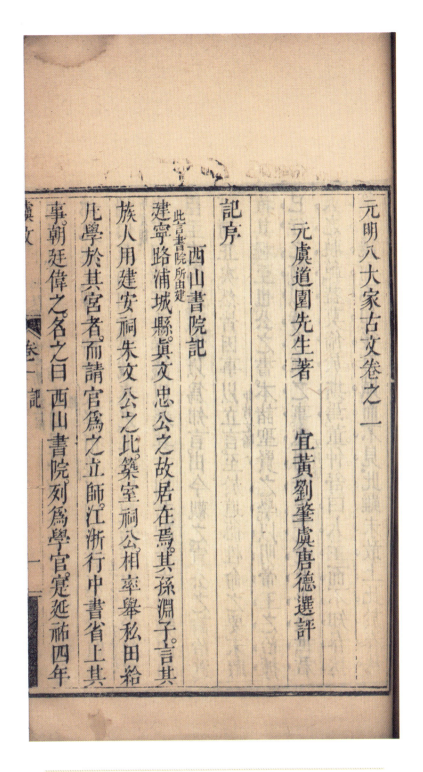

396　元明八大家古文十三卷 〔清〕劉肇虞選評　清乾隆二十九年
（1764）刻本

開本25×16厘米，板框17.9×13.5厘米，半葉十行，行二十一字，黑口，單魚尾，
四周雙邊。八大家爲：虞集、揭傒斯、楊士奇、王守仁、歸有光、唐順之、
王慎中、艾南英，其中艾南英之古文在清乾隆時被抽毀。鈐"閒田張氏聞三
藏書"印。1函10冊。

397　陸翰林詩集一卷 〔清〕陸肯堂撰　清乾隆二十九年（1764）刻本

開本 23.9×14.4 厘米，板框 17.4×11.3 厘米，半葉八行，行十九字，白口，單黑魚尾，四周雙邊。卷末有張伯行所撰墓誌，清乾隆二十九年陸元淳跋。1 冊。

398　古詩箋三十二卷 〔清〕王士禛選　聞人倓箋　清乾隆三十一年（1766）芷蘭堂刻本

開本 27.9×17.8 厘米，板框 16.8×12.5 厘米，半葉十行，行二十一字，小字雙行同，白口，左右雙邊。版心下鐫"芷蘭堂"。內封牌記鐫"芷蘭堂藏版"。前有清乾隆三十一年聞人倓序，姜宸英序，凡例，作者姓氏。鈐"開田張氏聞三藏書"印。2函14册。

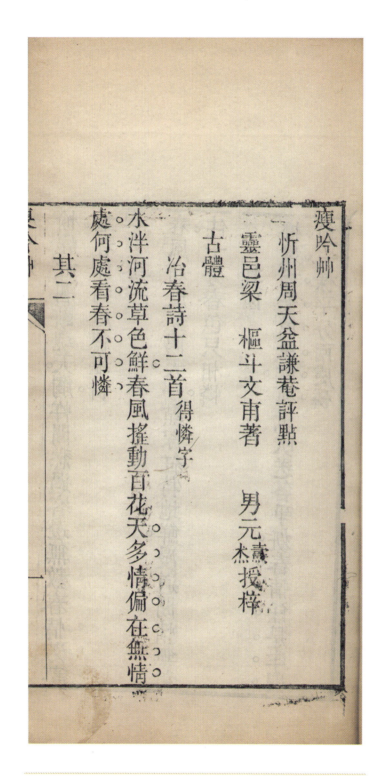

399　瘦吟草二卷　〔清〕梁樞著　周天益評點　清乾隆三十二年（1767）
梁燾刻本
開本 25.9×14 厘米，板框 11×17.4 厘米，半葉八行，行二十字，白口，四周單邊。
內封鐫 "裁芸書屋藏版"。前有清乾隆三十二年周天益序，温德端序。鈐 "閒
田張氏聞三藏書" 印。1 函 1 册。

原李耳載

太原李中馥鳳石著
元孫青房校字

糧徵本色

太原太守黃公洽中存心愛民欲更所轄二十八州
縣徵糧舊例謂糧因地起地中出粟本色是徵正也
軍糧曰粮義取養兵本色是給亦正也易以折色粮
之名失矣在納粮者有銀尚可無則必以粟易銀在
領粮者有粟尚可無則必以銀易粟是折色一行弁

400 原李耳載二卷 〔明〕李中馥著　清乾隆三十二年（1767）李青
房刻本
開本 28.2×17.4 厘米，板框 21.5×14.3 厘米，半葉九行，行二十字，白口，
左右雙邊，單黑魚尾。前有孫閎達序、陳俶序、自序，清乾隆三十二年許道
基序，乾隆二十一年（1756）李從龍序，後有乾隆三十二年李青房識。李中
馥爲明末山西著名學者。鈐"閩田張氏聞三藏書"印。1 函 2 冊。

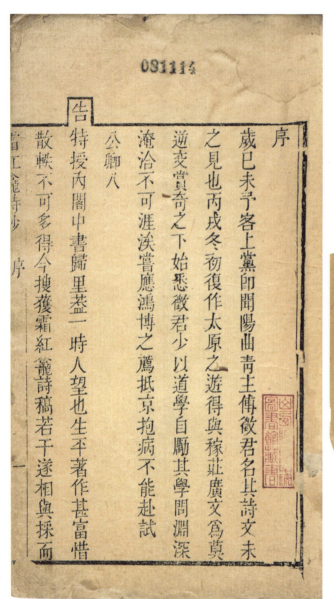

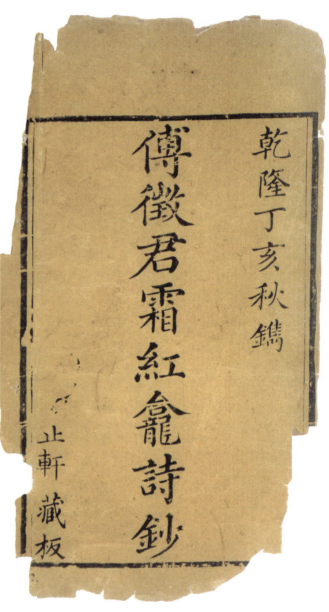

401　傅徵君霜紅龕詩鈔不分卷〔清〕傅山撰　清乾隆三十二年
（1767）河東劉贊仰止軒刻本

開本 23.8 × 13.7 厘米，板框 17.8 × 12.3 厘米，半葉八行，行二十一字，白口，
左右雙邊。前有清乾隆三十二年（1767）蘇爾詒序、劉贊凡例。1 函 2 冊。

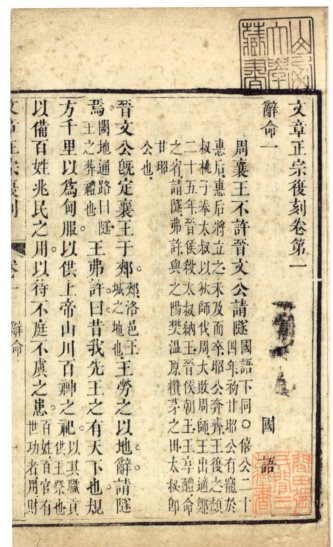

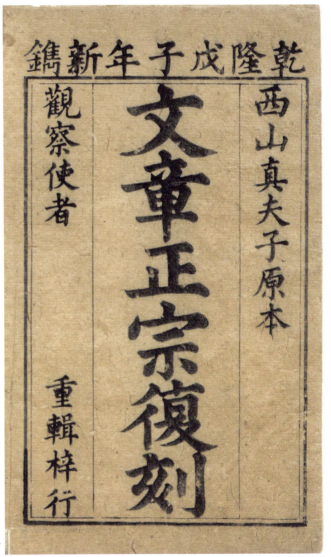

402　文章正宗復刻三十卷續十二卷〔宋〕真德秀輯　清乾隆

三十三年（1768）楊仲興刻本

開本 15.6×16.5 厘米，板框 22×15 厘米，半葉十行，行二十一字，雙行小字同，

白口，單黑魚尾，四周雙邊。前有清乾隆三十二年（1767）王杰序、錢琦序、

楊仲興序、綱要、凡例。鈐"閏田張氏聞三藏書"等印。4 函 24 冊。

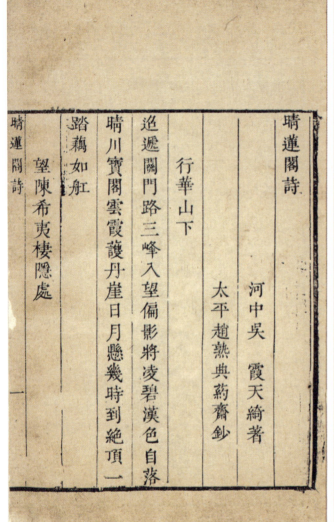

403　吳天綺詩集二卷（晴蓮閣詩一卷半氈廬詩一卷）〔清〕

吳霞撰　清乾隆三十三年（1768）太平趙氏刻本

開本 23.5×15.9 厘米，板框 16.4×14 厘米，半葉八行，行十八字，白口，左右雙邊。前有清乾隆三十三年（1768）趙熟典序。鈐"開田張氏聞三藏書"印。1 函 2 册。

思誠堂集卷上

題文中子讀書處在銅鞮山

廢洞依稀石麓陰山靈招我一來尋泥橫殘篆碑猶

在門掩蒼崖鳥亂吟獻策緣知非釣主退耕何事已

違心浮沉千載誰能識房魏區區尚古今

重題文中子讀書處二首

石室銅山麓祠臺玉水陽清風囘俎豆盛蹟自隋唐

其二

房魏勛名遠河汾敎澤長登高頻覽眺古道鬱蒼蒼

404　思誠堂集二卷附錄一卷〔清〕吳琠撰　清乾隆三十四年
（1769）趙熟典刻本

開本 28.3×18 厘米，板框 19.9×15 厘米，半葉九行，行二十字，白口，無魚尾，
左右雙邊。此集詩僅五十三首，餘皆奏疏、雜文，并督撫楚中時牌示。吳琠
號銅川，沁州人，清順治十六年（1659）進士，官至大學士，謚文端。鈐“汾
陽新堡主人”“曹氏心印”“閭田張氏閱三藏書”等印。1 函 4 冊。

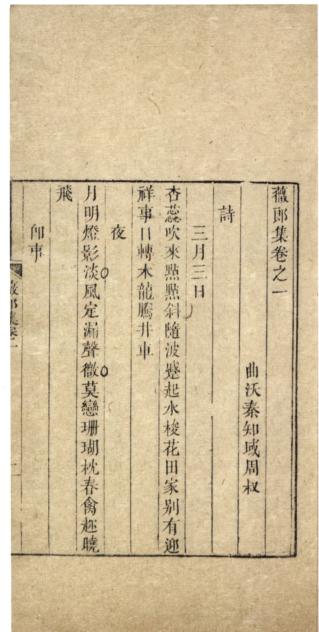

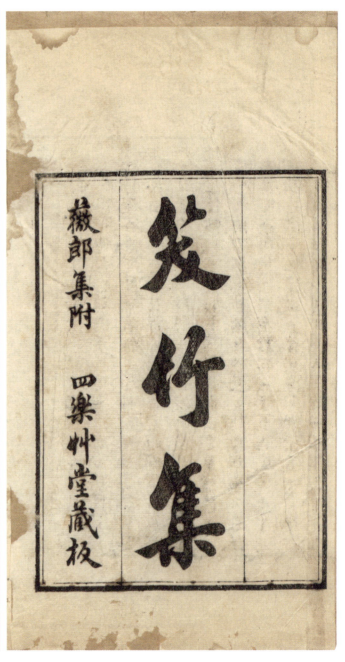

405　笑竹集十卷〔清〕秦武域撰　**薇郎集二卷**〔清〕秦知域撰

清乾隆三十六年（1771）四樂草堂刻本

開本 26.5×16.4 厘米，板框 15.5×12.5 厘米，半葉十行，行十九字，細黑口，單黑魚尾，左右雙邊。《笑竹集》前有清乾隆三十四年（1769）鄭王臣序、乾隆三十六年（1771）秦武域弁言。《薇郎集》前有秦武域撰《秦薇郎傳》。1 函 5 册。

406　劍虹齋詩文集十二卷　〔清〕梁濬撰　清乾隆三十六年（1771）
介休梁氏刻本
開本23×14.6厘米，板框15.7×13.2厘米，半葉十行，行十八字，白口，單黑魚尾，左右雙邊。前有王杰序、朱承煦序、董柴序、張圣訓序。卷末有茹綸常、董揚會、梁本榮跋。鈐"徐石卿印""陶淑精舍收藏""閒田張氏聞三藏書"等印。

倪文貞公文集卷之一

男會鼎訂正

元孫安世恭校

制誥

邱忠　賜環　功敘

原任更部文選司員外郎贈太常寺卿周順昌

制曰夫孤情之所獨抗得死而成正氣之所不徂造生

彌永所以屈平嫉俗轉快志於懷沙甚宏磧身遂飛薤

於化碧資其扶世寵以敎忠爾具官某希聖得清擇節

取苦伍羞絳灌哭是賈生之才兒命融修罵亦禰衡之

氣當其出爲從事入典銓衡並以晶心章其茂飾會當

407　倪文貞公文集二十卷〔明〕倪元璐撰　清乾隆三十七年
（1772）倪安世刻本

開本 25×15.9 厘米，板框 19.4×13.6 厘米，半葉十行，行二十一字，白口，
單黑魚尾，四周單邊。前有清乾隆三十七年蔣士銓序，乾隆四十二年（1777）
倪安世跋。存一至十六卷，1 函 5 冊。

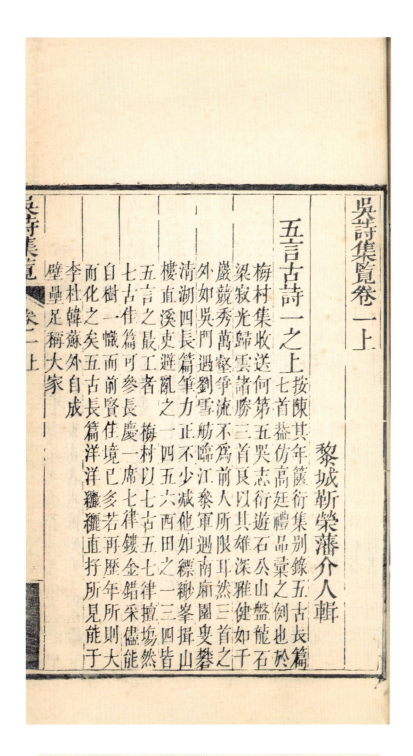

408　吳詩集覽二十卷附談藪二卷 〔清〕吳偉業撰　靳榮藩輯注

清乾隆四十年（1775）靳榮藩刻本

開本 25×15.2 厘米，板框 17.6×13.4 厘米，半葉九行，行二十一字，小字雙行同，粗黑口，四周雙邊。前附清乾隆四十六年（1781）江寧布政使敕發四庫館查辦違礙書籍條款一則。有靳榮藩恭和御題詩，靳氏自序，墓表，行狀，凡例和目錄。書根有書名及卷次。鈐"開田張氏聞三藏書"印，函套題籤鈐"姑蘇聚文堂書籍發兌"章。2 函 20 冊。

瓿承令緒　龍墀片語開

起樽俎文章須自出機杼浦城六歲號神童釋劍操

英樓雙旌列戟鳴珂里貴盛金張郭馬儔折衝千里

臨晶堂粹白雲霄上家本宏農世德悠奇勳曾築望

太華氷霜蓮十丈攀躋蘿葛窺仙掌卿月璇光總照

別楊郡尊

太平王　瑋　石林著　　同里趙熟典藥齋校

洗桐居士集卷一

不能殫者使非子壽之過目不怠子才之五行俱下

切有本有源可驚可躍之事誠有當年不能究畀世

閏諸儒上遡鴻濛遠搜絕域石函竹簡玄笈貝經一

以為讀書不如寫書盡自秦坑燔煬二千餘年來正

張茂先徙居載書三十乘史稱博物張華手寫九經

戴為昭類書序

太平王　瑋　石林著　　同里趙熟典藥齋校

洗桐居士文集卷一

409　洗桐居士詩集四卷文集四卷　〔清〕王瑋撰　清乾隆四十年
（1775）太平趙氏刻本

開本 27.8×17.6 厘米，板框 19.3×15 厘米，半葉九行，行二十字，白口，左右雙邊。詩集前有清乾隆四十年（1775）趙熟典序。鈐"開田張氏聞三藏書"印。1 函 3 冊。

廉立堂文集序

王文簡公云衞中丞旣齊字爾錫山西猗氏人
儒也自翰林檢討起拜山東布政司使廉聲甚著
入爲順天府尹擢副都御史出爲貴州巡撫罷歸
己卯冬以分理河工入都日在邸中名門生黃編
修叔琳講中庸一章二鼓始罷其靜力如此先大
夫教授公秉鐸襄垣予年尚幼依倚膝下一日
吾平陽之猗氏衞中丞實我
朝之純臣君子也王公所云良不誣矣予風夕記之
於懷迨年六十始克睹公詩與文所謂廉立堂者

廉立堂文集卷一

猗易衞旣齊爾錫著

　樂府

　夜坐吟

長夜朔風鳴萬籟聲相答客子有所懷披衣坐寒

榻去年此日來長安羊腸催輪道路難天門高高

不可陟空庭獨步霜風寒今年出入銅龍署尺五

太平趙熟典藥齋較

410　廉立堂文集十二卷附錄一卷〔清〕衞旣齊撰　清乾隆四十
年（1775）太平趙氏刻本

開本 24.5×15.5 厘米，板框 18.7×13.5 厘米，半葉十行，行二十一字，白口，
左右雙邊。前有清乾隆四十年（1775）趙熟典序。鈐"壽椿堂王氏家藏""王
臣恭靖廷甫""王靖廷觀"等印。1 函 6 冊。

春谷小草卷上

擬古

檇李盛復初進顏著

盈盈湖中水泛泛波上萍大風與之遇須臾辭
芳津豈不念蘭芷飄泊難具陳仰視山巔松結
根當嶙峋濤聲日夕起偃蓋長亭亭
寶劍光耿耿乃在豐城獄世無張茂先精氣黯
然伏一朝起沉埋石匣土花綠淬之飛秋霜清

自序

于性喜吟詠注注嘔心生之志一無之人
句阮兩喟然曰詩言志也何以工為古
夫詩人衆矣當其浮志自鳴莫不矜
為千秋絕調一世詩豪也卒之傳誦人
口歷久希矣者代有幾人我于印刻意
承工業之不及古人昌為法自苦即玉於
登臨懷古偶和贈答有非能已於辭者

411　春谷小草二卷 〔清〕盛復初撰　清乾隆四十年（1775）稷山思文書院刻本
開本 25.7×15.3 厘米，板框 18.3×12.6 厘米，半葉八行，行十八字，白口，無魚尾，左右雙邊。前有撰者自序。鈐"閒田張氏聞三藏書"印。1 冊。

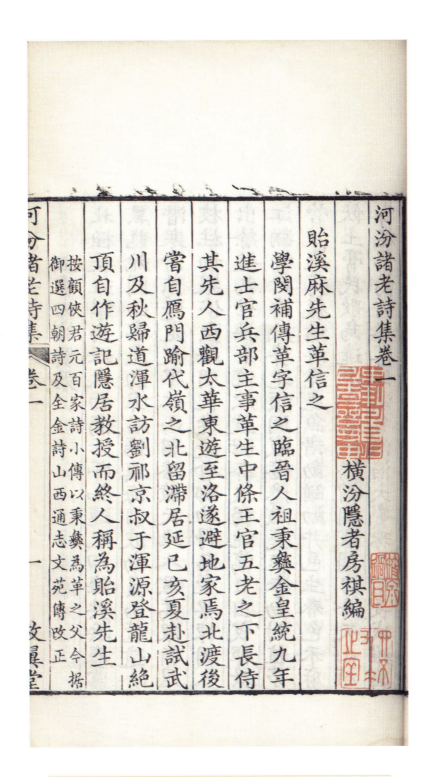

412　河汾諸老詩集八卷〔元〕房祺編　清乾隆四十三年（1778）

敬翼堂刻道光十五年（1835）曹樹穀續刻本

開本 26.6×16 厘米，板框 17.9×13 厘米，半葉十行，行二十一字，白口，左右雙邊。版心下鐫"敬翼堂"。前有清乾隆四十二年（1777）曹學閔序，明弘治十一年（1498）車璽原序，後有道光十五年曹樹穀跋。封面鈐"儒林司馬""臣曹樹穀"，卷端鈐"筱泉過目"等印。1函1册。

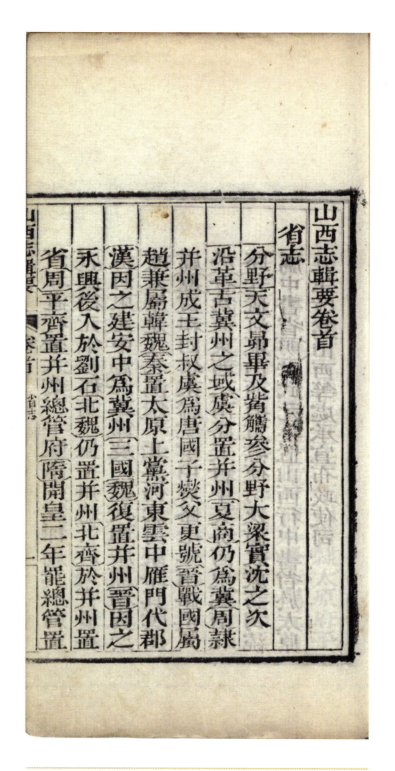

413　山西志輯要十卷首一卷　〔清〕雅德修　汪本直纂　清乾隆
四十五年（1780）刻本

開本 19.2×11.5 厘米，板框 12.8×9.4 厘米，半葉九行，行二十一字，白口，
單黑魚尾，四周雙邊。前有清乾隆四十五年（1780）雅德序、百齡序，凡例。
1 函 10 册。

414　北溪先生全集五十卷補遺一卷字義二卷附外集一卷

〔宋〕陳淳著　清乾隆四十八年（1783）栗齋刻本

開本 27.9×17.5 厘米，板框 21×13 厘米，半葉十行，行二十二字，粗黑口，雙魚尾，四周雙邊。內封鐫"乾隆癸卯新鐫　栗齋藏板"。有清乾隆四十四年（1779）蔡新序，乾隆四十一年（1776）官獻瑤序，乾隆四十二年陳文芳序，四十八年劉希周跋，原序七則，歷刊姓氏及重刊姓氏，陳日欽跋，目錄及題識。1函8冊。

宋金元詩選卷第一

長洲　吳翌鳳　錄

宋

徐鉉　字鼎臣廣陵人仕南唐爲吏部尙書右散騎常侍爲妖尼道安所誣貶難行軍司馬卒於邠州有集

題伏龜山北隅

慈山信岑寂陰崖積蒼翠水石何必多宛有千巖

意孰知近人境旦暮含佳氣池影搖輕風林光澹

新霽支頤藉芳草自足忘世事未得歸去來聊爲

415　宋金元詩選六卷　〔清〕吳翌鳳錄　清乾隆五十八年（1793）吳氏古歡堂刻本

開本 26×16.8 厘米，板框 17.8×13 厘米，半葉九行，行十九字，粗黑口，左右雙邊。內封鐫"乾隆癸丑冬古歡堂吳氏開雕"。前有清陳栞本序，清乾隆五十八年自序，各卷有分卷目録。鈐"閏田張氏聞三藏書"印。1函8册。

樂善堂全集卷一

論

立身以至誠爲本論

夫誠者萬物之原萬事之本天所賦物所受之

正理也故在天則爲乾元坤元而萬物資始資

生在人則爲能盡其性參天地而贊化育然人

咸具是理而鮮能全之故日蔽於私溺於習而

416　樂善堂全集四十卷目録四卷〔清〕愛新覺羅・弘曆撰　清

乾隆間（1736—1795）内府刻本

開本 28×17 厘米，板框 19.2×14 厘米，半葉七行，行十八字，白口，單黑魚尾，

四周雙邊。前有清乾隆二年（1737）御製序，雍正十一年（1733）允禄等序。

鈐"閏田張氏聞三藏書"等印。2 函 24 册。

綠溪詩卷一

黎城靳榮藩介人

起文書院作 在潞安府城內

自余趨庭聞時得近筆研同舍四三人了了一時彦王表

兄廣唐堯臣表弟紹五西蜀來文翁文起起文院院對

舜臣王君先甲久庚等

龍山松晴㬴皆可見山勢送松來松遮山如倦室翠落

詹楹驕暉浮階面友生四十餘聯吟在他縣維時四三

人皆復同游宴焉得天下士取次相依戀有鳥鳴嚶嚶

春來滿芳甸

417　綠溪全集五種八卷（綠溪初稿一卷、綠溪語二卷、綠溪詩四卷、綠溪詞、詠史偶稿一卷）附綠溪行述一卷

〔清〕靳榮藩撰　清乾隆間（1736—1795）刻本

開本 25.4×15.5 厘米，板框 17.5×13.5 厘米，半葉九行，行二十一字，粗黑口，四周雙邊。《綠溪語》前有清乾隆四十二年（1777）顧我魯序，《詠史偶稿》前有乾隆十九年（1754）自序。《行述》爲其子靳師儉撰，後刻，未署年代。1 函 8 冊。

漁洋山人精華録訓纂補卷一上

對酒

太平〔仲尼燕居〕〔論禮樂〕曰君子力此二者以南面而宮立夫是以天下太平也〔詩小序〕既醉太平也子揚

府治〔漢書淮南王安傳〕漢廷皆治理也〔師古曰〕朝廷治理之門唯恐多人語云臣

丞相無私人〔韓非子〕大臣

彈射〔張衡西京賦〕街談巷議彈射減否〔仲長統言〕近世御史為風霜舊制但

之故也彈豎立能陷人可得彈正者哉外戚宦醫立權在之任彈射不法百僚震恐官之雄峻莫之比〔通典〕御史之制〔朱楷曰〕漢書景帝紀元年冬十月詔

多人威權除宮刑曰萋文皇帝除宮刑出美人重絶人

風聞彈事而已提綱而已

也之世之世

白紵詞

清歌錯落大小珠〔陳伯璣國雅評云〕老雙跌杜每效古作此調〔過春山曰〕蘇東坡菩

清華録訓纂補《卷一上》　一　工豆齋

418　漁洋山人精華録訓纂補十卷 〔清〕惠棟撰　清乾隆間（1736—1795）紅豆齋刻本

開本 27.6×17 厘米，板框 18.8×14.2 厘米，半葉十行，行二十一字，小字雙行同，白口，四周雙邊。版心下鐫 "紅豆齋"。内封牌記鐫 "紅豆齋藏版"。前有清乾隆二十二年（1757）盧見曾序，黄叔琳《漁洋山人本傳》，參注同人姓氏，補采漁洋書目，年譜補，辯訛補。1函4册。

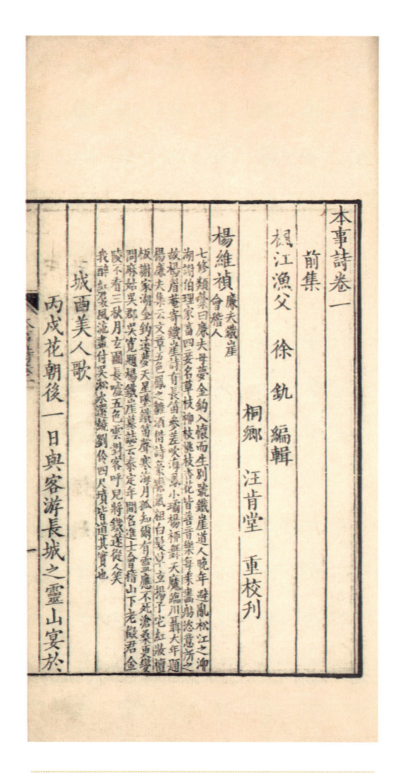

419　本事詩十二卷 〔清〕徐釚輯　清乾隆間（1736—1795）汪肯堂
重刻本

開本 28.2×17.6 厘米，板框 18.5×12.7 厘米，半葉十一行，行二十一字，小字
雙行三十二字，白口，左右雙邊。内封牌記鎸"乾隆二十二年重鎸　半松書屋
藏版"。前有尤侗序，清康熙四十三年（1704）吳中立序，阮亭先生三劄，徐釚
啟，略例。鈐"醉里聽雨樓章珍藏印""閒田張氏聞三藏書"等印。1 函 6 册。

道腴堂詩編卷第一

雲中鮑鉁冠亭

酈亭集

古意二首

左手贈將離右手贈當歸合歡花正好忘憂草未腓種成相思樹
結作連理枝送君出門去君馬疾若飛不以去時疾無使歸計遲
請君惜春華盛顔容易衰

臣里有少女三五尚未曾共誇顏色美更聞手爪能夜機織齊紈
朝窓繡吳綾巳學㦛趙瑟復善攦泰箏十年貞不字鄉鄰皆知名
一朝托䆮修絲蘿締良盟夫聟門楣黰豪百無成大嫂頗見妬
小姑亦生憎琴瑟日以乖泉口交相懲寄言鄰家婦技巧休自矜

邯鄲懷古

慘澹黃雲暮孤城百雉空風塵娟女老遊俠少年雄樂府吟斯卒
妖言舞郭公不妨傾魯酒懷古意無窮

420　道腴堂詩編三十卷詩續六卷〔清〕鮑鉁撰　清乾隆間
（1736—1795）自刻本
開本 26.5×17 厘米，板框 21×14.3 厘米，半葉十四行，行二十五字，白口，
四周單邊。《詩編》前有唐紹祖、納蘭長安序，自序及小像。《詩續》前有清乾
隆九年（1744）諸錦、姚世鈺序，自序。是書爲应县鮑鉁《道腴堂十種》之二種，
《詩續》缺後六卷。鈐"劉氏心周""閒田張氏闓三藏書"等印。2函16冊。

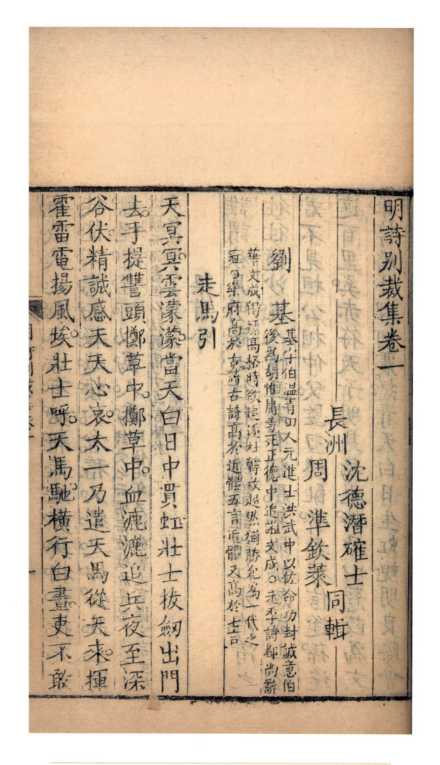

421　明詩别裁集十二卷　〔清〕沈德潛、周準同輯　清乾隆間
（1736—1795）刻本

開本 24.5×15.3 厘米，板框 16.5×13.7 厘米，半葉十行，行十九字，小字雙
行二十八字，白口，單黑魚尾，左右雙邊。此集取明一代之詩，凡一千餘首。
清乾隆時列爲禁毀書。1 函 6 册。

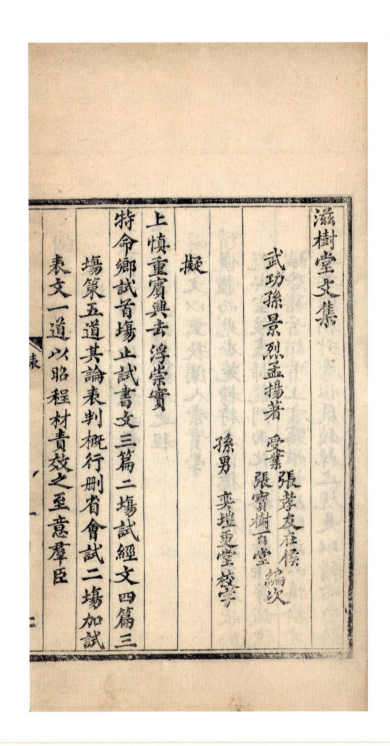

422　滋樹堂文集四卷可園草一卷孫檢討自訂四書文一卷 〔清〕孫景烈著　清乾隆間
（1736—1795）刻本

開本 25.9×15.2 厘米。《文集》四卷，清乾隆刻道光十一年（1831）重修。板框 17.5×12.7 厘米，半葉九
行，行二十字，白口，單黑魚尾，四周雙邊。内封題 "道光辛卯重訂　西麓山房藏板"，前有清乾隆
五十七年（1792）王巡泰序。《可園草》一卷，清乾隆二十六年（1761）刻本。板框 18.6×12.4 厘米，
半葉九行，行二十五字，白口，單黑魚尾，四周雙邊。内封題 "乾隆癸巳仲夏刊　本園藏板"，前有海
寧楊嗣曾序。《孫檢討自訂四書文》一卷，清乾隆三十四年（1769）刻本。板框 18.8×12.4 厘米，半葉
九行，行二十五字，白口，單黑魚尾，四周雙邊。内封題 "乾隆己丑孟冬刊　滋樹堂藏本"。1 函 7 册。

石園全集卷第一
星存草

使臣多暇得以寄興於詩故涉歷修途永懷名勝且邂逅
朋友不少賡酬或得諸征軺或賦諸閒署皆曰星存志官
也不忘逸我之深總荷湛恩之厚亦見當時道路無虞舟
申安適知交無恙情好相拔致足樂也從事隙駒來情結
軫靜言思之輾轉于懷矣交江李元鼎

詩二十八首

雙城驛望諸祖道場

千年佛骨銷瑔函看到名山自不凡豈以風塵勞馬足故

敎煙樹護雲衫鐘聲遠渡湘江水寺影空憐碧玉巖一望

423　石園全集三十卷〔清〕李元鼎撰　清乾隆間（1736—1795）
香雪堂木活字印本
開本 26.5×18 厘米，板框 20.8×15.3 厘米，半葉十一行，行二十二字，無界行，
白口，單黑魚尾，左右雙邊。版心下鐫"香雪堂"。書中避"玄""胤""弘"
字諱。鈐"閒田張氏聞三藏書"印。1 函 10 册。

424　趙恭毅公賸藁八卷〔清〕趙申喬撰　趙侗敦輯　清乾隆間
（1736—1795）刻本

開本 29×16.5 厘米，板框 17.5×12.5 厘米，半葉十二行，行二十四字，單
黑魚尾，四周雙邊。前有趙侗敦序等四篇序。鈐"閒田張氏閒三藏書"印。
1 函 4 册。

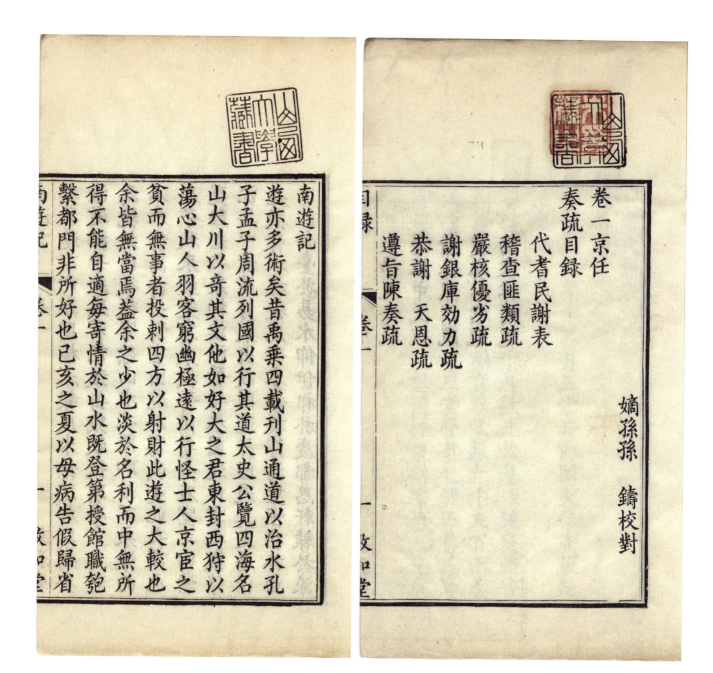

南遊記

遊亦多術矣昔禹乘四載刊山通道以治水孔
子孟子周流列國以行其道太史公覽四海名
山大川以奇其文他如好大之君東封西狩以
蕩心山人羽客窮幽極遠以行怪士人京官之
貧而無事者投刺四方以射財此遊之大較也
余皆無當焉蓋余之少也淡於名利而中無所
得不能自適每寄情於山水既登第授館職鮑
繫都門非所好也己亥之夏以母病告假歸省

卷一京任
奏疏目録
　　代者民謝表
　　稽查匪類疏
　　嚴核優劣疏
　　謝銀庫効力疏
　　恭謝天恩疏
　　遵旨陳奏疏

嫡孫孫　鑄校對

425　孫文定公集十二卷南遊記一卷　〔清〕孫嘉淦撰　清嘉慶十
年（1805）敦和堂刻本

開本 29.7×17.8 厘米，板框 20.5×14.4 厘米，半葉九行，行十八字，白口，
四周雙邊。《南游記》前有清嘉慶十年（1805）張菊溪序，卷末有汪庚跋。1
函 13 冊。

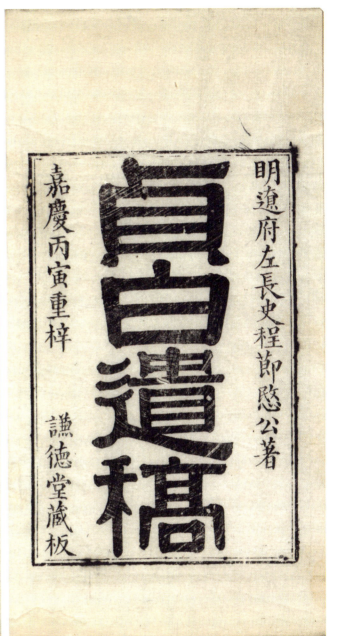

明遼府左長史程節愍公貞白遺稿卷之首

明史列傳程通績溪人嘗上書太祖乞除其祖成籍詞

甚哀竟獲請已授遼王紀善燕師起從王泛海歸京師

上封事數千言陳禦備策進左長史永樂初從王徙荊

州有言其前上封事多指斥者械至死於獄家屬戍邊

並捕其友徽州知府黃希范論死籍其家

欽定四庫全書總目集部内載貞白遺稿十卷附顯忠録二卷

又云明程通撰通字彦亨貞白其齋名也績溪人洪武

乙丑貢入太學庚午舉應天鄉試時方遣諸王將兵因

貞白遺稿一　卷之一

嘉慶丙寅重梓

謙德堂藏板

貞白遺稿

明遼府左長史程節愍公著

426　貞白遺稿十卷首一卷　〔明〕程通撰　清嘉慶十一年（1806）
謙德堂刻本
開本 29.3×17.5 厘米，板框 19.1×13.6 厘米，半葉九行，行二十一字，白口，
單黑魚尾，四周雙邊。内封鐫"嘉慶丙寅重梓　謙德堂藏板"。前有清嘉慶
十一年（1806）吳錫麒序。1 函 3 册。

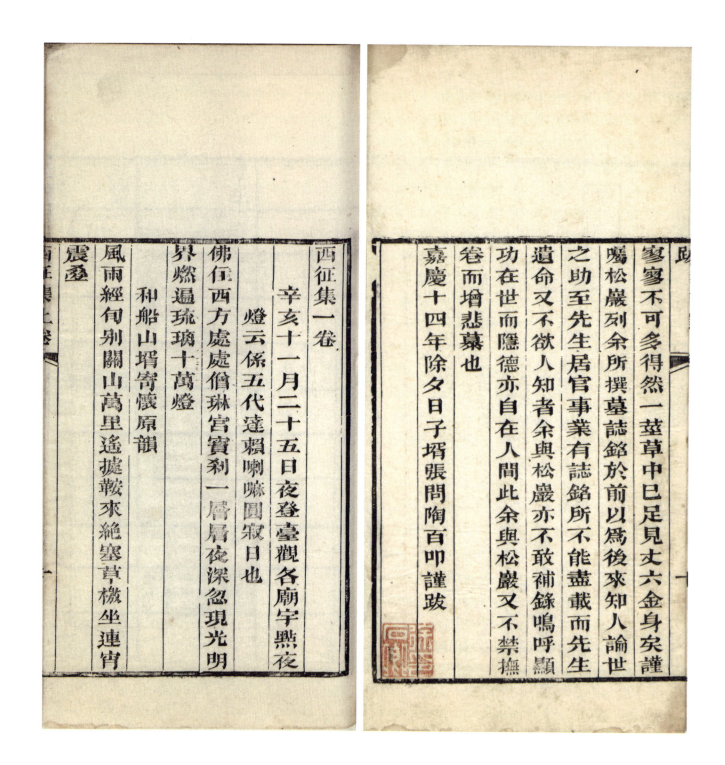

西征集一卷

辛亥十一月二十五日夜登臺觀各廟宇黙夜

燈云係五代達賴喇嘛圓寂日也

佛住西方處處僧琳宮寶刹一層層夜深忽現光明

昇燃遍琉璃十萬燈

和船山堵寄懷原韻

風雨經旬別關山萬里遙撥鞍來絕塞草橫坐連宵

震邊

嘉慶十四年除夕日子塔張問陶百叩謹跋

卷而增悲慕也

功在世而隱德亦自在人間此余與松嚴又不禁撫

遺命又不欲人知者余與松嚴亦不敢補錄嗚呼顯

之助至先生居官事業有誌銘所不能盡載而先生

囑松嚴列余所撰墓誌銘於前以爲後來知人論世

寥寥不可多得然一莖草中已足見丈六金身矣謹

助

427　西征集一卷附遺草一卷　〔清〕林俊撰　清嘉慶十四年（1809）
刻本

開本 26.5×15.6 厘米，板框 17×12.5 厘米，半葉八行，行二十字，白口，單
黑魚尾，左右雙邊。前有林西崖墓誌銘。卷末有清嘉慶十四年（1809）張問
陶跋。鈐“徐石卿印”等印。1 册。

428　晉乘蒐略三十二卷　〔清〕康基田撰　清嘉慶十六年（1811）
康氏霞蔭堂刻本
開本26×16厘米，板框19.8×13.1厘米，半葉九行，行二十字，白口，單黑魚尾，
四周雙邊。前有清嘉慶十五年（1810）松筠序，嘉慶十六年（1811）許兆椿序，
嘉慶十五年（1810）康基田、姚鼐序。卷末有嘉庆二十五年（1820）陳熙跋。
鈐"開田張氏聞三藏書"印。4函35册。

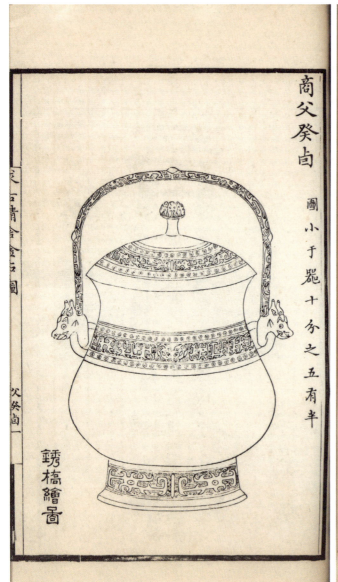

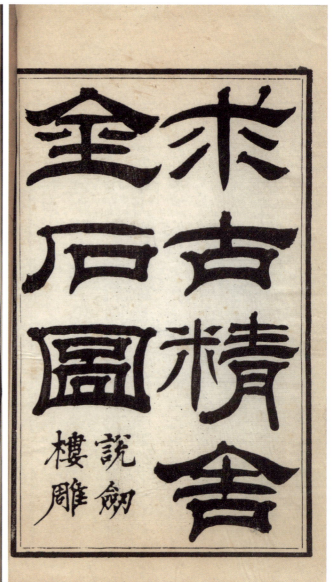

429　求古精舍金石圖四卷　〔清〕陳經撰　清嘉慶十八年（1813）
説劍樓精刻精印本

開本 29.2×18.1 厘米，板框 23.7×15 厘米，半葉九行，行二十字，黑口，左右雙邊。內封鐫“説劍樓雕”。前有清嘉慶二十一年（1816）阮元題詞，嘉慶二十三年潘世恩序，吳雲題詞，嘉慶二十三年黃丕烈序、倪倬序、施國祁跋、許宗彥序及吳翌鳳序，嘉慶十八年陳經記及畫像。鈐“閒田張氏聞三藏書”印。1 函 6 册。

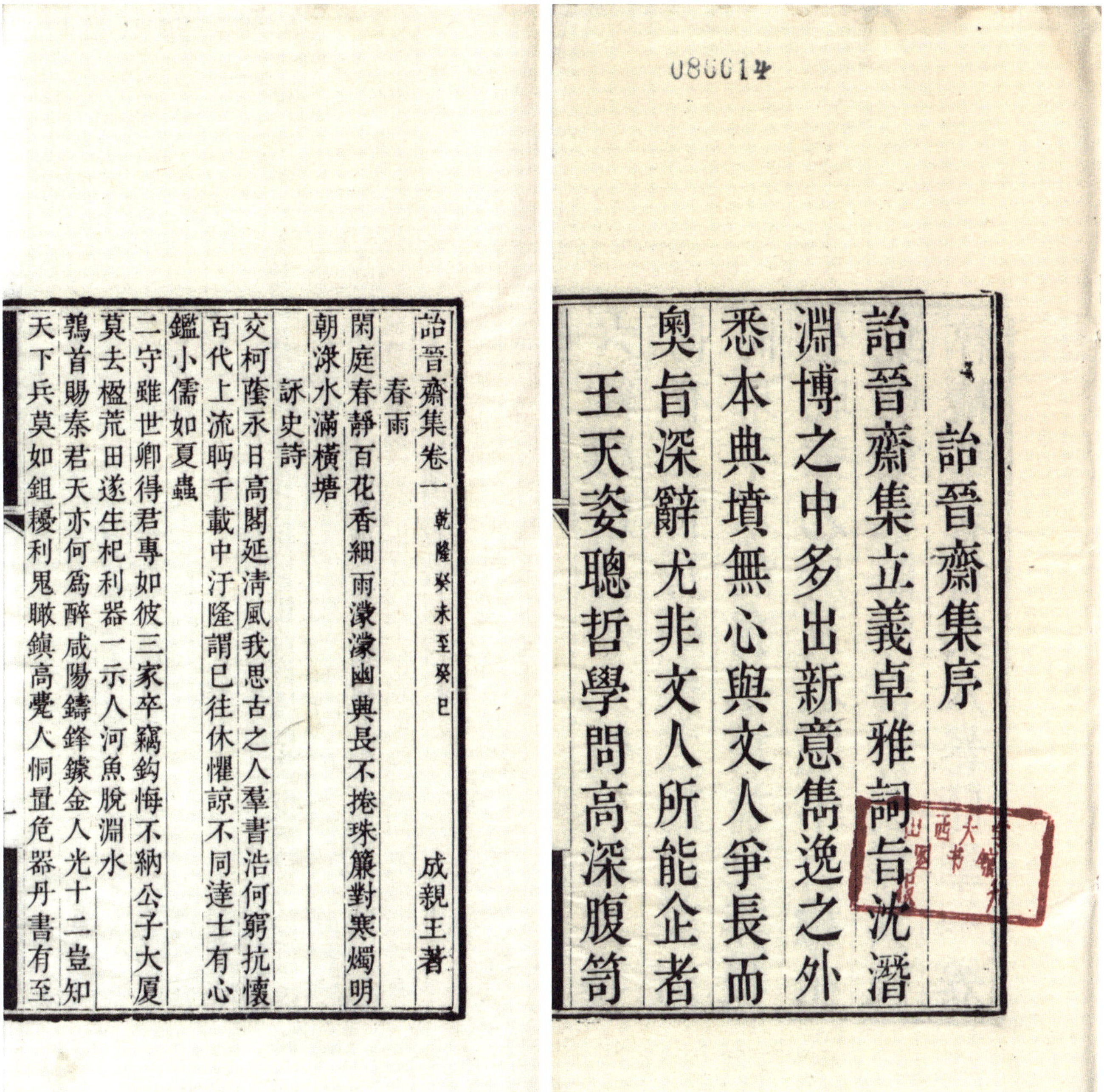

詒晉齋集序

詒晉齋集立義卓雅詞旨沈潛淵博之中多出新意雋逸之外悉本典墳無心與文人爭長而奧旨深辭尤非文人所能企者王天姿聰哲學問高深腹笥

詒晉齋集卷一 乾隆癸未至癸巳 成親王著

春雨

閑庭春靜百花香細雨濛濛幽興長不捲珠簾對寒燭明朝淥水滿橫塘

詠史詩

交柯蔭永日高閣延清風我思古之人羣書浩何窮抗懷百代上流眄千載中汙隆謂已往休懼諒不同達士有心鑑小儒如夏蟲

二守雖世卿得君專如彼三家卒竊鈞悔不納公子大厦莫去楹荒田遂生杞利器一示人河魚脫淵水

鶉首賜秦君天亦何爲醉咸陽鑄鋒鐻金人光十二豈知天下兵莫如鉏櫌利鬼瞰鎮高甍人恫昷危器丹書有至

430　詒晉齋集八卷後集一卷隨筆一卷〔清〕愛新覺羅・永瑆撰

清道光二十八年（1848）刻本

開本 16.5×11.1 厘米，板框 25.6×15.1 厘米，半葉十二行，行二十二字，上下粗黑口，單黑魚尾，四周雙邊。前有清道光二十八年（1848）愛新覺羅·載銓序。每卷末鐫“二世孫成郡王載鋭家藏板”。1 函 4 册。

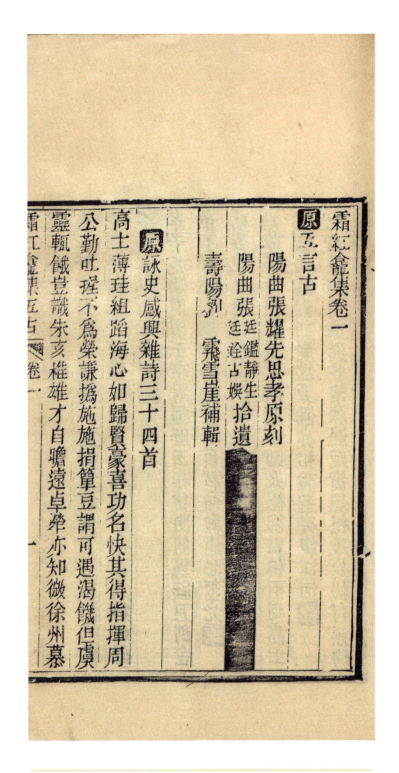

431　霜紅龕集四十卷〔清〕傅山撰　張廷鑑、張廷銓拾遺　劉霂補輯　清咸豐四年（1854）壽陽王行恕刻本

開本 24.9×14.3 厘米，板框 16.8×12 厘米，半葉十行，行二十一字，白口，單黑魚尾，四周雙邊。前有清咸豐二年（1852）壽陽劉《霜紅龕集備存》小引、例言，乾隆十二年《霜紅龕集》序，陽曲傅先生事略等。1 函 8 冊。

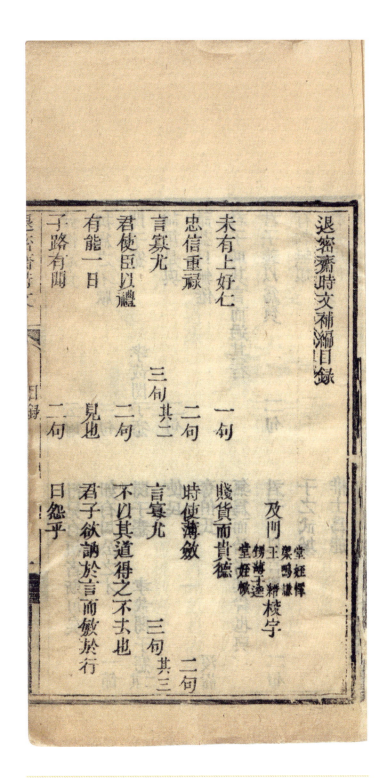

432　退密齋時文補編不分卷〔清〕徐繼畬撰　清咸豐七年（1857）
刻本

開本 26.3×15.1 厘米，板框 18.7×12.5 厘米，半葉九行，行二十五字，粗黑
口，單黑魚尾，四周雙邊。前有清咸豐七年（1857）徐繼畬識語。1 函 5 冊。

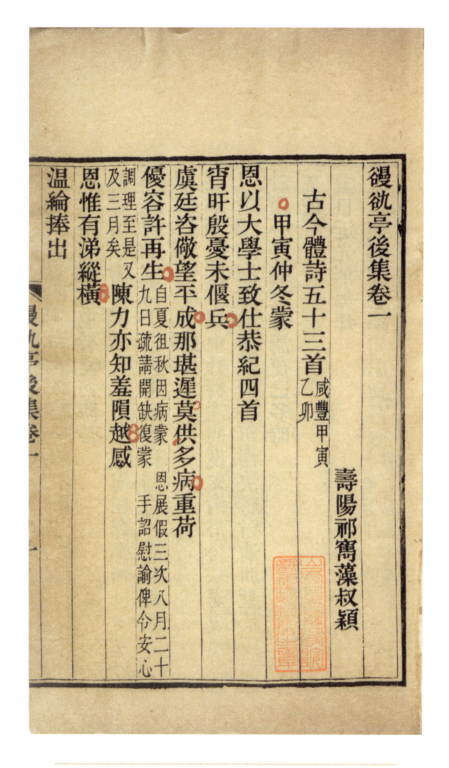

433　䙡欨亭集三十二卷後集十二卷〔清〕祁寯藻撰　清咸豐七年（1857）祁氏自刻本

開本 24.5×16.3 厘米，板框 18.3×13.4 厘米，半葉十一行，行二十二字，單黑魚尾，四周雙邊。後集七至十二卷多處有眉批和圈點。前集有清咸豐六年（1556）作者自題序，後集有咸豐七年（1557）作者自題序及兄漁莊寄題詩一首。1 函 8 册。

434　峴嶁山房詩集初編八卷續編二卷　〔清〕董文煥撰　清同治
七年至十年（1868—1871）洪洞董氏刻本
開本 26×14.7 厘米，板框 17.3×12.4 厘米，半葉十行，行二十二字，上下
粗黑口，單黑魚尾，左右雙邊。前有清同治六年（1867）董文煥序。鈐"閒
田張氏聞三藏書"印。1 函 5 册。

涑水記聞卷一

宋司馬光

建隆元年正月辛丑朔鎮定奏契丹與北漢合勢入寇太
祖時爲歸德軍節度使殿前都點檢受周恭帝詔將宿衞
諸軍禦之癸卯發師宿陳橋將士陰相與謀曰主上幼弱
未能親政今我輩出死力爲國家破賊誰則知之不若先
立點檢爲天子然後北征未晚也甲辰將士皆擐甲執兵
仗集于驛門譁譟突入驛中太祖尙未起太宗時爲內殿
祇候供奉官都知入白太祖太祖驚起出視之諸將露刃
羅立于庭曰諸軍無主願奉太尉爲天子太祖未及荅或

涑水記聞
卷一

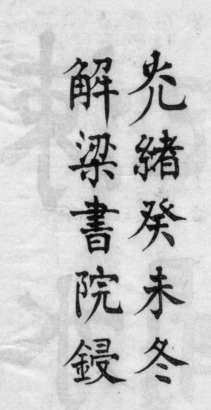

光緒癸未冬
解梁書院鋟

435　涑水紀聞十六卷〔宋〕司馬光撰　清光緒九年（1883）解州
解梁書院刻本
開本 27.1×15.8 厘米，板框 19.7×12.9 厘米，半葉九行，行二十二字，粗黑
口，單黑魚尾，左右雙邊。内封題"光緒癸未冬解梁書院鋟"。卷末題"芮
城張文藻校勘澄城劉雲岡刻"。1 函 4 册。

河岳英靈集

唐丹陽進士殷　璠

敘曰夫文有神來氣來情來有雅體野體鄙體
俗體編紀者能審鑒諸體委詳所來方可定其
優劣論其取捨至如曹劉詩多直語少切對或
五字並側或十字俱平而逸駕終存然掣瓶庸
受之流責古人不辨宮商徵羽詞句質素耻相
師範於是攻異端妄穿鑿理則不足言常有餘
都無興象但貴輕艷雖滿篋笥將何用之自蕭
氏以還尤增矯飾武德初微波尚在貞觀末標

光緒戊寅秀水高行篤據獨山莫氏
藏本手書遼陽賴豐烈校栞于揚州

436　河岳英靈集二卷〔唐〕殷璠編輯　清光緒間（1875—1908）
賴豐烈仿宋刻朱印本
開本 24.1×15 厘米，板框 13×9.5 厘米，半葉十行，行十八字，白口，四周
雙邊。內封牌記鐫“光緒戊寅秀水高行篤據獨山莫氏藏本手書遼陽賴豐烈校
刊於揚州”。有殷璠序，集論，目録。金鑲玉裝。1 函 4 册。

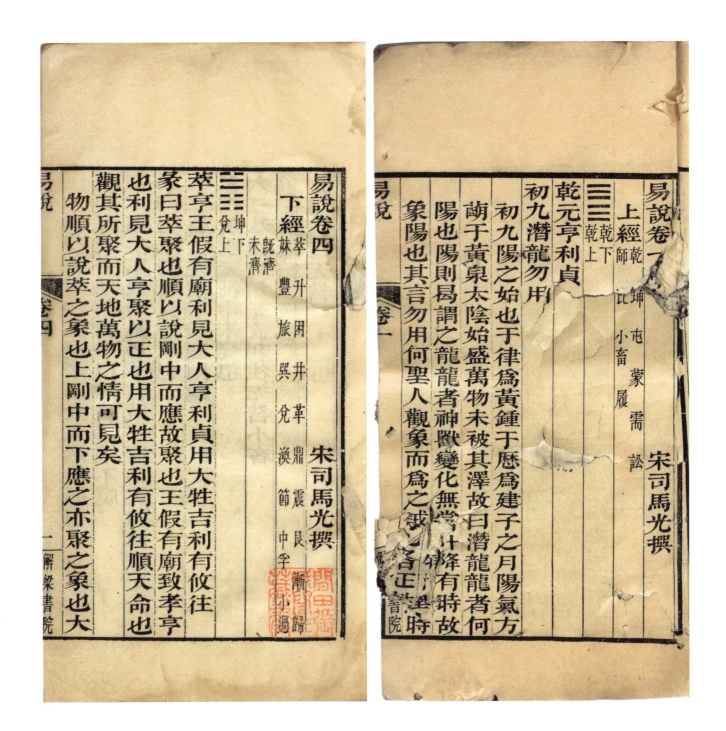

易說卷四

下經

萃升困井革鼎震艮漸歸妹豐旅巽兌渙節中孚小過既濟未濟

坤上
兑下

萃亨王假有廟利見大人亨利貞用大牲吉利有攸往

象曰萃聚也順以說剛中而應故聚也王假有廟致孝亨

也利見大人亨聚以正也用大牲吉利有攸往順天命也

觀其所聚而天地萬物之情可見矣

物順以說萃之象也上剛中而下應之亦聚之象也大

一　解梁書院

宋司馬光撰

易說卷一

上經

乾坤屯蒙需訟師比小畜履

乾上
乾下

乾元亨利貞

初九潛龍勿用

初九陽之始也于律爲黃鍾于歴爲建子之月陽氣方

萌于黃泉太陰始盛萬物未被其澤故曰潛龍龍者何

陽也陽則曷謂之龍龍者神獸變化無常升降有時故

象陽也其言勿用何聖人觀象而爲之戒各正性時

一　解梁書院

宋司馬光撰

437　易說六卷〔宋〕司馬光撰　清光緒間（1875—1908）解州解梁

書院刻本

開本 27.3×15.5 厘米，板框 19.5×13.1 厘米，半葉九行，行二十二字，下黑口，

單黑魚尾，左右雙邊。版心下鐫“解梁書院”四字。鈐“開田張氏聞三藏書”

印。1 函 2 冊。

438　聖祖仁皇帝庭訓格言一卷 〔清〕愛新覺羅·玄燁撰　清光
緒間（1875—1908）解梁書院刻本

開本 27.6×15.7 厘米，板框 20.3×13.1 厘米，半葉九行，行二十二字，白口，
單黑魚尾，四周雙邊。版心下鐫"解梁書院"四字。1 册。

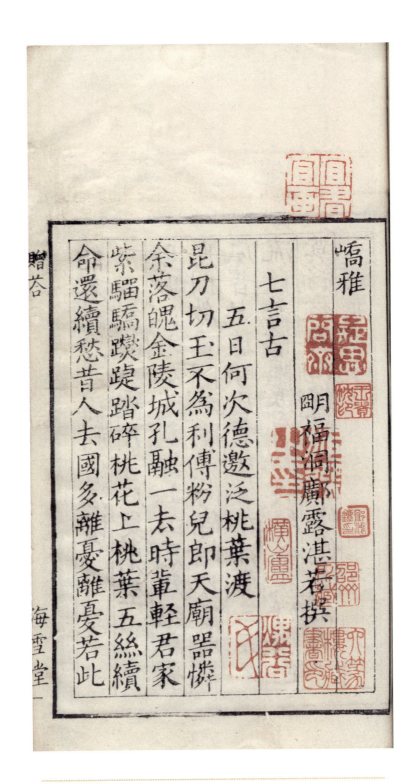

439　嶠雅二卷　〔明〕鄺露撰　清海雪堂精刻本

開本 26.5×15.5 厘米，板框 18.5×13 厘米，半葉八行，行十五字，白口，四
周雙邊。版心下鐫 "海雪堂"。內封鐫 "姪孫相宜天輔重鐫"。鈐 "六篆樓藏
書印" "邵齋所藏" "橫山廬" "鄧鴻鏞印" "疑思問齋" "王貴忱印" 等印。1
函 2 冊。

求闕齋語摘録

日記

湘鄉曾國藩滌生

日程十二條　時官庶常年二十八

一敬　整齊嚴肅　無時不懼　無事時心在腔子裏

應事時專一不雜　清朗在躬如日之升

二靜坐　每日不拘何時靜坐四刻　體驗來復之仁心

正位凝命如鼎之鎮

三早起　黎明即起醒後勿黏戀

四讀書不二　一書未點完斷不看佗書東繙西閱一無

440　求闕齋語摘録 〔清〕曾國藩撰　清末解州解梁書院刻本
開本 27.7×15.8 厘米，板框 19.8×12 厘米，半葉九行，行二十二字，單黑魚尾，
左右雙邊。王汝舟贈書。1 函 2 册。

活字本、抄本

441　仙屏書屋初集詩録十六卷後録二卷〔清〕黃爵滋著　清
道光二十七年（1847年）涇縣翟金生泥活字本

開本 26×15.1 厘米，板框 12.5×17.5 厘米，半頁九行，行二十一字，左右雙
邊，白口，單黑魚尾，書口上端刊 "仙屏書屋" 四字，下刊頁碼。內封刊有
"涇翟西園泥字排印" 字樣。前有清道光二十六年（1846）黃爵滋序，次爲
詩録總目，再次爲編録名録、泥印排檢名單，再次爲詩録校誤。鈐 "開田張
氏聞三藏書" 等印。1 函 5 册。

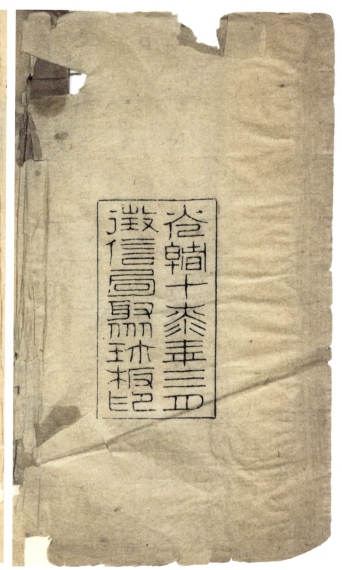

442　山右同官録〔清〕山西調查局編　清光緒十七年（1891）徵信
局木活字本
開本 18.4×12.5 厘米，板框 14.7×10.4 厘米，半葉七行，行十六字，白口，
單黑魚尾，四周單邊。1 函 2 冊。

蘭汀存藁卷之一

南海梁有譽著

五言古

雜詩

圓象無停器　四序迭相循　曄曄春葯歛　歛急妻埃慶候

蟲善審時鳴　烏常伺晨　如何建名士　進幕多苦辛衝波

鮮安舟岐路　恆摧輪順響　易遠御行難　及人鐘鼎鎬峻

功竹帛垂逸民　靜操雖殊域　德業終同倫　慷慨感中情

高駕良可遵

我行彼中野　靡靡令心憂　四顧漭無人　但見林與丘高

梁比部集敘

嶺海之南奇珍出焉不獨珠璣玳瑁水銀丹砂

人物文章繪畫尤足重當時而名後世予性嗜奇自入

嶺表以來别徵之外山翁海客有談南州諸島嶼類事

者輒傾聽之一日予同年養白馮君示予梁比部蘭汀

詩集則歎曰有是哉夫粵故多材地也崑𡿨玄

圓稽玉相照景山鄧林凡木不植觀於此部信然哉明

年予遊京師京師諸縉紳就予索比部集甚衆予無以

應之歸以語其子予因謂此部雄才其文章必尤有可

觀者取而校之其文沈鬱古雅有深長思雖馳騁變幻

443　蘭汀存藁八卷　〔明〕梁有譽著　清江陰繆氏藕香簃抄本

開本 28.8×17.5 厘米，板框 17.9×14.1 厘米，半葉十行，行二十一字，黑口，
雙對黑魚尾，左右雙邊。邊欄外印"藕香簃鈔"。鈐"葉德輝煥彬甫藏閱書"
"閒田張氏聞三藏書"等印。1函2冊。

謝孔昭詩集序

詩自國風以降言選者稱漢魏言律者獨稱唐而已為選而
不宗漢魏非選也為律而不宗唐非律也選稱豈易言哉自梁
昭明太子選漢魏以來諸傑作者咸集而詩以選稱矣律亦
豈易言哉自唐諸作者因時所尚分為五言七言皆以對偶
切實音韻諧協者中其律而詩以律稱矣則欲學詩者舍古
人奚取法哉然後人擬之者不失之疎則失之淺調格似矣
而音響則未然也音響似矣而意趣則未易及也由古及今
以詩名家者幾何人哉姑蘇自我
朝以来文運與時大與以詩鳴者則有高君季迪楊君孟載

444　蘭庭集不分卷 〔明〕謝晉撰　清康熙十六年（1677）宋筠抄本
開本 28×18 厘米，半葉十行，行二十三字，無界行，白口。鈐“雪苑宋氏
蘭揮藏書記”“蘭揮”“宋筠”“閒田張氏聞三藏書”等印。1 函 1 册。

淮河圖說

桐栢縣西三十里胎簪山之陰有泉曰淮井即淮河發源處
也井口縱横各七尺水深五六尺雖大旱不乾益其泉眼三
出昔人因之砌磚爲井井上置亭其水伏流東二十餘丈泉
眼遂多水始羣出至桐桐縣統城北門而東有山曰桐栢淮
水出其南昔禹導淮自桐栢即此也水深五六寸至尺餘寬
西五丈漸流成渠炗又東二十餘里月河水入焉

月河
發源沁陽縣南流令圍山諸水入于淮

445　淮河圖說一卷上下新河本稿一卷　撰者不詳　清乾隆前
（1662—1735）灑金紙精寫本
開本 28×18.3 厘米，半葉九行，行二十二字，無界行。未署抄書年月。各
家目録不見著録。1 函 2 册。

孔文谷詩集卷之一

履霜集晉西河明中岳外史孔天胤汝錫甫著

中陽溫德端抄本

門人趙訥校

甲午冬十二月赴祁州經宿榆次縣

寒飈轉元陸窮陰集廣塗歲年此況晏駕言辭故都嗟

予抱重譴投荒式餘辜國恩浩無際海嶽容垢汚且試

股肱郡而分銅虎符啣命不遑安行行中踟蹰晉雲

鬱晚凍榆石含霜蕪疲馬戀鄉邑日夕愍城隅退思有

嚴程進勉缺良圖交茲起心戰時哉安所湏

過平定用蘇門韻

養正齋藏

道一

446　孔文谷詩集四卷〔明〕孔天胤著　清乾隆三十九年（1774）溫
德端抄本

開本 25×18 厘米，半葉十行，行二十一字，無界行，白口。版心下署"養
正齋藏"。前有清乾隆三十九年溫德端抄書序，溫德端題識，原序等。全書
依"道院迎客，書堂隱儒"分爲八册。扉頁鈐"吳怡成號"印記。1 函 8 册。

萬物原初

天文類

天

江右張翮雨軒初稿
吳郡柳賢廉菴附輯
海陽汪汲摘録
蘇完成瑞會參

魏張楫博雅云太初氣之始也太始形之

始也太素質之始也氣生於酉形定於戌

質成於亥三者備而至子為天開故日落

於酉廉菴按博雅云雲乃天氣之始而非

天形之始三墳紀羲畫開天升者為雲霧

447　萬物原初不分卷　〔明〕張翮初稿　柳賢附輯　清抄本
開本 24.1×17.2 厘米，半葉八行，行十六字，無界行。卷端署"江右張翮雨軒初稿　吳郡柳賢廉菴附輯　海陽汪汲摘録　蘇完成瑞會參"。避"玄""弘""曆"字諱。鈐滿漢文"刊刻藏經館圖記"印。1 函 5 冊。

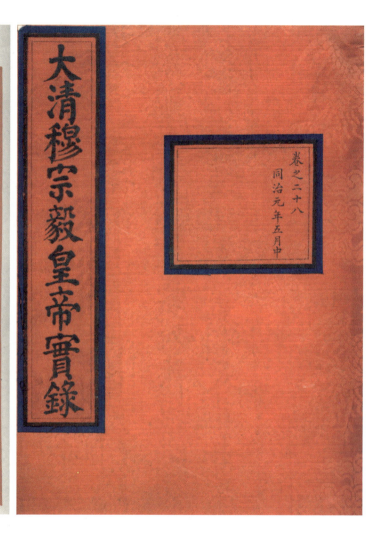

448　大清文宗顯皇帝實錄三百五十六卷　大清穆宗毅皇帝實錄三百七十四卷 〔清〕內府編　小紅綾寫本

開本 36.5×23 厘米，板框 25×17 厘米，半葉十行，行二十四字，朱口，四周雙邊。《清實錄》習慣上按裝璜和開本大小，有大紅綾本、小紅綾本、小黃綾本之分。其中小紅綾本兩部，當時一部收藏於乾清宮，現藏於故宮博物院圖書館；一部收藏在內閣實錄庫，後移交"國府文官處"，現散佚。館藏本當爲"國府文官處"散出的殘本。存 15 函 156 冊。

800996

皇明國史紀聞序

夫有一代之興必有一代之史所以述世紀跡

彰往信來也古者有左右史朝夕人王之前記

言記動嬪怨必書春秋時若晉之董狐齊之太

史氏直書無隱不畏強禦猶有三代之遺焉秦

漢而下稱良史者必推龍門扶風二家皆世習

其業纂集舊聞爲力頗易然而是非之公已不

職非謏則誣著述愈煩直道愈晦惟涑水紫陽

可接麟經之脉夫宋以後史益蕪穢觀者病之

皇明國史紀聞卷之一

延按江西監察御史沁水臣張　銓輯

男錦衣衛指揮同知臣張道濬訂

門人延按山西監察御史江寧臣徐揚先較

高皇帝起兵濠州

壬辰元至正十二年

高皇帝之先江東句容人宋季時大父徙居泗父

又從鍾離之東鄉母陳氏生四子上最少生之

又赤先燭天里中競哗朱家大起相率救之及至

無有此年十七值旱疫父母俱喪踽入皇覺寺逾

449　皇明國史紀聞十二卷　〔明〕張銓撰　清抄本

開本 25.8×15.7 厘米，板框 16.9×11.8 厘米，半葉十行，行二十字，黑口，
單黑魚尾，左右雙邊。卷前有撰者自序。卷端題"巡按江西監察御史沁水臣
張銓輯，男錦衣衛指揮同知臣張道濬訂，門人巡按山西監察御史江寧臣徐揚
先較"。鈐"山西大學圖書館收藏章"印。32冊。

岑安卿字静能自號栲栳山人志節自矜唾弟富貴
人皆敬之名闢家雖至凋瘁多藉以自立崛起之輩
有不義惟恐其聞厥交皆名士序其詩者宋濂倡和
者危素也嘗有詩云鄰家酒如澠歌管朝夕度此樂
非我知看書日還慕其胸次如此紹興府志
岑安卿字静能自稱栲栳山人岑氏多以科第起家
安卿獨食貧讀書與王毅行歌林湖榜峯閒嘯傲自
得性耿毅里黨有不義惟恐安卿知顧喜汲引後進
識宋僖於童子時勉其向學卒成名士嘗為三哀詩
以弔宋遺民之在里中者寄託深遠有浮仰今昔之

栲栳山人集

栲栳山人集卷第一
　五言古詩
　　古意四首
亭亭千歲松起自一寸植苟無斤斧患壽可比金石
青青園中草一雨迴故色清霜忽飄零彫瘁在頃刻
　　其二
寶刀不斷水綫溜可穿石君看城門軌要非兩馬力
為學不苦心虛談政何益偉我大禹功猶思寸陰惜
　　其三
潏仲執牙籌武子蓄積鏹不能施名孤身亦滅

栲栳山人集

450　栲栳山人集三卷　〔元〕岑安卿撰　清抄本
開本 25.4×16.1 厘米，半頁十行，行二十字，無界行。前有宋濂題記，《紹興府志》《餘姚縣志》《元詩選》及宋僖所撰四小傳，又存王至狀所撰《行狀》。卷末有"嘉慶二十四年歲次己卯夏月沈欽韓讀閱一通"題記，間有沈欽韓校語。鈐"沈欽韓印""章壽康藏""曉園""閒田張氏聞三藏書"等印。1函2冊。

安雅堂集序

文章與世道升降稽諸往昔則較然矣蓋自古帝王之
渾灝逮宣尼之刪述萬世不可尚已三代以下唯西漢
之治近古故其文雄閎雅與雅者宗之東都浸漓魏晉
以下靡靡無足觀矣中唐至韓柳而復古宋至歐蘇王
曾而復古此數子者皆生唐宋盛時也迨其季世非無
人焉浮漓碎裂索索不可整則氣運為之也元興以質
治天下國初之文已極雄古皇慶延祐以來益以醇正

此為林序之首頁

安雅堂集卷一

賦

瓊芽賦

藥陽之野多芳藥人擬其芽以為蔬茹雄武邢遵道始
治之以代茗飲清腴甘芳能輔氣導血非茗飲所能及
也至治中有旨命如法以進
天子飲而嘉之於是乎有瓊芽之名夫芍藥之為物以
花艷取重於流俗至用為藥餌為烹脼之滋皆不足以

451　安雅堂集十三卷〔元〕陳旅撰　清抄本

開本 27.8×15.3 厘米，半頁八行，行二十一字，無界行。前有元至正九年
（1349）張翥序、至正十一年（1351）林泉生序、至正四年（1344）吳師道序，
卷末有楊士奇題識。諱"寧""醇"等字。鈐"海昌陳琰""閒田張氏聞三藏
書"等印。1 函 4 冊。

宋史儒林傳

孫復字明復晉州平陽人舉進士不第退居泰山學春秋著尊

王發微十二篇大約本於陸淳而增新意石介有名山東自介

而下皆以先生事復年四十不娶李迪知其賢以其弟之子妻

之復初猶孫石介與諸弟子請曰公卿不下士久矣令丞相不

以先生貧賤欲託以子宜因以成丞相之賢名復乃聽孔道輔

聞復之賢就見之介執杖侍復左右升降拜則扶之其往

謝亦然介既為學官語人曰孫先生非隱者也於是范仲淹富

孫明復小集　本傳

五

孫明復小集卷一

文

堯權議

堯以上聖之資居天子之位可生也可殺也可興也可廢也彼

八凱八元者天下共知其善也堯豈反不知之哉知之反不能

舉郎彼三苗四凶者天下共知其惡也堯豈反不知之哉知之

反不能去郎若知其善而不能舉知其惡而不能去則知堯亦

非聖人矣書可以謂之聰明文思光宅天下者乎噫彼八凱八

孫明復小集卷一

一

452　孫明復小集三卷〔宋〕孫復撰　清抄本

開本 30.1×16.3 厘米，無界欄，半葉八行，行二十四字，白口。前有清乾隆
三十七年（1772）錢大昕重刻序、孫葆田重刻序、聶鈫序、趙起魯舊序。1
函 2 册。

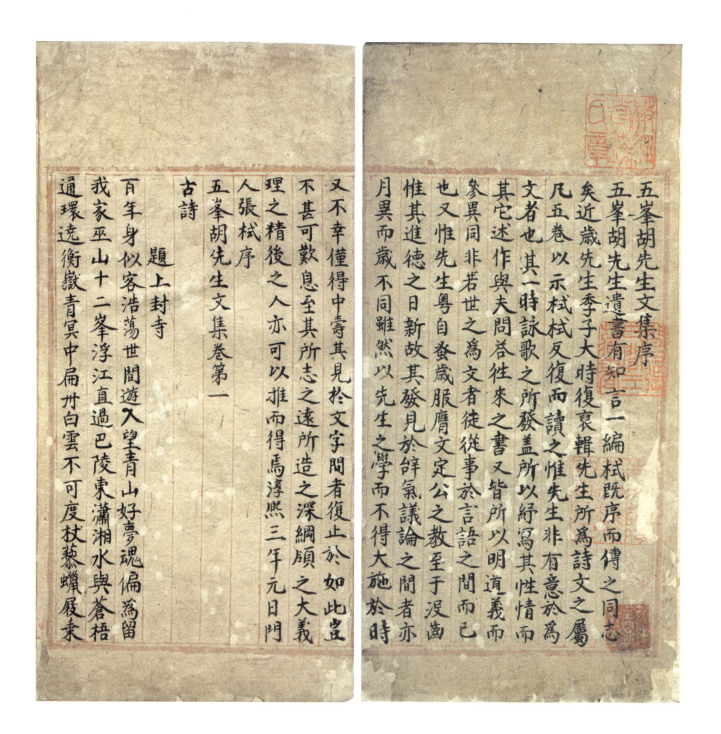

453　五峯胡先生文集三卷〔宋〕胡宏撰　抄本

開本 26×14.5 厘米，朱絲欄，半葉十行，行二十字。前有宋淳熙三年（1176）
張栻序。鈐"嘉蔭簃藏書印""教經堂錢氏章""閒田張氏聞三藏書"等印。
1 函 3 册。

紫薇集卷第四

宋　東萊呂本中居仁著

山水圖歌

君不見南江老龍夜不眠令我破屋開青天千燭倒壁
卷角上一榻卻在洪濤前又不見江頭古木一尺圍猿
猱接手懸高枝兩中寒蘆披靡去天際風帆先後歸陳
生故是可憐人筆雖未到心已親南村北村渴欲死怪
此一室無纖塵鄰廬祁嶽不解奇聲幹畫馬空名肥萬
里咫尺君得之更看湘江雷而垂陳生欲畫湖湘圖

454　紫薇集二十卷　〔宋〕呂本中撰　抄本

開本 26.7×17.6 厘米，半葉九行，行二十一字，無界行。卷末有宋乾道三年（1167）曾幾跋，陳愷題記。鈐"閒田張氏聞三藏書"印。存卷四至卷二十。1函7冊。

欽定四庫全書

南湖集卷一

五言古詩

雜興

宋 張鎡 撰

聖學律萬世玉振仍全聲大賢務矯俗始以和自名智

者稽所終流弊固難行求圓能捨規魯男烏可輕

城河固金湯穀帛堆丘山雷風走號令足以威百蠻秦

人昔恃此燒書無愧顏叢祠夜篝火赤蛇先據關誰知

欽定四庫全書

南湖集

一

455　南湖集十卷 〔宋〕張鎡撰　民國影抄本

開本 33×20.6 厘米，半葉八行，行二十一字，無界行。行款同《四庫全書》本，前有《欽定四庫全書》提要，依《四庫全書》本抄。鈐"閬田張氏閬三藏書"印。1函4册。